초생산성

초생산성

—

2021년 7월 7일 초판 1쇄 발행
2024년 1월 31일 초판 13쇄 발행

—

지은이 마이클 하얏트
옮긴이 정아영
펴낸이 김관영
책임편집 유형일
마케팅지원 배진경, 임혜솔, 송지유, 이원선

—

펴낸곳 (주)로크미디어
출판등록 2003년 3월 24일
주소 서울시 마포구 마포대로 45 일진빌딩 6층
전화 02-3273-5135
팩스 02-3273-5134
편집 02-6356-5188
홈페이지 http://rokmedia.com
이메일 rokmedia@empas.com

—

ISBN 979-11-354-6551-2 (03190)
책 값은 표지 뒷면에 있습니다.

—

잘못 만들어진 책은 구입하신 서점에서 교환해 드립니다.

FREE TO FOCUS

생산성을 극대화하는 아홉 가지 비법

초
생산성

마이클 하얏트 지음 · 정아영 옮김

ROK
MEDIA

마이클 하얏트 Michael Hyatt

마이클 하얏트는 리더십 개발 회사인 마이클 하얏트 & 컴퍼니의 설립자이자 CEO이며, 여러 베스트셀러를 펴낸 작가다. 그는 리더십, 생산성, 목표 설정에 관해 효과적이며 탁월한 방법을 제시하는 뛰어난 멘토이기도 하다. 토머스 넬슨 퍼블리셔스 Thomas Nelson Publishers의 전임 의장이자 CEO이었으며, 현재 책과 강연 등을 통해 사람들이 일과 삶에서 크게 성공하도록 돕는 데 헌신하고 있다. 그가 이끄는 마이클 하얏트 & 컴퍼니는 미국에서 가장 빠르게 성장하는 기업들을 선정하는 Inc. 5000에 3년 연속 포함되었으며, 2020년에는 Inc.의 가장 일하기 좋은 회사 명단에 포함되었다. 주요 저서로는 USA 투데이 베스트셀러 《세상과 타협하지 않고 진짜 나로 살기 위한 인생 계획》(대니얼 하카비와 공동 저술), 뉴욕타임스 베스트셀러 《돈이 보이는 플랫폼》, 월스트리트저널 베스트셀러 1위 《탁월한 인생을 만드는 법》이 있다. 그의 블로그 MichaelHyatt.com은 구글 순위에서 상위 0.5%에 속하며, 월 방문자가 백만 명이 넘는다. 지금까지 〈월스트리트저널〉, 〈포브스〉, 〈패스트컴퍼니〉, 〈엔터프레니어〉 등 다수의 매체에서 여러 번 특집으로 다뤄졌다.

정아영

고려대학교 정치외교학과를 졸업하였으며, 현재 번역에이전시 엔터스
코리아에서 전문 번역가로 활동 중이다.
역서로는 《단편 소설 쓰기의 모든 것》, 《고무줄 소년 디블리 1~2권》,
《세상이 확 달라지는 정치 이야기》, 《진짜 친구를 만드는 관계의 기술》
외 다수가 있다.

꿈을 성취로 연결하는 것은 단단한 결심과 착실한 행동이다. 진심으로 원하는 것을 성취하는 사람이 소수인 까닭 중 하나는 우리가 집중하지 않기 때문이다. 우리는 자신의 힘을 하나로 모으지 않는다. 이 점에 대해 마이클 하얏트보다 더 잘 아는 사람은 없다. 이 책은 우리가 이 힘을 이용할 수 있게 새롭고 따라 하기 쉬운 접근법을 제시한다.

- 토니 로빈스Tony Robbins,
뉴욕타임스 베스트셀러 1위 《흔들리지 않는 돈의 법칙》 저자

마이클 하얏트는 미국의 개인 생산성 개발 분야를 선도하는 전문가다. 이 분야에 정말로 정통하다! 나는 이 책에 나오는 내용을 전적으로 신뢰해도 좋다고 자신 있게 말할 수 있다. 이 책을 통해 시간을 효율적으로 활용하고 더 나은 자신으로 나아가는 길을 발견할 수 있을 것이다.

- 데이브 램지Dave Ramsey,
뉴욕타임스 베스트셀러 《7가지 부의 불변의 법칙》 저자

여러분이 지금 처해 있을지 모르는 상황에 나도 있어 봤다. 매일 산더미 같은 업무에 파묻혀 지내느라 무엇보다 중요한 프로젝트들과 가장 원대한 목표들이 점점 멀어져만 가는 것을 바라보고 있는 상황 말이다. 마이클은 정말 효과 있는 생산성 시스템을 만들어냈다. 이 책은 여러분을 실망시키지 않을 것이다.

- 루이스 하우스Lewis Howes,
뉴욕타임스 베스트셀러 《루이스의 특별한 수업》 저자

쳇바퀴 같은 일상에서 벗어나라! 올바른 방향이 아니라면 아무리 빨리 달려도 원하는 곳에 도달할 수 없다. 이 책은 우리가 가장 중요한 일들을 중심으로 삶을 운용하고 매일 최상의 결과를 얻을 수 있도록 실제적이고 탄력적인 체계를 제공한다. 마이클 하얏트의 도움으로 이미 수천 명의 사람이 자신의 삶에 대한 통제력을 되찾았다. 여러분도 도움을 얻을 수 있을 것이다.

- 토드 헨리Todd Henry,
《나를 뛰어넘는 법》 저자

바쁜 것은 무의미하다. 의미 있는 것은 정말로 중요한 일을 지속적으로 실천에 옮기는 것뿐이다. 이 책이 그 길을 알려줄 것이다.

- 칼 뉴포트Cal Newport,
뉴욕타임스 베스트셀러 《딥 워크》, 《디지털 미니멀리즘》 저자

우리는 성공이란 살인적인 스케줄을 소화하며 야근에 야근을 거듭해야 얻을 수 있는 것이라는 이야기를 듣곤 한다. 그런데 누구보다 적은 시간을 들이고도 훨씬 많은 일을 성취하며 진정한 성공을 손에 넣은 사람들이 있다. 이 책은 최상의 생산성을 보여주는 사람들의 비법을 집중적으로 조명한다. 마이클이 제공하는 검증된 방법과 연구 결과를 바탕으로

추천의 글

여러분도 빨리 착수하고, 멀리 나아가고, 상상 이상의 결과를 얻을 수 있을 것이다.

마이클 하얏트를 오랫동안 알아왔는데, 이 책은 그의 책 중에서도 단연 최고다. 마이클은 도구가 가득 든 커다란 상자만 건네는 게 아니라 왜 그 상자가 필요한지 일깨우고, 우리가 자신에게 꼭 맞는 도구를 선택하도록 이끈다.

삶의 각 영역에서 무언가를 창조하는 일은 집중력에 달려 있다. 이 책은 어떻게 집중력을 발휘할 것인지에 관한 매우 효과적인 '매뉴얼'이다. 이 책에서 새로운 내용을 많이 맞닥뜨리게 될 것이다. 어떤 내용은 여러분의 직관에 반할지도 모르지만 마이클 하얏트가 수천 명의 의뢰인을 만난 결과로 얻은 데이터에 기반한 것이다. 부디 이 책을 통해 집중하는 힘을 얻기를 바란다.

내가 아는 최고의 지도자 중 하나인 마이클 하얏트의 새 책을 만나게 돼 무척 기쁘다. 그는 여러 중견 기업과 스타트업을 이끌며 높은 실적을 달성한 경험과 검증된 실험, 조사를 바탕으로 이 책을 썼다. 가정과 회사 모두에서 주도적인 삶을 이끌고 싶어 하는 이들에게는 분명 똑똑한 삶의 시스템이 필요하다. 깊은 통찰과 실제적 방법이 가득한 이 책이 현명한 리더라면 누구나 갈망하고 있을 그 시스템을 제시한다.

- 존 C. 맥스웰John C. Maxwell,
작가, 강연자, 리더십 전문가

지난 몇 년 동안 친구들과 "마이클 하얏트는 어떻게 이것들을 다 하는 거지?"라는 대화를 여러 번 나눴다. 여기서 '이것들'이란 '뛰어난 성과를 이루고 자신의 목적들을 달성하면서도 인생을 즐기고 가족들과의 시간도 누리는 것'이다. 이제 우리는 더 이상 이를 궁금해하지 않아도 된다. 마이클이 그 답을 여러 저서를 통해, 특히 이 책을 통해 알려주었으니 말이다.

- 존 에이커프Jon Acuff,
뉴욕타임스 베스트셀러 《피니시》 저자

성공을 위해서는 시스템이 필요하다. 이 책이 바로 그 시스템이다. 인생에서 중요한 일들을 더 많이 성취하고자 노력하는 이들에게 꼭 필요한 귀중한 조언들을 간단명료하게 들려준다.

- 크리스 길아보Chris Guillebeau,
《사이드 프로젝트 100》 저자

과로는 손쉽게 자행되는 자기 파괴의 한 유형이다. 마이클 하얏트는 탄탄한 조사를 기반으로 우리가 일적으로 이뤄야 하는 최상의 목표를 달성하면서도, 자신의 삶을 즐기고, 다른 사람들과의 관계도 이어갈 수 있는 참신한 방법을 알려준다. 이 책은 우리가 내면의 평화를 회복하고, 일과 삶을 가치 있게 영위하도록 돕는다.

- 댄 밀러Dan Miller,
뉴욕타임스 베스트셀러 《48일 동안 사랑하는 일에 몰두하라48 Days to the Work You Love》 저자

이 책은 굉장하다. 마이클 하얏트의 통찰이 우리가 목적의식과 생산성 있는 삶을 영위하도록 도와줄 것이다. 그가 제시하는 틀과 행동 단계를 통해 우리는 보다 큰 자유와 향상된 결과를 얻을 수 있다.

- 팀 타소폴리스Tim Tassopoulos,
칙필레Chick-fil-A 회장 겸 COO

이 책을 읽기 전에는 절대 다른 프로젝트에 착수하지 말고, 다른 기회를 잡지도 말고, 다른 성가신 업무를 처리하려 들지도 마라. 나는 이 책 덕분에 효율적인 업무 방식을 발견하고 하루의 초점을 가장 중요한 프로젝트의 최종 결과에 맞추는 새로운 프레임을 구축했다. 여러분도 그럴 수 있을 것이다. 이 책은 정말 대단하다!

- 에이미 포터필드Amy Porterfield,
팟캐스트 '더 온라인 마케팅 메이드 이지The Online Marketing Made Easy' 호스트

일이 너무 많아 감당할 수 없는 상황인가? 멀리서 해결 방법을 찾을 필요 없다. 마이클 하얏트는 이 분야의 흔치 않은 천재로, 단순하면서도 매우 유용한 해결책을 개발해냈다. 이 책에서 그 결과를 확인할 수 있을 것이다.

- 할 엘로드Hal Elrod,
세계적인 베스트셀러 《미라클 모닝》 저자

하루는 1,440분이고, 지나간 시간은 누구도 되돌릴 수 없다. 마이클 하얏트는 바로 적용 가능한 조언과 도구로 가득한 환상적인 가이드북을 내놓았다. 이 책과 함께라면 에너지와 집중력을 최대한 발휘해 최상의 성과를 낼 수 있을 것이다.

- 케빈 크루즈Kevin Kruse,
뉴욕타임스 베스트셀러 《계속하게 만드는 하루관리 습관》 저자

이 책은 좋은 아이디어들을 나열한 여느 전략 가이드와는 다르다. 마이클 하얏트는 생산성에 대한 실제적인 접근법을 통해 인생을 정비할 수 있는 종합적 전략을 제시한다. 더욱 많은 일을 해낼 방법이 아니라 정말로 해야 하는 일을 해낼 방법을 알려준다. 이 책은 우리가 어디로 가고 싶은지 찾는 것에서부터 시작한다.

- 루스 수컵Ruth Soukup,
뉴욕타임스 베스트셀러 《두려운 일에 맞서라Do It Scared》 저자

위대한 이야기는 심사숙고 끝에 탄생한다. 위대한 삶도 마찬가지다. 마이클 하얏트는 후회하지 않는 인생을 계획하는 틀을 우리에게 제공한다. 대단한 책이다.

- 도널드 E. 밀러Donald Miller,
뉴욕타임스 베스트셀러 작가, 스토리브랜드StoryBrand 창립자 겸 CEO

마이클 하얏트는 최고의 연구 결과를 실질적인 행동 지침으로 훌륭하게 녹여냈다. 이 지침들은 독자들이 집중하는 방법을 깨닫고 생산성을 향상하도록 이끌 것이다. 이 책에는 이 지침들을 통해 놀라운 결과를 성취한 사람들의 사례도 가득하다. 나 역시 이미 이를 활용하고 있다!

- 이안 모건 크론Ian Morgan Cron,
베스트셀러 《나에게로 가는 길》 저자

이 책은 녹초가 되는 일 없이 자유와 돈을 창조하도록 돕는다. 이 책을 다 읽고 나면 아무것도 다급할 것이 없고, 마감 기한은 늘 여유로우며, 일을 집에까지 들고 가는 날은 절대 생기지 않을 것이다. 마이클이 이 내용들을 가르치는 건 아니다. 몸소 보여줄 뿐이다.

- 브룩 카스티요Brooke Castillo,
'더 라이프 코치 스쿨The Life Coach School' 창립자

나는 여러 분야의 리더들을 통해 지금 우리가 그 어느 때보다도 집중력이 요구되는 시대에 살고 있다는 사실을 실감한다. '즉각 반응'해야 하는 오늘날의 환경에서 집중력은 많은 사람의 인생을 바꿀 수 있는 요소임에 틀림없다. 지난 20년간 나는 마이클 하얏트가 커다란 조직의 CEO이자 사업가, 작가, 코치로서 어마어마한 집중력을 발휘하는 것을 목도해왔다. 이 책은 여러분의 생산성을 향상시킬 비법서다.

- 대니얼 하카비|Daniel Harkavy,

'빌딩 챔피언스Building Champions' CEO 겸 임원 코치,

《세상과 타협하지 않고 진짜 나로 살기 위한 인생 계획》 공저자

생산성을 높이기 위해 집중력은 무엇보다 중요하다. 이 책에서 마이클 하얏트는 우리가 최상의 집중력을 손에 넣을 수 있는 멋진 계획을 펼쳐놓는다. 이 책에 명확한 단계들과 곧장 실행에 옮길 수 있는 전략, 시대를 초월한 교훈이 담겨 있다. 나처럼 독자 여러분도 이 놀라운 책을 읽고 또 읽고 싶어질 것이다.

- 제프 샌더스Jeff Sanders,

강연자, 《아침 5시의 기적》 저자

생산성 향상을 위한 각양각색 지침서가 쏟아져 나오고 있지만, 과학에 기반해 견고한 체계를 제공하는 책은 거의 없다. 이 책은 매력적이고 영감을 고취할 뿐 아니라, 명백한 데이터를 바탕으로 하고 있다. 점점 더 많은 일을 처리하고 시간은 늘 부족한 현대사회에서, 이 책은 우리가 가장 중요한 목적을 달성하고 자신의 소중한 인생을 위한 시간을 확보할 수 있도록 안내해준다.

- 숀 스티븐슨Shawn Stevenson,

세계적인 베스트셀러 《스마트 슬리핑》 저자

마이클 하얏트는 수년간 생산성을 향상시키는 방법을 가르쳐왔다. 이 책이 그 결과다. 이 책을 읽으며 몇 번이나 반박을 시도해 봤지만, 바로 다음 단락에서 반박의 이유를 간파당하고 완전히 녹다운되었다. 묘한 기분이 들 정도다. 오늘날에는 생산성을 높이기 위해 어려운 결정을 해야만 한다. 이 책을 통해 선택을 위한 도구들을 손에 쥐게 될 것이다.

– 데이비드 스파크스David Sparks,
팟캐스트 '맥 파워 유저스Mac Power Users' 호스트, 작가, 블로거

누구나 시간이 더 있었으면 하고 바란다. 왜일까? 시간이 있으면 더 많은 일을 할 수 있으니까! 그리고 이게 바로 내가 마이클 하얏트의 새 책에 푹 빠진 이유다. 이 책은 이미 꽉 찬 하루에 할 일을 더 밀어 넣는 방법이 아니라, 더 적은 시간과 노력으로 더 많은 것을 성취하도록 하는 전략을 알려준다. 일반적 통념과 완전히 반대되는 수많은 조사 자료를 기반으로 입증된 이 전략들이 당신을 도와줄 것이다. 시간의 압박을 한 번이라도 느껴본 적이 있다면, 더 많은 일을 해내고 싶지만 어떻게 그 시간을 확보해야 할지 감을 잡을 수 없다면 지금 당장 이 책을 펼쳐라!

– 스투 맥라렌Stu McLaren,
'트라이브Tribe' 코스 창설자

더 많은 일을 성취하면서 삶을 위한 시간 또한 더 많이 되찾을 방법이 있다고 누군가 말한다면 여러분은 분명히 이렇게 말할 것이다. "제발 좀 가르쳐 주세요!" 마이클 하얏트는 면밀하게 조사하고 검토한 끝에 개발한 이 방법을 수천 명에게 전달했고, 이 책을 내놓았다. 이 책에는 바쁜 삶에서 벗어나 더 나은 삶으로 나아갈 방법이 담겨 있다.

– 켄 콜먼Ken Coleman,
팟캐스트 '켄 콜먼 쇼The Ken Coleman Show' 호스트, 《근접성의 원리 The Proximity Principle》 저자

이 책은 중요하지 않은 내용이 없다. 그중에서도 가장 크게 '아하!' 하고 깨달은 순간은 거절의 힘에 관해 읽을 때였다. 내가 어떤 일을 수락할 때마다 '게임 체인저'일지 모르는 다른 모든 일을 거절하는 것과 다름없다. 마이클 하얏트는 이 사실을 정말 유려하게 설명해준다.

- 존 리 뒤마John Lee Dumas,
팟캐스트 '엔트러프러너스 온 파이어Entrepreneurs on Fire' 호스트

이 책은 스스로의 생산성을 최대한 활용하고 중대한 목적을 달성하도록 이끄는 걸작이다. 이 책에는 결과를 이루기 위한 종합적 시스템은 물론 우리가 회사에서 게임 체인저로 작동할 수 있는 부문을 파악하도록 돕는 필터도 담겨 있다. 무엇보다 만족스러운 건 그 시스템이 우리 삶에 적용 가능한 데다, 어느 비즈니스 분야에서 활약하고 있건 누구나 따라 할 수 있다는 점이다. 이 책은 지금까지의 마이클 작품 중 단연 최고다!

- 조시 액스Josh Axe,
닥터액스닷컴DrAxe.com 설립자, 《흙을 먹어라Eat Dirt》 작가,
'에인션트 뉴트리션 컴퍼니Ancient Nutrition Company' CVO

지금껏 읽은 개인 생산성 분야 도서 중 최고다. 이 책은 사적 영역과 직업적 영역 모두에서 우리가 최고의 성과를 이룩할 수 있도록 안내한다.

- 마이크 바디Mike Vardy,
생산성 전략가, '타임크래프팅TimeCrafting' 설립자

정말 마음에 드는 책이다! 마이클 하얏트가 현실에서 실제로 활약하고 있는 사업가와 기업을 이끄는 리더들을 대상으로 입증한 시스템이 담겨 있다. 임시방편에 불과한 조언이 아니라 조사를 통해 확인된 내용이다. 분명 이 책은 독자 여러분이 새로운 시도를 하고, 자신의 인생에서 진정으로 중요한 프로젝트에 관해 실질적인 진척을 이루도록 도와줄 것이

다. 누구나 반드시 읽기를 바란다.

- 스티븐 로빈스Steven Robbins,
'겟인돈 그룹스Get-It-Done Groups' 창설자,
팟캐스트 '겟인돈 가이스 퀵 앤드 더티 팁스 투 워크 레스 앤드 두 모어
Get-It-Done Guy's Quick and Dirty Tips to Work Less and Do More' 호스트

개인 생산성에 관한 새로운 토픽이 귀에 들어올 때마다 묻는다. "이거 마이클 하얏트가 아직 조사 안 한 건가?" '프리 투 포커스Free to Focus' 코스를 수료한 수천 명 중 한 사람으로서, 나는 마이클이 우리가 언제든 의지할 수 있는 권위자라고 자신 있게 주장할 수 있다.

- 에릭 피셔Erik Fisher,
팟캐스트 '비욘드 더 투두 리스트Beyond the To-Do List' 호스트

집중의 세계로 나아가라

결국 삶이란 우리가 집중했던 것의

총합이라고 봐야 하지 않을까?

- 올리버 버크먼Oliver Burkeman

"나 지금 심장 마비 온 것 같아!" 느긋한 저녁 식사를 끝장내는 최악의 상황이었다.

나는 출판사 중역으로 업무차 맨해튼에 있었고, 정신없는 하루를 보낸 뒤 동료와 함께 맛있는 저녁 식사를 하고 자리를 마무리 지으려던 참이었다. 그런데 갑자기 가슴에 통증이 발생했다. 동료에게 걱정을 끼치고 싶지도, 스스로 난처한 상황에 놓이고 싶지도 않았기 때문에 내색하지 않고 그저 통증이 멈추기만을 기다렸다. 그러나 통증은 계속됐다. 나는 웃으며 대화를 이어갔지만, 동료의 말소리는 점점 더 멀어져 갔다. 패닉 상태가 됐는데도 체면을 유지하기 위해 애썼다. 그러다가 통증이 더욱 심해지면서 레스토랑 벽이 내게 다가오는 느낌이

들었고, 결국 이 말을 입 밖으로 꺼낼 수밖에 없었던 것이다.

동료는 즉각 조치에 나섰다. 서둘러 식사비를 계산하고, 택시를 잡아 가장 가까운 병원으로 나를 데려갔다. 몇 가지 검사 결과, 의사는 이상 소견이 발견되지 않는다고 했고, 나는 심장 마비가 아니었던 것으로 판명 났다. 이후 정밀 검진을 받았으나 내 주치의도 아무런 문제를 발견하지 못했다. 나는 괜찮았던 것이다! 하지만 나는 괜찮지 않았다. 다음 해에 두 번이나 더 병원에 실려 갔다. 모두 같은 증상 때문이었다. 어느 의사건 내 심장이 건강하다고 말했지만, 나는 뭔가가 잘못됐다는 느낌을 떨칠 수 없었다.

절망적인 기분으로 내가 사는 내슈빌 지역 최고의 심장병 전문의와 약속을 잡았다. 그는 수많은 검사를 한 뒤, 결과가 나오자마자 내게 내원하라는 연락을 줬다. "마이클 씨 심장은 멀쩡해요." 그가 말을 시작했다. "사실, 전체적으로 굉장히 건강하세요. 문제는 두 가진데, 위산 역류증…… 그리고 스트레스라 할 수 있죠."

그는 가슴 통증을 호소하며 자신을 찾아오는 사람 중 3분의 1은 위산 역류증을 앓고 있으며, 대부분 스트레스가 턱밑까지 차오른 상태라고 했다. "스트레스는 반드시 해결해야 해요." 그가 경고했다. "스트레스 문제를 우선해서 처리하지 못하면 진짜 심장 질환으로 절 다시 만나게 될지도 모릅니다."

들어가며

나는 그가 말하는 과로와 지나친 스트레스에 노출돼 있는 바로 그런 사람이었다. 기억하는 한 내가 감당해야 하는 업무량은 언제나 미칠 듯한 수준이었다. 업무 강도는 도저히 약해질 것 같지 않았다. 당시 나는 한 부서를 이끌며 거의 불가능에 가까운 실적 반등을 노리고 있었다(이에 관해서는 뒤에서 더 자세히 이야기하겠다). 내게는 이미 셀 수도 없이 많은 우선 사항이 있었고, 백 가지 서로 다른 방향으로 끌려가는 중이었다. 나는 모든 과정의 중심에 있었고, 모든 전화와 이메일, 문자 메시지도 내가 받았다. 끊임없이 휘몰아치는 프로젝트며, 회의, 각종 업무 때문에 하루 24시간, 1주일 내내 일을 했다. 돌발 상황, 방해물, 산만함 같은 것들도 당연히 있었다. 가족들은 지치고, 나의 에너지와 열정은 줄어갔다. 그리고 이제 내 건강에까지 위협이 닥친 것이다. 뭔가를 내려놓아야 했다.

산만 경제 시대의 삶

그때 나의 문제는 너무 많은 일을, 그것도 대체로 혼자서 하는 것이었다. 나중에 나는 '모든 일에 초점을 맞추는 것'은 '아무 일에도 초점을 맞추지 않는 것'과 똑같다는 사실을 깨달았다. 끝없이 이어지는 업무와 돌발 상황을 정신없이 처리하는 와중에 뭔가 특별하고 중요한 것을 성취하기란 거의 불가능하다. 그러나 우리 중 많은 사람이 하루, 몇 주, 몇 달, 몇 년, 때로는 평생을 이렇게 보낸다.

이제는 알아야 한다. 우리는 소위 정보 경제 사회에서 수십 년 동안 일해 왔다. 1969년과 1970년에 존스 홉킨스 대학과 브루킹스 연구소는 정보 기술의 영향에 관한 일련의 콘퍼런스를 개최했다. 이때 참여한 발표자 중에 카네기 멜론 대학의 교수로 심리학과 컴퓨터 과학을 가르쳤으며, 후에 노벨 경제학상을 수상한 허버트 사이먼Herbert Simon이 있었다. 그는 이 콘퍼런스에서 정보의 증대가 부담이 될 수 있다고 경고했다. 왜일까? 그의 설명은 이랬다. "정보는 정보를 취하는 사람의 주의를 앗아간다. 결국 정보의 풍요는 주의력 빈곤을 낳을 것이다."[1]

정보는 더 이상 부족하지 않다. 부족한 것은 주의력이다. 이제 정보는 손쉽게 얻을 수 있는 세상이므로, 집중력이 직장에서 가장 가치 있는 자원 중 하나일 수밖에 없다. 하지만 우리 대부분은 일에서 집중력을 발휘하기 어려워한다. 우리가 산만 경제 속에서 살아가며 일을 하고 있기 때문이다. 저널리스트 올리버 버크먼Oliver Burkeman에 따르면 "당신은 온종일 스팸에 주의력을 빼앗기고 있다."[2] 끝없는 스팸의 훼방에 저항하는 것은 가히 불가능하게 느껴질 지경이다.

이메일을 생각해 보자. 사회 전체를 놓고 볼 때 매분 2억 통

이상의 이메일이 오간다.³ 전문직 종사자들이라면 백여 통의 이메일과 함께 하루를 시작해, 그날 하루가 끝나기 전에 백여 통을 더 받을 것이다.⁴ 이뿐만이 아니다. 스마트폰, 컴퓨터, 태블릿, 일터로 물밀 듯이 밀려드는 데이터 피드, 전화, 문서, 갑작스러운 방문, 인스턴트 메시지, 계속되는 회의, 뜻밖의 문제들도 있다. 조사 결과에 따르면 우리는 평균 3분마다 주의력을 잃거나 다른 것으로부터 방해를 받는다.⁵ "디지털 기술의 발달이 상당한 생산성 향상으로 이어진 것은 맞지만, 현대의 근무 환경은 마치 개인의 집중력을 무너뜨리기 위해 맞춤 제작된 것 같다." 월스트리트저널의 레이철 에마 실버먼Rachel Emma Silverman의 말이다.⁶

겪어보지 않은 사람이 없을 것이다. 우리는 각종 기기와 어플리케이션, 도구 덕분에 시간을 절약하며 엄청난 생산성을 발휘하고 있다고 생각한다. 하지만 실상은 거의가 고되고 따분한 저가치 활동을 하느라 하루를 분주하게 흘려보내고 있을 따름이다. 우리는 크고 중요한 프로젝트에 자신의 시간을 투자하지 않는다. 그저 작은 업무들에 압제당하고 있다. 한 기업 경영 컨설팅 팀의 조사에 따르면 "사람들이 하는 일의 절반가량은 조직의 전략을 발전시키는 데 기여하지 못하는 실정이다." 즉, 투자한 시간과 노력의 반이 전혀 해당 건을 위한 실제적 성과로 이어지지 않는다는 것이다. 이 팀은 이러한 일을 "가짜 일"이라고 명명했다.[7] 우리는 더 많이 일하면서 더 적게 얻고 있으며, 그 결과 이루고 싶은 일과 실제로 완수하는 일 사이에 엄청난 차이가 생긴다.

우리가 치러야 하는 대가

이렇게 시간과 재능을 낭비하는 대가는 어마어마하다. 어떤 자료를 참고하는지에 따라 다소 차이는 있지만, 회사원이 하루에 잃어버리는 시간은 3시간 이상으로, 많게는 6시간에 달하기도 한다.[8] 1년에 250일(365일 중 주말과 2주간의 휴가를 제외하고)을 일한다고 가정할 때, 잃어버리는 시간은 해마다 750시간에서 1,500시간에 이르고, 이것이 미국 경제에 미치는 타격은 연간 1조 달러에 육박한다.[9] 너무 추상적인 이야기라 와닿지 않을지도 모르겠다.

이번에는 지연된 이니셔티브, 연기된 프로젝트, 현실화되지 않은 잠재성 등을 생각해 보자. 특히 '여러분 자신'의 지연된 이니셔티브, 연기된 프로젝트, 현실화되지 않은 잠재성을 떠올려 보라. 바쁘게 살아가는 수천 명의 리더, 사업가들을 수년간 컨설팅해오면서 가장 많이 들었던 말이 이것이다. 잃어버린 생산성으로 금전적 손해를 보게 되는 것은 심각한 문제이

긴 해도 그렇게 고통스럽지는 않다. 고통스러운 것은 그로 인해 목표를 좇지 못하고, 재능을 시험해 보지 못하고, 꿈을 펼치지 못하게 되는 것이다.

그저 밀어닥치는 여러 활동-일부는 정말 중요한 활동이고, 일부는 중요한 것처럼 가장하고 있는 활동이다-과 자신이 이루어내고 싶은 프로젝트 사이에서 우리는 기진맥진하다 방향 감각을 상실하고, 업무량에 압도돼 버린다. 갤럽에 따르면 자신이 하고 싶은 일을 할 수 있는 시간이 부족하다고 생각하는 사람이 절반이다. 35세에서 54세 사이의 사람들이나 18세 이하의 자녀가 있는 사람들의 경우, 이 수치는 60% 정도로 더 높다.[10] 이와 유사하게 미국심리학회가 2017년 실시한 조사에서도 열 명 중 여섯 명이 직장에서 스트레스를 받고 있다고 응답했으며, 이들 중 약 네 명은 단발성 프로젝트 때문이 아니라 일상 업무 때문에 스트레스를 겪고 있는 것으로 나타났다.[11] 스트레스가 긍정적인 작용을 하는 측면도 있지만, 스트레스가 중요한 일들을 성취하는 데 방해가 되고 무자비한 중압감이 계속되는 상황이라면 얘기는 다르다.

이 대가들을 감당하려면 밤에도 일하고 주말에도 일하는 수밖에 없는 듯 보인다. 예컨대 CCL의 조사 결과를 보면, 스마트폰을 갖고 있는 직업인-즉, 오늘날 모든 사람-은 1주일에 70시간 이상 일을 한다.[12] 소프트웨어 회사 어도비의 의뢰로 실시된 연구에 따르면 미국 회사원들은 이메일을 확인하는 데만 매일 6시간 이상을 소비한다. 다른 업무를 위한 시간을 확보하기 위해 이들 중 80%는 회사에 도착하기 전에 이메일을 열어 보고, 심지어 30%는 아침에 침대에서 일어나기도 전에 이메일을 확인한다.[13] GFI 소프트웨어가 진행한 또 다른 조사 결과를 보면 우리 중 거의 40%가 밤 11시 이후에 이메일을 확인하고, 4분의 3은 주말에도 확인한다.[14] 조사 자료는 없지만, 슬랙 같은 사내 메신저를 확인하는 빈도도 이 정도이거나 더욱 심각한 수준일 듯싶다.

이는 마치 '거울 나라'에서 일하고 있는 것만 같다. "잘 봐, '이곳'에서는 네가 '온 힘'을 다해 달려야 제자리에 머물러 있을 수 있어." 붉은 여왕이 앨리스에게 말한다. "다른 곳으로 가고 싶다면, 적어도 두 배는 더 빨리 달려야 해!"[15] 속도를 유지하고 우위를 점하기 위해 암페타민 같은 각성제나 환각제에 의존하는 사람들도 있다.[16] 그런데 이러한 인지 기능 강화 약물의 기대 효과를 인정하고 건강 및 사회적 문제에 큰 의미를 두지 않는다 하더라도, 경쟁력을 잃지 않기 위해 신경계를 건드려야 하는 세상이 과연 올바로 돌아가는 세상이라고 할 수 있을까?

이러한 종류의 경주에는 자체적인 대가도 따른다. 즉, 긴 업무는 극심한 스트레스로 직결될 뿐 아니라 건강, 인간관계, 개

들어가며

인적 관심사와 같은 것들에 쏟아야 할 시간마저 앗아간다. 밤까지 정신없이 일하느라 잠을 제대로 못 자고, 서둘러 출근하느라 아침 운동도 빼먹는다. 자녀의 축구 경기를 보러 가서는 이메일을 확인하느라 결정적 장면을 놓친다. 프레젠테이션을 준비하느라 배우자와의 데이트 스케줄을 또 미뤄야 한다.

요컨대 트레이드오프 즉, 하나를 위해 하나를 희생할 수밖에 없다. 우리는 무엇에 중점을 둬야 할지 매일같이 가치 판단을 하고 있다. 말하기 껄끄럽지만, 처음 커리어를 시작했을 때

산만 경제에서 일의 속도는 무자비하다. 우리는 앨리스와 같은 기분을 느낄 때가 정말 많다. 온 힘을 다해 달리고도 겨우 뒤처지지 않을 뿐이며, 앞서 나아가려면 그보다 두 배는 더 빨리 달려야 한다.

초생산성

나는 너무 자주 일을 택했다. 이제는 그렇게 하면 고가치 활동과 건강, 인간관계, 개인적 관심사에 쏟아야 마땅한 시간과 관심을 쏟는 것이, 즉 초점을 맞추는 것이 불가능해진다는 사실을 잘 안다. 올리버 버크먼이 말했다. "결국 삶이란 우리가 집중했던 것의 총합이라고 봐야 하지 않을까?"[17]

비생산적 생산성

많은 사람이 대가를 상쇄하기 위해 생산성 시스템에 의지한다. 앨리스처럼 뒤처질 것 같은 상황이 벌어지면 '더 빨리 달려야겠다!'고 생각하는 것이다. 그래서 도움이 될 만한 정보를 구글에서 검색한다. 시간을 잘 관리하고 효율성을 향상시킬 아이디어와 도구를 찾아내기 위해 아마존과 앱 스토어를 뒤진다.

 나도 그렇게 했다. 하지만 내 심장이 겁을 집어먹은 후, 나는 내 속도가 지속 가능하지 않다는 사실을 깨달았다. 더 나은 방법을 찾아야 했다. 그래서 눈에 띄는 모든 생산성 시스템을 조사했고, 시도해 본 다음, 고치거나 바꿔서 다시 시도해 봤다. 그러자 조금씩 변화가 생겼고, 그때부터 내가 발견하고 응용해본 것들을 다른 사람들과 공유하기 시작했다. 그렇게 해서 15년 전에 블로그를 열었던 것이다. 그 블로그는 나와 독자들을 위한 생산성 실험실이었다. 그때 내 직업은 대형 출판사 CEO였지만, 나를 '생산성 전문가'로 봐 주는 사람이 많아졌다. 후에 나는 리더십 개발 회사를 설립했고, 지금은 매년 수백 명의 의뢰인에게 컨설팅을 제공하며, 수천 명을 대상으로 생산성에 대해 가르치고 있다.

초기에 나는 더 많은 일을 할 방법을, 적어도 같은 양의 일을 조금 더 빨리 할 수 있는 방법을 찾아 헤맸다. 그러나 곧 붉은 여왕과 보조를 맞추는 것은 정답이 아니라고 생각하게 됐다. 대부분의 생산성 '솔루션'이 실제로는 상황을 악화시키고 있다는 사실을 깨닫고 나자 돌파구가 열렸다. 사업가나 기업 임원, 각 분야의 리더들과 함께 일하기 시작했을 때, 많은 사람이 생산성이란 더 많은 일을 더 빨리하는 것이라는 의견을 내비쳤다. 생산성에 관한 일반적인 인식이 일련의 반복적 업무를 수행하면 한계 이득이 달성되고 수익을 향상시킬 수 있었던 제조업 시대에 형성된 것이기 때문이다. 그러나 내 일은 이와 다르다. 내가 컨설팅을 하는 사람들의 일도 그렇다. 그리고 여러분이 지금 하고 있는 일도 그럴 거라 장담한다. 오늘날 우리가 하는 업무는 대단히 다양하고, 우리는 이미 존재하는 과정의 작은 향상이 아니라, 새롭고 중대한 프로젝트를 통해 수익 향상에 기여하고 있다.

그리고 이 점이 문제의 근원이다. 우리는 낡은 사고방식으로 생산성에 접근하는 바람에 그토록 피하고 싶은 번아웃을 스스로 불러들이고, 진정한 잠재력을 발휘하는 데 실패하고 만다. 붉은 여왕과 보조를 맞출 수 있는 사람은 아무도 없다. 게다가 잘못된 방향을 보고 서 있다면 더 빨리 달리는 것은 아무런 도움이 안 된다. 생산성 시스템에 대한 개념을 다시 생각해야 할 때다.

새로운 접근법

의뢰인 중 가장 생산성이 뛰어난 기업인들은 생산성이 더 많은 일을 해내는 것이 아니라 옳은 일을 해내는 것이라는 사실을 받아들인 사람들이다. 생산성이란 명쾌한 기분으로 하루를 시작하고, 에너지가 남아 있는 상태에서 만족감과 성취감을 느끼며 하루를 마무리하는 것이다. 생산성이란 적게 일하고 더 많이 이루는 것이다. 이제부터 그 방법을 보여주려 한다.

이 새로운 종합 생산성 시스템은 각각 세 가지 활동으로 이뤄진 간단한 세 단계를 따르면 된다. 점차 탄력이 붙도록 구성돼 있으니, 부디 뒤쪽부터 읽고 싶은 유혹을 물리치고 차례대로 읽어주길 바란다.

들어가며

생산성이란 더 많은 일을

해내는 것이 아니라

옳은 일을 해내는 것이다.

1단계: 멈춰라

어떤 생각이 들지 안다. "멈추라고? 이건 아니지. 생산성 시스템의 첫 단계라면 '출발하라'가 맞는 거 아닌가?" 아니다. 사실, 대부분의 생산성 시스템이 잘못 설파하고 있는 것이 바로 이 지점이다. 대부분 일을 더 잘하고 더 빨리하는 방법으로 바로 뛰어든다. 멈춰 서서 "생산성 시스템의 목적이 뭔데?" 하고 묻지 않는다. 그런데 이 물음에 대한 대답에 실로 많은 것이 걸려 있다. 자신이 일을 하는 '이유'를 먼저 깨닫지 못하면, 자신이 일하는 '방식'을 제대로 평가할 수 없다. 그래서 나는 멈추는 것에서부터 시작해야 한다고 진심으로 제안하는 것이다.

1단계에서 수행해야 하는 첫 번째 활동은 '수립하기'다. 먼저, 자신이 생산성을 통해 얻고 싶은 것이 무엇인지를 분명히 알아야 한다. '거울 나라'가 아니라 현실 세계에서 효과가 발휘될 수 있도록 생산성 개념도 새롭게 정립할 것이다. 두 번째 활동은 '평가하기'다. 고高레버리지 업무를 식별한 뒤, 시간만 잡아먹는 저低레버리지 업무는 걸러내야 한다. 이 활동에서는 올바로 사용한다면 여러분이 자신의 에너지를 언제, 어디에, 어떻게 쓰는지를 획기적으로 변화시킬 도구도 제공된다. 마지막 활동은 '회복하기'로, 휴식을 활용해 성과를 향상시키는 방법을 알게 될 것이다.

들어가며

2단계: 잘라내라

자신이 원하는 것과 자신의 위치를 명확히 파악했다면, 2단계로 넘어가도 좋다. 2단계는 '잘라내기'다.

여기서는 자신이 하지 않는 일도 자신이 하는 일만큼 생산성에 중요한 요소라는 사실을 깨닫게 될 것이다. 미켈란젤로는 대리석을 덧붙여서 '다비드' 조각상을 창조한 것이 아니다. 끌을 쓸 준비가 돼 있나?

첫 번째 활동은 '제거하기'다. 이 활동에서 여러분은 생산성에 있어 가장 강력한 두 단어를 얻고, 이 단어를 사용해 시간을 훔치는 시간 도둑을 쫓아내는 방법을 터득하게 될 것이다. 두 번째 활동 '자동화하기'를 통해서는 저레버리지 업무가 큰 노력 없이 이면에서 처리되도록 함으로써 시간과 주의를 되찾을 수 있을 것이다. 마지막은 '위임하기'다. 많은 사람이 두려워하는 단어지만, 걱정하지 않길 바란다. 여러분의 일을 덜고, 그러면서도 그 일이 여러분에게 흡족한 수준으로 완수되도록 하는 효과적인 방법을 소개하겠다.

초생산성

3단계: 행동하라

이제 불필요한 것들은 모두 잘라냈으니 실행을 할 때다. 3단계에서는 고레버리지 업무를 적은 시간으로, 그리고 무엇보다 스트레스를 덜 받으며 해내는 방법을 배울 것이다.

3단계의 첫 번째 활동은 '통합하기'로, 세 가지 서로 다른 행동 영역을 활성화해 집중력을 극대화시키는 방법을 배우게 된다. 다음 활동 '지정하기'에서는 자신이 해야 하는 일들을 스케줄에 맞춰 배치함으로써 긴급한 업무에 휘둘리지 않는 요령을 익히게 될 것이다. 마지막은 '활약하기'로, 이 장을 통해 여러분은 모든 방해물과 산만함을 물리치고 여러분 고유의 기술과 능력을 최대치로 이끌어내게 될 것이다.

이 과정을 자신의 실제 삶과 일에 적용한 내 의뢰인들의 사례도 곳곳에 실었다. 여러분도 그렇게 할 수 있을 것이다. 각각의 활동이 끝날 때마다 배운 것을 바로 실행에 옮길 수 있도록 연습 과제가 주어지는데, 빠짐없이 해보기를 바란다. 여러분을 성공으로 이끌기 위해 세심히 고안된 것들이다. 끊임없는 방해와 통제를 벗어난 할 일 목록 때문에 여러분의 뜻과 다르게 흘러가는 하루는 더 이상 없다. 바쁜 하루를 보내고 지친 몸으로 침대에 누웠지만 실제로 무엇을 이뤘는지 확신할 수 없는 밤은 이제 끝이다.

자, 삶의 리셋 버튼을 누르고, 일에서도 인생에서도 가장 중요한 목적들을 달성하는 데 시간과 에너지를 쏟도록 보장하는 시스템을 갖춰야 할 때다.

상상할 수 있겠나? 자신의 시간이 어디로 가는지 완벽하게 통제하고 있다는 기분을 느끼는 순간, 자신의 소중한 에너지를 어디에 쓸지 '스스로' 결정하는 순간, 만족스럽고 생산적인 하루를 보내고도 녹초가 되지 않은 채 침대에 눕는 순간을 상상할 수 있는가? 상상할 수 있기를 바란다. 곧 그렇게 될 것이니 말이다. 여러분은 정말로 적게 일하고 더 많이 성취할 수 있다. 그 방법을 찾아 첫 걸음을 떼어보자.

자신의 생산성을 평가해보자

시작하기에 앞서, FreeToFocus.com/assessment 페이지로 들어가 '프리 투 포커스 생산성 평가'를 받아보길 권한다. 자신의 현재 생산성 수준을 알아볼 수 있는 쉽고, 빠르며, 기본적인 검사다. 점수가 낮게 나왔다고 해도 좌절할 필요는 없다. 그렇기 때문에 이 책을 손에 들고 있는 게 아닌가. 여러분은 이미 문제 몇 가지를 인지하고 있으니, 이제 와 문제가 없는 척하는 것은 아무 의미가 없다. 또 점수가 높게 나왔다고 해서 이 책이 불필요하다고는 생각하지 않기를 바란다. 현재 얼마나 잘하고 있든, 성공을 추구하는 이들에게는 언제나 또 다른 수준의 성공이 있는 법이다. FreeToFocus.com/assessment를 통해 자신의 개인 생산성 점수를 알아보자.

차 례

STEP 1. 멈춰라

STEP 2. 잘라내라

STEP 3. 행동하라

Free to Focus

멈춰라

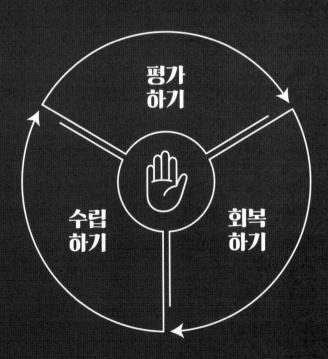

1장.

수립하기

원하는 것을
결정하라

FORMULATE: Decide What You Want

"저는 어디로 가야 할까요?"

"그건 네가 어디로 가고 싶은지에 달려 있지."

– 앨리스와 체셔캣의 대화

〈왈가닥 루시I Love Lucy〉*에서 루시와 에설이 초콜릿 공장에서 일하는 장면을 기억하는가? 두 사람의 업무는 컨베이어 벨트에 놓인 트러플 초콜릿을 포장하는 것이다. 공장 매니저는 한 개라도 빠뜨렸다가는 당장 해고라고 으름장을 놓는다. 처음에는 일이 순조로웠으나 컨베이어 벨트의 속도가 점차 빨라지자, 루시와 에설은 넘쳐나는 초콜릿을 입에 쑤셔 넣고 모자에 쓸어 담기 시작한다. 맹렬하게 초콜릿을 실어 오던 컨베이어 벨트가 마침내 멈추고, 매니저가 두 사람이 일을 잘했는지 확인하러 온다.

　매니저는 루시와 에설이 미처 포장하지 못한 초콜릿을 전부 숨겼다는 사실을 눈치채지 못한다. 그래서 두 사람이 컨베이어 벨트의 속도를 따라가며 무리 없이 일하고 있다고 생각한다. 두 사람은 어떤 보상을 받았을까? "속도 더 높여!" 매니저는 컨베이어 벨트 가동 담당자에게 소리친다.

----

* 　인기리에 방영된 1950년대 미국 시트콤. -역주

루시와 에설이 느꼈을 기분을 겪지 않은 사람은 거의 없을 것이다. 나도 마찬가지다. 날마다 이런 기분 속에서 사는 사람도 꽤 있을 것이다. 우리의 경우, 초콜릿이 아니라 이메일, 문자 메시지, 전화, 보고서, 프레젠테이션, 회의, 마감 시한이 우리를 향해 달려든다. 고심하고, 판단하고, 실행해야 하는 새로운 업무를 가득 실은 그야말로 끝없는 컨베이어 벨트다. 최대한 생산성을 발휘한다 해도 한계가 있을 수밖에 없다.

그래서 우리는 밤이며 주말에도 추가로 일을 하며 근무 시간에 끝내지 못한 프로젝트에 열중한다. 마음속 생산 라인에 잔뜩 쌓여 있는 업무가 우리의 정신적, 감정적, 신체적 에너지를 요구한다. 그 결과 우리는 생산성을 높이기 위한 기술이나 팁을 찾아 헤맨다. 쉬지 않고 우리의 주의를 요구하는 수백만 개의 업무를 처리하는 데 드는 시간을 각 몇 분 만이라도 줄일 방법을 알아내려 애쓰는 것이다. 만약, 정말 만약에 초콜릿 한 개당 몇 분의 1초씩이라도 빨리 포장할 수 있다면, 그렇다면 컨베이어 벨트의 속도를 따라잡을 수 있을지도 모른다. 이 방법으로 효과를 보는 사람도 있을 것이다. 그러나 올바른 시도라고 할 수 없다. 근본적 문제에 접근하는 해결책이 아니기 때문이다. 우리는 그저 사정없이 밀어닥치는 일을 너무나 훌륭하게 해나가거나 일에 파묻히거나 둘 중 하나다. 어느 쪽도 결코 멈춰 서서 자신이 애초에 왜 그러한 상황에 놓이게 됐는지를 묻지 않는다.

자, 이제 그만 멈추고 물어보자. 생산성을 높여서 무엇을 얻고자 하나? 생산성을 높이려는 까닭이 무엇인가? 어떤 목표를 갖고 있나? 우리는 자신이 정말로 원하는 것이 무엇인지를 알 때라야 진정한 의미의 생산성을 발휘할 수 있다. 이번 장을 통해 "더 빨리!"라고 소리치는 매니저 대신 여러분과 함께할 생산성 향상 비전을 수립할 수 있을 것이다. 이는 정말 중요한 일이다. 솔직히 이 매니저는 우리 자신일 때가 많다. 우리는 자주 거울 나라의 앨리스가 아니라 붉은 여왕이 되곤 한다.

도저히 감당할 수 없는 추가적인 일과 의문 사항과 할당받은 업무를 우리는 어디에 쑤셔 넣어야 할까? 루시와 에셀의 상황에서 보듯, 많은 일을 용케 해낸다 해도 우리에게 돌아오는 보상은 더 많은 일이다!

문제의 핵심에 접근하기 위해, 지금부터 일반적인 세 가지 생산성 목표를 살펴볼 것이다. 스포일러 주의. 첫 두 목표는 부단히도 언급되지만 대체로 효과가 없다. 그러나 세 번째 목표는 여러분의 삶을 분명 변화시킬 것이다.

목표 1: 효율성

길에서 아무나 붙잡고 생산성 향상의 목적이 무엇인지 물어보라. 열에 아홉이 효율성을 확보하기 위해서라고 대답할 것이다. 모름지기 빨리 일할수록 상책이라는 믿음에 근거한 답변이라고 할 수 있다. 하지만 이러한 믿음은 우리를 곤경에 빠뜨리기 십상이다. 내가 볼 때 사람들이 일을 빨리하려는 까닭은 이미 터질 듯이 꽉 찬 하루에 더 많은 일을 밀어넣기 위해서다.

생산성이라는 개념은 19세기 후반과 20세기 초에 걸쳐 프레더릭 윈즐로 테일러Frederick Winslow Taylor를 비롯한 여러 효율성 전문가들에 의해 확립됐다. 테일러는 공학적 원리를 공장 노동자에게 적용해 효율성을 신장시키는 방법을 찾아낸다. 바로 노동자의 자율성을 줄이고, 나아가 완전히 없애는 것이었다. '조직이 언제나 최우선'이라는 그의 방침은 경영 전반에 '강제' 됐다.[1] 테일러의 지시에 따라 공장 관리자들은 노동자들의 작업 방식과 절차를 아주 작은 것까지 세세하게 간섭해 모든 낭비적 요인과 방해 요소를 제거했다. 그의 관리법은 테일러리즘Taylorism이라 명명됐으며, 효과를 거두었다. 노동자들이 적은 시간 안에 더 많은 작업을 수행함에 따라 공장의 효율성이 획기적으로 증대됐다. 그러나 이에는 대가가 따랐다. 노동자의 재량과 자유를 제한한 결과, 이들이 사실상 생산 로봇으로 전락하고 만 것이다.

테일러가 사망한 지 백 년도 더 지났으나, 우리는 여전히 그때와 똑같은 효율성 모델을 추구하고 있다. 장시간 일하라. 최대한 빨리, 가능한 한 많은 일을 처리하라. 문제는 우리가 대부분 공장 노동자가 아니라 지식 노동자라는 사실이다. 육체노동이 아니라 정신노동으로 결과물을 만들어 내기 위해 고용돼 있는 사람이 더 많다. 그러므로 보통 우리는 자신의 시간에 대한 엄청난 재량권을 누리며 상당히 자율적으로 매일의 업무를 안배할 수 있다. 20세기 공장 노동자가 1주일 내내 날마다 종일 똑같은 업무를 했다면, 우리는 끊임없이 새로운 과제, 기회, 문제에 맞닥뜨린다. 이 모든 것의 해결책을 찾고 때로는 단순히 따라가기만 하는 데도 엄청난 정신적 에너지가 필요하다.

테일러의 목적은 더 빨리 일하는 방법을 찾는 것이었다. 그러나 지식 경제 사회에서 더 빨리 일할 방법만 찾다가는 결코 일이 끝나지 않을 것이다. 검토해야 할 아이디어와 해결해야 할 문제는 늘 새로 생기게 마련이고, 일을 잘해서 업무를 끝마친대도 우리는 보상으로, 여러분도 짐작하듯, 더 많은 업무를 부여받는다. 그 유명한 다람쥐 쳇바퀴 속에 갇혀 최선을 다해 빠르게 달리지만 처리해야 할 프로젝트와 업무 목록은 계속 추가되기만 할 뿐, 조금도 줄어들 기미를 보이지 않는다. 속도를 늦추면 가망 없이 뒤처질까 걱정이 된다. 쳇바퀴에서 빠져나오면 다시는 올라탈 수 없을지도 모르니, 그저 계속 달린다. 왜 대다수 사람이 온종일 휴대전화를 손에서 놓지 못하고 업무 이메일을 확인한다고 생각하나? 밤에도, 주말에도, 심지어 휴가를 가서까지 말이다. 메일이 몇 시간, 하루, 그럴 리도 없겠지만 1주일 내내 쌓이도록 내버려두는 것이 두렵기 때문이다.

　"무조건 일을 더 많이 하는 게 생산성이라고 생각했죠." 내 의뢰인이었던 매트가 한 말이다. 매트는 수백만 달러 규모의 난방 및 배관 사업체의 설립자이자 CEO로, 어떻게 하면 더 많은 일을 해낼 수 있을지 언제나 전전긍긍했다고 한다. "일을 빨리 마치면 마칠수록 다른 일을 해야 하는 시간이 느는 것뿐이었어요. 무슨 일이든 가리지 않고 달려들었으니까요. 시간이 난다는 건 곧 더 많은 일을 할 수 있다는 뜻이었고, 또 다른 프로젝트와 더 큰 수입이라는 생각으로 직결됐죠. 늘 그런 식이었어요."

매트의 이야기는 후에 다시 살펴보기로 하고, 지금 강조하고 싶은 것은 우리가 '어떻게 하면 이 일을 더 빨리, 더 쉽게, 더 싸게 할 수 있지?'라고 물을 게 아니라, '내가 이 일을 해야 하나?'라고 물어야 한다는 것이다. 오늘날 우리는 각종 기술로 정보, 다른 사람들, 그리고 일에 대해 유례없는 수준의 접근성을 지닌 채 살아가고 있으므로, 이 문제를 명확히 하는 것은 그 어느 때보다도 중요하다. 현재 우리는 언제든, 어디에서든 일할 수 있다. 경이로운 기술의 진보는 우리의 삶을 개선시키지 않았다. 오히려 악화시켰다. 스마트폰의 등장은 업무를 손쉽게 처리하도록 이끌고 효율성을 증대시키며, 중요한 일에 더 많은 시간을 집중할 수 있는 미래를 우리에게 약속하는 듯했다. 그러나 과연 우리 중에 스마트폰이나 태블릿 덕분에 마법처럼 더 많은 자유 시간을 누리게 된 사람이 있을까? 나는 그 정반대라고 확신한다.

이론적으로 볼 때, 우리는 역사상 그 어느 때보다도 효율적일 수 있다. 오늘날 우리가 저마다 슈퍼컴퓨터를 하나씩 가지고 다니면서 누리고 있는 이 생활은, 15년 전만 해도 상상도 할 수 없는 것이었다. 우리는 전화나 이메일 주고받기, 스케줄 관리, 화상 회의, 스프레드시트 검토, 문서 작성, 보고서 읽기, 클라이언트에게 메시지 보내기, 여행 예약, 물품 주문, 프레젠테이션 작성 등 사실상 거의 모든 것을 스마트폰으로 한다. 우리는 초록불을 기다리며 계약을 체결하고, 슈퍼마켓 계산대에 줄을 서 있는 동안 청구서를 확인한다. 아니, 식료품은 어플로 주문하면 되기 때문에 줄을 서서 기다릴 필요도 없다.

나는 기술을 좋아한다. 자타공인 컴퓨터광이다! 지금 나는 기술을 내가 일찍이 이해했던 것보다 훨씬 더 잘 이해하고 있다. 새로운 기술적 해법은 우리가 일을 빨리하도록 도와줄지 모른다. 그러나 그 이상으로 중요한 것은 이러한 효율성이 더 많은 일에 대한 기대와 유혹을 수반한다는 점이다. 기술로 절약된 모든 시간은 다시 우리의 하루에 더욱더 많은 일을 밀어넣는 데 쓰인다. 우리는 우리 자신의 컨베이어 벨트 속도를 높일 방법을 알아냈고, 이제 더 이상 쑤셔 넣을 데도 없이 넘쳐나는 초콜릿에 빠져 허우적대고 있다.

목표 2: 성공

생산성을 향상시키려는 최종 목적이 효율성이 아니라면, 성공을 추구하는 것은 어떨까?

생산성 증대가 더 큰 성공으로 이어질 것이라는 가정은 일견 타당해 보인다. 뭐, 완전히 틀린 말은 아닐 테지만, 성공이라는 막연한 개념을 좇는 건 그 자체로 곤경에 빠질 위험이 있다. 문제는 우리 대부분이 멈춰서 성공의 의미를 정의해보려 하지 않는 데 있다. 결승선이 없는 경주는 가고 싶은 곳이 어디인지도 알지 못한 채 여행을 떠나는 것이나 마찬가지다. 분명한 목적지가 없는데 도착한들 도착한 줄 알 수나 있을까? 이러한 현상은 특히 미국에서 더 문제가 되는 것 같다. 미국인들이 '더 많이'의 신화를 신봉하는 경우가 허다하다. 더 많은 결과물, 더 많은 상품, 더 많은 고객, 더 많은 이익에 목을 맨다. 이것들이 더 많은 집, 더 많은 장난감, 더 많은 호화스러운 휴가, 더 많은 차를 얻게 해 주기 때문이다. 이는 결과적으로 더 많은 일, 더 많은 스트레스로 이어지고, 궁극적으로는 더 잦은 번아웃을 초래할 수 있다.

큰 목재 회사의 내셔널 어카운트 매니저인 로이가 바로 이 문제로 사투를 벌이고 있었다. "저희 업계에서 내린 평가에 따르면 저는 꽤나 생산적인 사람이었어요. 그런데도 제 자신이 갖고 있던 목표에는 이를 수가 없더라고요. 그러다 엄청난 정체기를 맞게 됐어요." 로이가 토로했다. "지칠 대로 지친 데다 스트레스도 많이 받았지만, 여전히 제 목표는 멀리 있었어요. 그래서 더 열심히 일하는 수밖에 없었지요." 1주일에 70시간, 때로는 그 이상 일을 하면서도 로이는 자신이 성공에 이르는 길은 더 바쁘게 일하는 방법밖에 없다고 생각했다. "계속 밀고 나가다 보면 닿을 것 같았는데 아니었어요. 더 많은 시간을 들이면 제 목표를 달성하는 데 도움이 될 거라고 믿었는데, 실상은 오히려 저를 거의 번아웃에 빠질 지경으로 몰아붙였던 거죠." 처음에 로이의 가족이 감정적 타격을 입는가 싶더니, 곧 그런 일이 회사에서도 벌어졌다. 로이가 다른 직원들과 함께 일을 하는 데 문제가 생기기 시작한 것이다. 로이는 솔직하게 말했다. "하루를 시작할 때도 마칠 때도 축 처져 있었죠."

그야말로 악순환이며, 로이뿐 아니라 엄청나게 많은 사람이 이 악순환의 피해를 보고 있다. 갤럽에 따르면, 미국인의 주당 평균 근무시간은 40시간보다 50시간에 가깝다. 그리고 5명 중 1명은 60시간 이상 일한다.[2] 가장 오래 일하는 사람은 블루칼라 노동자일 거라고 지레짐작할지 모르겠으나, 아니다. 최장 근무 시간을 기록하고 있는 이는 전문직 종사자와 회사원이다.[3] 전문직 종사자 천 명을 대상으로 이루어진 한 조사에 따르면 응답자의 94%, 그러니까 대부분이 매주 50시간 이상 일을 하는 것으로 드러났다. 그중 절반가량은 65시간 이상 일을 한다고 답했다. 장거리 통근을 하거나 가족을 위한 이런저런 일과 그 밖의 여러 사항도 처리해야 한다는 걸 감안하면, 스케줄이 조금만 차고 넘쳐도 여유 시간을 잃을 수밖에 없다. 같은 연구에 따르면 전문직 종사자들은 사무실 밖에서 스마트폰으로 일을 관리하는 데 매주 20~25시간 정도를 쓴다.[4]

지금은 독일의 철학자 요제프 피퍼Josef Pieper가 '절대적 일total

work'이라는 개념을 통해 설명한, 살기 위해 일을 하는 것이 아니라 일을 하기 위해 살아가는 시대다.[5] 그리고 그 결과는, 솔직히 말해, 우울하기 짝이 없다. 직장인 절반 이상이 정신적으로 피로한 상태를 겪고 있는 것으로 보인다. 40%는 한 달에 적어도 한 번 주말 근무를 하고, 25%는 근무 시간 후에도 일을 하며, 50%는 휴식을 취하기 위해 책상을 떠나는 것도 어렵다고 대답했다.[6] 컨설팅 기업인 퓨처 워크플레이스가 600명 이상의 인사 담당자를 대상으로 조사한 결과, 90%가 번아웃이 인재를 유지하고 관리하는 데 방해가 된다고 답했다. 또한 번아웃을 야기하는 주요 요인 세 가지로 저임금과 장시간 근무, 과도한 업무량을 꼽았다.[7] 놀라울 것도 없이, 글로벌 베니핏츠 애티튜즈 서베이가 직장인들을 상대로 실시한 조사 결과에서는 스트레스에 노출된 직장인들이 행복하고 건강한 동료들에 비해 결근율이 현저히 높고 생산성도 낮은 것으로 드러났다.[8] 미국에서만 매년 최소 12만 1,000명이 사무실에서 발생한 스트레스로 인해 사망한다는 연구 결과는 경각심을 일깨운다.[9] 1970년대 일본에서는 이 문제가 무척 심각해 '카로시karoshi', 즉 과로에 따른 사망이라는 새로운 단어까지 생겼다.[10]

생산성 향상의 목적이 '성공'이라는 막연한 개념을 성취하는 데 있다면 지금 옳은 길을 걷고 있다고 볼 수 없다. 아프고, 병들고, 죽어가는 것은 성공과 거리가 멀다. 우리는 로봇이 아니다. 우리에게는 일을 안 하는 시간, 휴식 시간, 가족과 보내는 시간, 여가와 놀이를 즐기고 운동을 하는 시간이 필요하다. 일에 대해 전혀 생각하지 않는, 일에 완전히 관심을 끈 시간이 상당량 있어야 한다. 그러나 우리는 때때로 무조건적으로 '성공'만 추구하며 일 생각을 머리에서 떨칠 새 없이 항상 일하고 있거나, 언제든 일에 돌입할 수 있는 태세로 살아간다. 이러한 태도는 여러분과 여러분의 고용주 모두에게 실패를 안기는 지름길이다. 맞다, 성공은 강력한 동기부여가 된다. 하지만 성공이 진정으로 무엇을 뜻하는지 이해하고 있을 때만 그렇다.

목표 3: 자유

생산성이 본질적으로 효율성을 향상시키고 성공을 추구하기 위한 것이 아니라면, 생산성의 목적은 무엇일까? 왜 우리가 생산성에 관심을 가져야 하는 것일까? 이제 우리의 진정한 목적이자 이 책의 토대에 관해 이야기하겠다. 생산성이란 여러분에게 가장 중요한 것을 추구할 자유를 주는 것이다. 생산성의 목적, 진정한 목표는 자유에 있어야 한다. 나는 자유를 네 가지로 정의한다.

생산성이란 여러분에게

가장 중요한 것을 추구할

자유를 주는 것이다.

1. 집중할 자유

자기 스케줄의 주인이 되고 싶다면, 효율성과 생산성을 높이고 싶다면, 그래서 좋아하는 일을 할 수 있는 삶의 여유를 창조하고 싶다면 집중하는 법을 배워야 한다. 목표를 제대로 조준하고 커다란 효과를 일으키도록, 즉 뚜렷하고 가시적인 성과를 내도록 몰입해서 일하는 능력을 길러야 한다는 말이다. 누구나 일을 통해 자기 앞에 놓인 문제를 실제로 해결하기를, 자신이 오늘 무엇을 성취했고, 목표를 향해 얼마만큼 진전을 이루었는지를 정확히 아는 상태에서 잠자리에 들기를 바랄 것이다.

자신의 지난 몇 주를 되돌아보자. 얼마나 많은 시간 일에 집중할 수 있었나? 정말로 일에 전념한 시간은 얼마나 되느냐는 말이다. 한 가지 일에 몰두하려면 우리의 주의를 빼앗는 모든 것을 비롯해 전화나 문자 메시지, 이메일도 없어야 하고, 나와 아무 상관도 없는 업무에 대해 물어보거나 그저 지나가다 인사를 하러 들르는 사람도 없어야 한다. 여러분이 대다수 사람과 비슷한 근무 환경에 있다면 방해 요소가 없어 오롯이 집중한 적은 그다지 없을 것이라고 생각된다.

심지어 집이나 카페 등 사무실이 아닌 곳에서 일을 할 때도 우리는 스마트폰과 컴퓨터를 통해 언제든 인터넷에 접속할 수 있으므로 백만 가지 주의산만 요인에 문을 활짝 열어두고 있는 것이나 다름없다.

앞서 살펴봤듯, 회사원들은 평균적으로 3분마다 주의가 흐트러진다. 이렇게 잠깐씩 작업이 중단되는 것이 우리의 집중 능력에 어떠한 영향을 미치는지는 뒤에서 자세히 알아볼 것이다. 힌트를 주자면, 좋은 영향은 아니다. 그리고 방금 자신이 3분 이상 한 가지 일에 집중하지 못한다는 사실을 깨달았대도 괜찮다. 여러분만 그런 것이 아니다. 이 시스템 전체가 여러분이 놓치고 있던 집중력을 회복시키기 위해 설계돼 있다. 날 믿어라. 분명 집중력을 되찾을 수 있을 것이다.

2. 현재에 있을 자유

데이트를 하면서도 일에 대해 생각하고, 말하고, 걱정하며 보낸 저녁 시간이 몇 번이나 될까? 가족 또는 친구들과 놀러가서도 업무상 이메일이나 문자 메시지를 수시로 확인하지는 않았는지? 이미 본 통계 자료에 따르면 우리는 일에 대한 관심을 끄고, 관계, 건강, 개인의 행복에 초점을 맞출 수 있는 능력이 암울한 수준이다. 엄밀히 말해 일을 하고 있지 않을 때조차, 미처 끝마치지 못한 업무들이 우리 머릿속을 맴돌고 있다.

일에 대한 의무감에서 벗어나지 못하면 가족이나 친구들에게 충실할 수 없으며, 꼭 필요한 휴식 시간을 제대로 취할 수도 없다. 언론 매체인 어니언은 '신나는 일을 눈앞에 두고 갑자기

해야 할 일 하나하나를 똑똑히 떠올려버린 남자'라는 제목의 기사로, 이 문제를 풍자했다. 친구의 집에 초대를 받아 간 남자는 '긴장을 풀고 바비큐 파티를 즐기려는 찰나' 다음의 사실들을 떠올리고 말았다. '읽다 만 업무 이메일도 있고 프로젝트 마감일이 코앞인 데다, 전화를 걸기로 해놓고 아직 걸지 못한 곳도 있군.' 그는 '정말로 재미있게 보내야 할지 말지 망설이다가' 결국 '머릿속으로 프레젠테이션 준비를 하고 있다.'[11] 우스우면서도 슬프다. 실제로 비일비재한 일이기 때문이다.

나는 나에게 더 오랜 시간 일할 기회를 선사할 뿐인 효율성에는 관심이 없다. 놀아야 할 시간에 일을 하도록 내모는 성공에도 관심이 없다. 나는 효율성이 아니라 '생산성'을 추구한다. 이는 상당한 여유 시간을 확보해 온전히 현재에 집중하겠다는 뜻이다. 사무실에 있을 때는 일에 온전히 집중하고, 가족과 저녁식사를 할 때는 가족에게 온전히 집중한다는 뜻이다. 내 인생에서 중요한 사람들은 나로부터 성실한 대접을 받을 자격이 있다. 나는 이들을 소홀히 대하면서까지 일에 대해 걱정할 시간과 에너지를 추가로 얻고 싶지 않다.

3. 즉흥적일 자유

바보처럼 들릴지 모르겠지만, 나는 항상 즉흥적인 시간을 보낼 수 있는 자유를 우선시해 왔다. 인생의 계획을 꼼꼼하게 세우고, 계획이 중단되거나 계획에서 벗어나는 상황을 참지 못하는 사람이 많은데, 인생을 헤쳐 나가는 즐거운 방식으로 보이지는 않는다. 그 대신, 자신의 자녀나 손자가 찾아왔을 때 무슨 일을 하고 있었든 곧장 중단할 수 있는 자신의 모습을 상상해보자. 이러한 종류의 즉흥성은 인생에 여유를 창조했을 때만 가능한 것으로, 진정한 생산성의 부산물이라고 할 수 있다. 수월하게 처리할 수 있는 수준 이상의 일로 자신을 혹사시키지 않고, 자신에게 가장 중요한 일을 충분히 해내고 있을 때, 누구나 즉흥적일 자유를 얻을 수 있을 것이다.

4. 아무것도 하지 않을 자유

우리는 언제나 뭔가를 하고 있고, 그걸 미덕으로 여긴다. 그러나 지금부터 살펴보겠지만, 늘 뭔가를 하는 것이 옳다고 보는 문화 풍토가 사실상 우리의 생산성을 갉아먹고 있다. 이뿐만 아니라 행복도 갉아먹는다. 아들과 함께 토스카나를 방문했을 때, 우리는 '돌체 파 니엔테dolce far niente', 즉 아무것도 하지 않는 달콤함이라는 것을 발견했다. 이는 이탈리아 사람들의 생활신조와도 같은 것이다. 미국인들은 아무것도 하지 않으면 보통 죄책감을 느낀다. 나 역시 업무를 하고 있지 않을 때는 가끔 내가 비생산적이라는 느낌이 들곤 한다. 그런데 이게 요점이다.

우리의 뇌는 쉬지 않고 달리도록 설계돼 있지 않다. 뇌를 중립 상태에 놓으면 아이디어가 저절로 떠오르고, 기억이 스스로 정리되고, 우리 자신은 쉴 기회를 얻는다. 곰곰이 생각해 보면, 비즈니스에서나 삶에서나 혁신적인 아이디어는 대부분 여러분이 긴장을 늦추고 마음이 흐르는 대로 내버려뒀을 때 찾아왔을 것이다. 창조성은 해방의 시간에 달려 있다. 즉 때때로 아무것도 하지 않는 것이 경쟁 우위를 점하는 비결이다.

옳은 일을 하는 것

내가 말하는 자유가 지금 여러분이 상상하기에는 어려울지도 모르겠다. 하지만 약속한다. 이것들은 가능한 자유다. 집중할 자유를 누리는 삶으로 가는 여정의 첫 번째 활동은 자신의 목표를 명확히 하는 것이다. 앞서 자신에게 가장 중요한 것에 집중할 수 있도록 자신을 자유롭게 하는 것이 가장 좋은 목표라는 사실을 살펴봤다. 이미 말했듯, 생산성이란 '더 많은 일'을 해내는 것이 아니라 옳은 일을 해내는 것이다. 이것이 이 책의 주제다. 여러분이 더 적게 일하고도 많이 성취하도록 돕는 것 말이다.

여러분은 '더 적게'를 어떻게 정의하고 있나? 앞으로 이 책

전반에 걸쳐 이 문제에 관한 답을 알아보겠지만, '더 적게'란 기본적으로 여러분이 열정을 갖고 있는 것도 아니고, 중요하게 여기는 것도 아니고, 솔직히 말해 잘하는 것도 전혀 아닌데 여러분의 시간을 잡아먹고 있을 뿐인 모든 일을 잘라내는 것을 뜻한다. 자신이 가장 잘하는 일에 우선적으로 초점을 맞추고, 나머지 일은 제거하거나 위임하면 정말로 놀라운 일이 벌어진다. 더 큰 동기부여와 더 나은 결과물, 일과 삶에서 진정한 만족을 얻게 될 것이다.

우리는 자신의 삶을 일에 맞추는 경우가 너무 많다. 마치 욕조 안에 들어간 고래처럼 일이 자기 스케줄의 중심을 떡하니 차지하도록 하는 것이다. 그런 다음 인생의 다른 모든 것을 남은 시간에 욱여넣으려고 한다. 내 생각에는 거꾸로 된 것 같다. 인생을 '먼저' 설계한 후, 인생 목표에 부합하도록 일을 맞춰야 한다. 얼토당토않은 이야기가 아니다. 나는 이렇게 하는 사업가, 기업 임원들 수백 명과 함께 매년 일하고 있으며, 수천 명이 이 방향으로 움직이고 있다는 소식을 듣는다. 결과는 업무 실적의 개선뿐 아니라 인생 전반에 걸친 만족도 향상으로 나타난다.

이러한 연유로 대기업을 포함한 여러 기업이 근무 시간을 단축하고 직원의 선택권을 확대하는 실험을 해왔다. 그리고 결실을 맛보고 있다. 스웨덴에 있는 한 도요타 공장이 교대 근

1장. 수립하기

무 시간을 6시간으로 단축했는데, 직원들은 이전에 8시간에 걸쳐 하던 일을 6시간 안에 모두 완수할 뿐 아니라, 행복도가 올라가 이직률이 줄었고, 회사의 이익은 늘었다.[12]

이는 우리에게 새로운 사실도 아니다. 헨리 포드Henry Ford 는 1926년, 미국에서 거의 최초로 포드 모터스에 주 6일 근무 제 대신 오늘날에는 일반화된 주 5일, 40시간 근무제를 도입했 다. 당시 비즈니스 애널리스트들의 눈에는 터무니없는 시도로 비쳤지만, 포드는 선견지명이 있었다. 헨리 포드의 아들로 포 드 모터스 사장을 역임한 엣셀 포드Edsel Ford는 뉴욕타임스와의 인터뷰에서 이렇게 말했다. "휴식을 취하고 취미 생활을 하는 데 1주일에 하루로는 부족합니다. … 제대로 된 삶을 영위하기 위해서는 누구나 가족과 더 많은 시간을 보낼 수 있어야 합니 다."[13]

포드 모터스 직원들의 사기가 진작된 것은 당연지사. 이 변 화는 포드 모터스의 수익에까지 영향을 미쳐 많은 사람을 놀 라게 했다. 생산성이 하늘을 찌를 기세로 치솟은 것이다. 공장 노동자들은 회사에 대해 새로이 감사의 마음을 갖게 됐고, 더 큰 에너지를 일에 쏟을 수 있었다. 근무 시간이 주당 40시간으 로 줄고 주말 전체를 쉬게 되면서, 결과적으로 직원들은 실제 더 적게 일하면서도 더 많이 생산해냈고, 포드 모터스의 기량 은 더 높은 수준으로 나아갔다.[14]

여러분의 비전은 무엇인가?

왜 생산성 비전을 논의하고 넘어가야 하는 걸까? 곧장 각종 노하우와 팁 단계로 뛰어들어서는 근본적인 문제가 해결되지 않기 때문이다. 문제의 핵심은 우리 안에 있다. 이는 우리가 수세기 동안 고심해 온 사안이다. 4세기, 오늘날 터키의 한 지역에 해당하는 카이사레아의 주교였던 성 대 바실리우스Basil the Great가 수도원에 들어간 직후 한 말이다. "나는 정말로 내 삶을 도시에 남겨두고 왔다. 하지만 아직 나 자신을 떠나보내는 방법은 모르겠다." 바실리우스는 이 상황을 커다란 배에서 뱃멀미를 겪고는 작은 배로 옮겨 타 편안해지려는 사람에 빗대 설명한다. 즉, 소용이 없다는 것이다. 그저 뱃멀미와 함께 작은 배로 갈 뿐이다. 바실리우스에 따르면 문제는 이렇다. "우리는 우리에게 내재된 장애를 갖고 다닌다. 그래서 어디를 가도 그와 같은 장애에서 벗어날 수 없다."**15**

사람들은 대부분 작은 배로 갈아타려는 이 남자처럼 반짝반짝 빛나는 새로운 생산성 솔루션을 바라본다. '안도는 될 것이다!' 하지만 별 도움이 안 될 것이다. 우리는 또 다른 방법을 취함으로써 문제를 해결할 수 있을 거라고 믿지만, 생산성과 관련된 핵심 문제를 계속해서 질질 끌고 다닐 뿐이다. 뭔가 다른 것, 더 나은 것을 해내고 싶다면, 생산성에 대해 다시 생각해야 한다. 효율성 향상이나 성공을 자신의 주요 목표로 삼는다면 실패하고 말 것이다. 생산성이란 궁극적으로 여러분에게 더 많은 시간을 돌려주어야지 더 많은 시간을 요구하는 것이 아니다.

가장 큰 생산성을 보여주는 의뢰인들은 세 번째 목표, 즉 자유를 추구한다. 게다가 이들은 그 자유가 자신의 삶에서 어떤 모습을 띠어야 하는지에 관한 구체적인 비전도 가지고 있다. 이들은 할 일로 스케줄을 채우기 전에 자신이 어떤 삶을 살고 싶은지 청사진을 그리는 것부터 한다. 또한 자신이 어디를 향하고 있는지 잘 안다. 중요한 점은, 이들에게 여러분에겐 없는 특별한 힘이 있는 게 아니라는 사실이다. 이들은 잠재된 힘을 깨달은 것뿐이다. 그 힘은 누구에게나 있다. 선택은 여러분의 몫이다. 어떻게 할 텐가? 최종점은 사람마다 다르겠지만, 높은 생산성을 바탕으로 지금보다 적게 일하면 어떤 일들이 펼쳐질지, 적어도 그 비전을 그려보는 것부터 시작하길 바란다.

원하는 것이 무엇인지, 몇 시간이나 일하고 싶은지, 몇 가지 업무를 처리하고 싶은지, 얼마나 자주 저녁이나 주말에도 일하고 싶은지 스스로에게 물어라. 무엇에 초점을 맞추고 싶은가? 결과물로 이어질 수 있는 일에 더 많은 시간을 할애하고 싶을 수도 있다. 그게 자신이 진정 원하는 것이라면 아무 문제가 없다. 영성이나 지적인 관심사, 가족, 친구, 취미, 지역사회,

또는 완전히 다른 어떤 삶의 영역에 시간을 할애하고 싶을지도 모른다. 이는 전적으로 여러분에게 달려 있다. 여러분에게 가장 중요한 일이 무엇인지는 그 누구도 대신 정할 수 없으며, 정해서도 안 된다. 일단 알아내고 나면 '왜'를 필사적으로 붙들어라. 그것이 여러분의 배를 흥미진진한 항해로 이끄는 별이 될 것이다. 이 별 없이는 길을 잃을 수밖에 없다. 자신의 시간과 에너지를 집중하고 싶은 대상을 선택할 자유, 이것이 바로 생산성이 우리에게 주는 것이다. 다음의 생산성 비전 활동을 마치고 나면 다음 장으로 넘어가도 좋다. 다음 장에서는 자신이 비전을 성취하기까지 얼마나 와 있는지, 그리고 이제 어디로 나아가야 하는지 평가할 기회를 갖게 될 것이다.

생산성 비전 창조하기

인생을 위한 새로운 비전을 수립하기 위해서는 심도 있게 생각할 시간을 가져야 할 것이다. 비전을 머릿속에 선명히 그릴 수 있어야 하며, 자신의 삶이 어떤 모습이길 바라는지, 왜 그렇게 되는 게 자신에게 중요한지 명료하게 파악해야 한다. 다음의 '생산성 비전 워크시트'를 작성해보길 바란다. 먼저, 자신에게 생산성을 갖춘 이상적인 삶이 어떤 모습인지 알아보자. 그런 다음, 그 비전을 강렬하고 기억하기 쉬운 단어 몇 가지로 표현해보자. 마지막으로, 비전을 달성하면 정확히 무엇을 얻을 것으로 기대하는지, 반면 달성하지 못하면 무엇을 잃게 될지 간략히 기술해 보면서 비전에 달린 것들을 명확히 하자.

반드시 기억하길 바란다. 여러분의 인생이 어떤 모습을 띠게 될지에 관한 비전이다. 아마도 지금 자신의 비전을 완전히 실현시킬 자원을 갖추고 있는 사람은 별로 없을 것이다. 하지만 그렇다고 해서 꿈꾸기를 관둬선 안 된다. 이 책은 여러분이 목적지를 향해 나아가기 시작하도록 돕기 위해 고안되었다. 그러나 자신이 어디로 가는지 알지 못한다면 결코 진정한 진전을 이룰 수 없다.

* FreeToFocus.com/tools에서 원문을 다운로드받을 수 있다.

* http://bit.ly/생산성비전에서 한글 템플릿을 다운로드받을 수 있다.

STEP 1. 멈춰라

생산성 비전 워크시트

나에게 생산성이란 어떤 의미인가? 자신의 시간을 완전히 통제할 수 있는 데다 예산 제약도 없다면, 생산성 면에서 나의 삶은 어떤 모습을 띠고 있을까?

자신의 생산성 비전을 세 단어로 요약한다면?

1 _____   2 _____   3 _____

이 세 가지가 나에게 중요한 까닭은 무엇인가?

2장.

평가하기

나아갈 방향을
설정하라

EVALUATE: Determine Your Course

누구나 인생에서 어딘가에 이른다.

하지만 의도한 곳에 도달하는 사람은 몇몇뿐이다.

– 앤디 스탠리Andy Stanley

나는 회사를 세우기에 앞서 출판사 토마스 넬슨의 CEO로 재직하는 특권을 누렸다. 정말 멋진 기회로, 오랫동안 최전선에서 일하며 나 자신을 증명해온 결과였다. 나는 CEO로 취임하기 수년 전까지 내가 속해 있던 부서의 차장으로 일하는 출판인이었다. 그러다 2000년 7월, 상사가 갑자기 사임하면서 그의 자리를 맡아 달라는 요청을 받았다. 그렇게 토마스 넬슨의 일반 서적 출판부서 중 하나인 넬슨 북스의 본부장이 됐다.

그간 출판인으로 일해온 경험상, 나는 우리 부서에 뭔가 석연찮은 구석이 있다는 느낌을 받았지만, 대비가 되지 않은 상태에서 자리를 인계받을 수밖에 없었다. 우리 부서는 정말이지 엉망진창이었다. 당시 토마스 넬슨에는 서로 다른 열네 개의 부서가 있었는데, 내가 이끌게 된 부서가 가장 수익성이 낮았다. 맨 꼴찌였다. '가장 수익성이 낮은 부서'라는 것도 사실 정말 관대한 표현이었다. 전년도에는 '손실'을 낸 실정이었던 것이다. 다른 부서 직원들도 우리 부서의 부진이 회사 전체의 발목을 잡는다며 불평을 늘어놓았다. 뭔가가 빨리 바뀌어야 했다.

위기의 순간을 맞닥뜨린 많은 리더가 즉시 행동을 개시하고, 추가 수익을 내서 흑자로 전환하기 위해 가능한 모든 일을 시도했을 것이다. 물론 나도 그러고 싶은 유혹을 받았으나, 그렇게 하지 않았다. 구멍도 틀어막지 않고 물이 새는 양동이를 채우는 것이 무슨 의미가 있겠는가.

내가 처음으로 한 일은 개인적으로 잠시 물러서는 것이었다. 차분하게 숙고의 시간을 가지며 우리 부서가 어디에 위치해 있는지, 어째서 거기에 이르게 됐는지, 앞으로 어떻게 해야 할지 충분히 평가해 보고 싶었다.

내 목표는 두 가지였다. 첫째, 얼마나 암울한 상황이든 간에 우리 부서가 어디에 있는지 분명히 알 것. 둘째, 앞으로 내가 달성하고 싶은 것에 대한 설득력 있는 비전을 만들 것. 일단 출발점과 도착점을 명확히 하고 나면, 우리 팀이 현재 있는 곳에서부터 가고 싶은 곳으로 가기 위한 경로를 계획할 수 있을 것이라고 확신했다. 그리고 믿거나 말거나, 정확히 그렇게 됐다.

나는 내가 처음 세운 비전을 성취하는 데 3년이 걸릴 거라고 예상했는데, 불과 18개월 만에 완전한 흑자 전환을 이뤄냈다. 그 과정에서 우리 비전의 거의 모든 측면을 초과 달성했고, 한때 어려움을 겪었던 넬슨 북스 부서는 그 후 6년 동안 토마스 넬슨 출판사에서 가장 빠르게 성장하며, 가장 높은 수익성을 올리는 부서가 됐다. 우리는 꼴찌에서 시작해 선두로 올라섰다. 그런데 이 모든 것은 우리에게 엄청난 경영 전략이 있었기 때문에 일어난 일이 아니었다. 우리가 어디로 가고 싶은지에 대한 명료한 비전이 있었고, 어디에서부터 시작해야 하는지에 대해 솔직했기 때문에 일어난 일이었다.

이제 여러분 차례다.

열정과 능숙도의 교차점

1장에서 여러분은 자신이 어디로 가고 싶은지 눈에 보이는 계획을 세우기 시작했다. '생산성 비전 창조하기' 활동을 완수했다면 이미 멋진 비전을 손에 넣었을 것이다. (아직 이 활동을 마치지 않았다면 여기서 읽기를 멈추고 먼저 그 활동을 마무리 짓고 오는 것이 좋다. 이 책은 각 장과 활동들이 서로 긴밀히 연결돼 있기 때문에 한 가지를 건너뛴 상태에서는 계속 읽어나갈 수 없다.)

가고 싶은 곳을 알았으니, 이제 현재 자신이 있는 곳을 파악해야 한다. 그러려면 특별한 나침반이 필요한데, 바로 '자유 나침반'이다. 앞으로 이 책이 끝날 때까지 계속 사용될 이 도구는 생산성 가이드로서 우리가 잘못된 방향으로 가지 않도록 이끌어 줄 것이다. 자유 나침반은 우리가 두 가지 핵심 기준, 즉 열정과 능숙도를 근거로 자신의 업무, 활동, 기회를 평가하는 데도 도움이 된다. 열정과 능숙도가 무엇을 뜻하는지 파악하고 나면 생산성을 바라보는 관점이 완전히 달라질 것이다. 정기적으로 해야 하는 업무에 관해 열정만 있거나 능숙도만 있어서는 곤란하다. 둘 다 갖춰야 한다. 그렇지 못하면 에너지와 성과에 타격을 입을 수밖에 없다.

열정이란 자신이 사랑하는 일, 자신에게 활력을 불어넣는 일을 하고 있는지에 관한 것이다. 지금까지 살아오면서 어떤 일을 할 때 '이 일을 하면서 돈까지 받는다고?'라고 생각했던 적이 있을까? 그런 적이 있다면 열정이 무엇인지 감이 올 것이다. 여러분은 각자 수많은 일에 능력이 있겠지만, 누구나 자신이 좋아하는 일을 할 때 가장 동기부여가 되고 제일 큰 만족을 거둘 수 있는 법이다. 자신의 직업을 좋아하지 않는다면 일을 지속해 나가기 어렵다.

반면 능숙도는 어떤 일을 얼마나 즐기면서 하는지에 관한 것이 아니라, 그 일을 실제로 얼마나 잘하는지에 관한 것이다. 사실 여러분이 굉장히 열정을 쏟는 일이 있어도 그 일을 하는 데 특별히 뛰어난 실력이 없다면, 아무도 여러분에게 돈을 지불하면서까지 그 일을 맡기려 들지 않을 것이다. 예를 들어보자. 나는 음악의 도시로 잘 알려진 미국 테네시주 내슈빌 지역에 살고 있다. 이곳은 언제나 뮤지션들로 들끓는다. 그러나 대부분은 음악 업계 종사자가 아닌 웨이터로 일한다. 그들이 음악에 열정을 품고 있다는 데는 의심의 여지가 없다. 열정이 없다면 여기에 있지도 않을 것이다. 그들 중 상당수는 꽤 전문가일 것이고, 다른 도시에서는 이미 유명할지도 모른다. 하지만 이곳 내슈빌에서는 완전히 다른 게임이다. 그저 '괜찮은' 뮤지션이어서는 이 도시에서 성공할 수 없다. 관심을 끌기 위해서는 '훌륭해야' 한다.

많은 사람이 능숙도와 적성을 헷갈려 하는데, 이 둘은 같지 않다. 적성은 어떤 일을 할 수 있는 성질이나 능력을 말한다. 능숙도는 그 이상이다. 능숙하다는 것은 우리가 어떤 일에 대한 실력을 갖췄을 뿐 아니라, 다른 사람들이 측정하고 보상을 줄 수 있는 결과를 만들어 내고 있다는 뜻이다. 기업 임원이나 사업가들에게 이 결과는 매출, 이익, 여타 재무 지표가 될 것이다. 뮤지션이라면 다운로드 횟수, 판매량, 수상 실적, 관객 수 같은 것이 되겠다. 적성은 능력만 의미하지만, 능숙도는 능력에 '더해' 공헌도를 의미한다. 우리가 세상에 제공하는 것이 있어야 세상이 우리에게 보상을 준다. 재능이 얼마나 있든 간에 일정 분야에 공헌하지 않는 이상 진정으로 능숙하다고 말할 수 없다.

> 열정이란 자신이 사랑하는 일, 자신에게 활력을 불어넣는 일을 하고 있는지에 관한 것이다.

적성은 능력만 의미하지만,

능숙도는 능력에 '더해'

공헌도를 의미한다.

생산성의 네 영역

용어의 의미를 분명히 했으니, 이제 '자유 나침반'의 구조를 알아보겠다. 능숙도를 x축, 열정을 y축으로 하는 그래프를 그리는 것에서 시작해 보자. 이 두 기준은 우리가 일반적으로 움직이고 있는 네 가지 영역을 식별하고 이해하는 데 도움이 된다. 이 장이 끝나기 전에 여러분은 왜 어떤 일을 할 때는 하루가 쏜살같이 지나가고 또 어떤 일을 할 때는 하루가 끼익하고 멈춰버리는지 깨닫게 될 것이다. 지금부터 네 영역을 역순으로 검토할 텐데, 이렇게 하면 어느 쪽으로 나아가는 것이 발전적인 방향인지 쉽게 알아볼 수 있다. 자, 우리 모두 싫어하는 영역부터 살펴보도록 하자.

4영역: 고역 영역

고역 영역은 열정도 없고 능숙하지도 않은 업무로 구성된 영역이다. 기본적으로 하고 싶지 않은 데다 잘하지도 않는 일들이다. 맡기에 최악의 일이라고 할 수 있다. 고되고 지루하게만 느껴진다.

나로서는 지출 보고서를 작성하거나 이메일을 다루고, 여행을 예약하는 일 등이 고역 영역에 해당한다. 이 일들에 전혀 열정을 느끼지 못하는 데다 능숙도도 한참 떨어지기 때문에 어쩔 수 없이 해야 할 때면 그야말로 고역이다. 나는 이 일들을 처리하는 데 남들보다 오래 걸리고, 결과적으로 많은 시간을 낭비하게 된다. 왜 낭비라고 말할까? 내가 이 일이 아니라 다른 일, 그러니까 내가 진정으로 공헌할 수 있는 다른 일에 집중했더라면, 시간과 에너지가 훨씬 잘 활용되고, 훨씬 생산적일 수 있었을 것이기 때문이다. 나는 앞으로도 결코 여행 예약을 잘하게 될 것 같지 않고, 잘하게 되고 싶지도 않다. 그럼 왜 억지로 해야 할까?

그런데 어떤 일이 자신에게 고역 영역이라고 해서 모든 사람에게 그런 건 아니라는 사실을 유념해야 한다. 어떤 일도 그 자체로 나쁜 일은 없다. 단지 여러분이 개인적으로 열정이나 숙련도를 지니지 않은 것일 뿐이다. 믿거나 말거나 세상에는 여러분이 싫어하는 일을 좋아하는 사람이 많이 있고, 그 반대도 마찬가지다. 그래서 노동 분업이 자연스럽게 일어나고, 복잡한 경제 체제가 순조롭게 돌아가는 것이다.

3영역: 무관심 영역

무관심 영역은 능숙도는 갖췄지만, 열정은 없는 업무들에 해당한다. 어떤 일을 하는 데 있어 회사에서 그 누구보다도 뛰어나다. 그런데 일을 하면 할수록 에너지가 고갈되는 느낌이다. 왜 그럴까? 열정이 없기 때문이다. 솔직히 별로 마음이 쏠

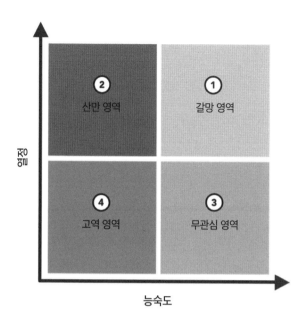

열정과 능숙도를 기준으로 작성된 표는 우리의 업무를 평가하는 데 유용하다. 어떤 일에 대한 열정과 능숙도가 모두 높다면, 그 일이 바로 여러분에게 가장 옳은 일이다. 둘 다 낮다면 일이 아주 고역으로 느껴질 것이다.

리지 않는 업무들이므로, 하고 있으면 지루할 수밖에 없다. 대부분이 무관심 영역에 해당하는 업무를 자연스럽게 피하곤 하지만, 어쨌든 자신이 잘하는 일이기 때문에 타성에 젖어 이 영역의 활동을 지속하는 사람들도 있다.

이 현실을 나보다 잘 아는 사람도 없을 것이다. 나는 출판업계에서 오랫동안 일해 왔는데, 오래전에 이 분야에 들어선 것은 내가 늘 책을 좋아했기 때문이다. "다른 사람들을 만나지도 않고 책도 읽지 않으면서 5년 후의 자신이 지금과 다르길 기대하는 것은 어불성설이다." 뛰어난 동기부여 강연가인 찰리 '트레멘더스' 존스Charlie 'Tremendous' Jones*가 자주 한 말이다. 전적으로 동의하는 바다. 사실 나는 지금껏 인생에서 도약한 중요한 시기마다 내게 직접적으로 영향을 준 책이나 사람이 있었다. 책을 향한 열정이 있었기에 출판 회사에 뛰어들었고, 한 단계 한 단계 승진을 거듭하며 각종 업무 능숙도도 올라갔다. 그런데 더 높은 직위를 갖게 될수록 내 업무는 책을 만드는 일과 관련성이 적어졌다.

승진을 할 때마다 책에서 멀어지고 행정 업무와 더 가까워진 것이다. CEO가 되자, 재정 분야 업무가 주가 되었다. 다행히 나는 재정 업무에 적성이 있었고, 곧 상당한 능숙도를 갖추게 되었다. 그러나 나의 열정은 재정에 관해 배우고 숙달하는 첫 단계를 넘어 지속되지는 않았다. 요컨대 지루해 죽을 지경이었다. 문제는 그 일로 내가 돈을 벌고 있다는 것이었다. 이러한 상황을 전체적으로 직시한 것이 내가 CEO 자리를 내려놓고 다시금 나의 첫사랑에 에너지를 집중하도록, 즉 콘텐츠를 개발하는 일을 하도록 이끈 주요 요인이다. 나는 정말 많은 사

---

* 찰리 존스가 트레멘더스tremendous라는 말을 강연에서 자주 사용해 이 닉네임이 붙었다. - 역주

람으로부터 비슷한 이야기를 들었다. 조심하지 않으면 무관심 영역에 수년, 수십 년 갇히게 되기 십상이다. 다른 이유가 있어서가 아니라 그 일이 돈이 되는 일이기 때문에 말이다.

2영역: 산만 영역

산만 영역부터는 삶이 훨씬 견디기 쉬워진다. 산만 영역은 우리가 열정을 지니고 있지만 슬프게도 별로 능숙하게 해낼 순 없는 일들로 구성돼 있다. 에너지 소모 없이 즐겁게 할 수 있지만, 방심하다 보면 엄청난 시간 낭비가 될 수도 있는 활동들이라는 뜻이다. 이 영역에서는 능숙하지 못하므로 그 분야에 중대한 공헌을 할 수는 없다.

산만 영역에서 발생하는 가장 큰 문제는, 열정이 능숙도가 떨어진다는 사실을 가린다는 점이다. 단, 당사자에게만 말이다. 능숙도는 타인이 볼 때 제대로 가늠되게 마련이다. 즉, 우리가 즐기고 있긴 하지만 형편없는 결과물을 쏟아내며 시간을 어마어마하게 낭비하고 있다는 걸 스스로 알아채기가 여간 쉽지 않다는 말이다.

내슈빌 지역의 그저 그런 뮤지션에게만 해당되는 얘기가 아니다. 끊임없이 마케팅에 관여하려 드는 재무 경영인이나 그래픽 디자인에 참견하고 싶어 하는 영업직 사원도 마찬가지다. 팀을 이끌기보다 팀 내의 업무를 처리하는 게 자신의 적성에 맞는다고 생각하는 매니저도 있겠다. 이러한 노력은 다른 사람들(동료, 고객, 의뢰인, 상사, 관객, 시장 등)에 의해 진정 가치 있는 것-그 사람만의 특별한 것-으로 검증되지 않는 한, 산만 영역 활동일 뿐이다. 산만 영역에 속하는 일인지를 식별하려 면 자신이 좋아하지만 하지 않는 게 나은 일을 하고 있다는 사실을 알아차릴 수 있을 만큼 자신에게 다소 냉혹한 잣대를 들이밀어야 한다.

1영역: 갈망 영역

갈망 영역은 우리의 열정과 능숙도가 교차하는 지점으로, 우리가 자신의 각별한 재능과 능력을 발휘해 비즈니스, 가족, 지역 사회를 위해 그리고 어쩌면 세상을 위해 커다란 공헌을 할 수도 있는 활동으로 구성된다. 만일 여러분의 목적지가 자유라면 갈망 영역에서 자유를 만끽할 수 있을 것이다. 앞으로 이 책의 남은 부분은 여러분이 갈망 영역에 도달하도록 안내하고 여러분이 가능한 한 1주일 내내 갈망 영역에 머물도록 돕는 데 초점이 맞춰져 있다.

갈망 영역의 일을 하는 것은 개인의 생산성에 지대한 영향을 미친다. 아니, 그 이상이다. 갈망 영역에 머무르는 것은 일과 삶 전반에서 성공을 거머쥘 수 있는 최고의 방법으로, 여러분은 적은 시간을 들여 고레버리지 업무를 처리하고, 가족, 친구 등 인생의 다른 영역을 위한 여유를 확보할 수 있게 될 것이다. 지난 장에서 만나본 내 의뢰인 로이의 삶이 변화하기 시작한 것이 바로 이 방법 덕분이다. "갈망 영역에 집중하고 나머지 일들은 모두 내던진다는 건 엄청난 일이었어요. 제 갈망 영역에 해당하지 않는 모든 일, 말 그대로 모든 일을 위임해도 괜찮다는 사실을 깨달았을 때는 정말이지 상상 이상의 자유를 느꼈죠." 그의 말이다.

로이는 갈망 영역 밖의 일들을 위임함으로써 주요 업무를 처리하는 데 들이는 시간을 주당 70시간에서 40시간으로 줄일 수 있었다. '주요' 업무라고 말한 까닭은 로이는 이 일 말고도 가족과 함께 열정 프로젝트 두 가지를 수행하는 데 1주일에 10시간을 쏟고 있어서다. 로이는 열정도 최고조이며 능숙도도 최고조인 업무에 매진하기 전에는 이렇게 추가적인 프로젝트를 시도할 여유가 없었다. 자신의 에너지를 갉아먹고 효율성을 축내는 저레버리지 업무가 시간을 몽땅 잡아먹고 있었으니 말이다.

또 다른 의뢰인 르네의 경우도 비슷하다. 르네는 전용기를 사고파는 회사를 운영했다. 생산성의 네 영역에 관해 알기 전의 자신의 삶에 대해 르네는 이렇게 회고한다. "쳇바퀴를 도는 일상, 그 이상도 이하도 아니었어요. 시도 때도 없이 일했으니까요." 열정과 능숙도의 관계를 이해하게 된 것이 쳇바퀴 도는 삶에서 빠져나오는 열쇠였다. "갈망 영역에 해당하는 업무들에만 집중해도 된다는 허락이 떨어진 거죠. '늘 바쁠 필요가 없다. 가장 중요한 일에 몰입할 수 있는 시간만 있으면 된다'라고 진심으로 말할 수 있게 됐어요." 르네는 즉각적으로 영향을 받았다. 그녀의 업무 시간은 주당 60시간에서 30시간으로 줄었는데, 그녀는 실제로 되찾은 시간은 이보다 훨씬 더 많다고 말한다. 그녀는 업무를 다른 사람들에게 맡기기 시작했다. "저는 중요하지 않은 일 때문에 산만해지지 않아요. 그러니까 정말로 제 삶 전체를 되찾은 것이나 다름없어요."

마리엘은 회계사무소를 운영하는데, 우리 대다수처럼 일이 삶의 구석구석까지 파고드는 상황에 처해 있었다. 처음 함께 작업하기 시작했을 때 마리엘은 매주 60~70시간을 꼬박꼬박 일했고, 휴가 때도 집에서 일을 했다. "어릴 때부터 저희 집은 가족 사업을 하고 있었어요. 잔업을 하거나 늘 일을 하고 있는 환경이 익숙했고, 일하는 걸 좋아하기도 했지요." 그러다가 고레버리지 업무와 저레버리지 업무가 있다는 것을 발견했다. "제가 어떤 일에 무관심하고 어떤 일을 고역스럽게 여기는지, 또 제가 정말로 갈망하는 일은 무엇인지, 제 생산성 영역들이 어떻게 구성돼 있는지 파악한 것이 엄청난 변화를 가져다 줬어요." 일단 명확하게 알게 되자, 마리엘은 갈망 영역 밖의 일들을 제거하고, 자동화하고, 위임할 수 있었다(이에 대해 2단계에서 자세히 다룰 것이다).

마리엘은 주당 근무 시간을 30시간으로 단축했을 뿐 아니라, 적게 일하면서도 사업의 규모를 키웠다. 로이와 르네도 마찬가지였다. 사실 이것은 열정과 능숙도가 최고조에서 교차하는 지점에서 일하는 사람이면 누구나 경험하는 바다.

X영역: 발전 영역

그런데 그래프에 고정된 자리가 없는 다섯 번째 영역이 있다. 나는 이 영역을 발전 영역이라고 부른다. 이 영역은 갈망 영역 밖에 있는 어떤 일이 잠재적으로 갈망 영역을 향해 갈지 아닐지 판단하는 데 요긴하다. 지금은 높은 숙련도와 낮은 열정으로 특징지어지는 일이지만, 여러분의 열정이 커지고 있을지도 모른다. 반대로 지금은 낮은 숙련도와 높은 열정으로 특징지어지는 일이지만, 숙련도가 쌓일 수도 있다. 우리는 이러한 진전을 염두에 둬야 한다. 경험이 숙련도와 열정도에 늘 영향을 주기 때문이다.

어떤 일에 대해 선천적으로 열정적이거나 능숙하도록 확고부동한 초기 설정값을 가지고 태어나는 사람은 없다. 오히려 호기심, 흥미 그리고 어느 정도 지녔을지 모르는 다듬어지지 않은 재능을 가지고 시작한다. 어떤 일이 어느 영역에 들어가느냐는 시간과 연습에 달려 있으며, 그 과정에서 우리가 어떤 식으로 나아가느냐에 따라 해당 영역은 바뀌기도 한다. 다시 말해, 열정과 숙련도란 개인적 발전과 전문성 개발의 결과다.

현재 내 갈망 영역에 들어 있는 업무 몇 가지는 발전 영역에서 옮겨온 것이다. 많은 사람이 경험하는 일일 것이다. 내 딸 메건은 처음에 나를 도우며 일을 시작했을 때 재무 분석에 전혀 열정이 없었다. 메건은 브랜딩과 마케팅에는 뛰어났지만, 스프레드시트를 다루거나 재정을 전망하는 데는 골치 아파했다. 열정도 능숙도도 없었던 것이다. 그러나 배우려는 의지와 약간의 적성은 있었다. 시간을 들여 교육과 실습을 거치고 나자 그야말로 능숙하게 일을 하게 됐다. 그게 다가 아니었다. 능숙도가 올라가면서 열정도 커졌다. 플로리다 주립 대학의 심리학과 교수인 안데르스 에릭슨Anders Ericsson을 비롯한 연구진의 조사에 따르면, 연습 과정과 그에 따라 얻게 되는 숙달이 우리가 어떤 일에서 기쁨을 느끼는 데 영향을 미칠 수 있다. '그럴 수 있다'는 것이지, 꼭 그렇다는 것은 아니다. 출판사 CEO로 일할 당시, 수많은 은행 임원과 회의를 하며 만족감을 느끼고 즐거울 수도 있었겠지만, 나는 그랬던 적이 거의 없었다. 그러나 어떤 사람들은 연습을 통해 완벽해질 뿐 아니라 기쁨을 얻는다.[1] 그리고 이때, 우리는 어떤 업무가 한 영역에서 다른 영역으로 옮겨갔다는 사실을 깨닫게 된다.

어떤 업무를 갈망 영역으로 이동시킬 수 있는 또 하나의 요소는 바로 마음가짐이다. 메건은 미래를 내다보는 선구적 시각을 갖고 있었다. 스트렝스파인더*식 언어로 말하자면 메건의 가장 큰 강점은 미래지향적이라는 것이다.[2] 메건이 숫자에 더욱 큰 관심을 갖게 된 까닭은 그 숫자들이 회사의 목표와 전략에 기여해서였다. "재무는 기업의 비전이 어떻게 실행되고 있는지를 보여줘요. 극히 실제적인 분야라고 할 수 있어요." 현재 재무 모델링, 현금 흐름 예측, 기업 전체 예산 운영 등이 모두 메건의 갈망 영역에 해당하며, 메건은 MH&Co의 COO로 재직하고 있다.

확실히 자신과 무관하다는 느낌이 드는 일들도 있을 것이다. 하지만 또 어떤 일들은 그저 경험이 더 필요할 뿐일 수 있다. 그러니 열정이나 능숙도를 쌓아나갈 수 있을 것 같은 예감이 드는 일이 있다면 열린 자세로 접근하도록 하자.

---

* 갤럽에서 제공하는 개인의 강점 및 직무 적성 평가에 도움이 되는 도구. -역주

자신의 진북(眞北) 찾기

생산성의 네 가지 영역을 충분히 이해하였으리라 보고, 자유
나침반에 대해 살펴보려 한다. 다음의 그림을 보면 자유 나침
반이 별다른 것이 아니라 앞서 나온 열정과 능숙도 그래프를
원형 그래프로 재구성하고 갈망 영역을 가장 위쪽에 위치시킨
나침반이라는 것을 알 수 있다. 항해를 하는 데 가장 중요한 기
술은 뭘까? 바로 진북을 찾는 것이다.

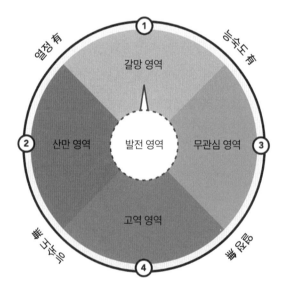

열정과 능숙도 그래프를 원형으로 옮기면 자유 나침반이 된다. 북쪽을 향해 노력을 기울일
수록, 즉 자신에게 가장 옳은 일을 향해 나아갈수록 더욱 생산적인 삶을 살게 된다. 다음의
예를 보면 자유 나침반이 실제로 어떻게 일의 방향을 제시해 주는지 알 수 있다.

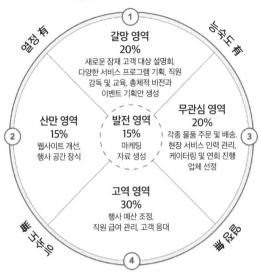

알레샤(이벤트 기획사 설립자)

영정 有
능숙도 有

1 갈망 영역 20%
새로운 잠재 고객 대상 설명회, 다양한 서비스 프로그램 기획, 직원 감독 및 교육, 총체적 비전과 이벤트 기획안 생성

산만 영역 2 15%
웹사이트 개선, 행사 공간 장식

발전 영역 15%
마케팅 자료 생성

무관심 영역 20% 3
각종 물품 주문 및 배송, 현장 서비스 인력 관리, 케이터링 및 연회 진행 업체 선정

고역 영역 30%
행사 예산 조정, 직원 급여 관리, 고객 응대

익숙함 無
필요 없음 無

4

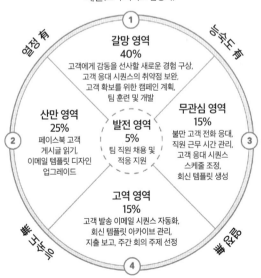

케빈(고객 서비스 담당자)

영정 有
능숙도 有

1 갈망 영역 40%
고객에게 감동을 선사할 새로운 경험 구상, 고객 응대 시퀀스의 취약점 보완, 고객 확보를 위한 캠페인 계획, 팀 훈련 및 개발

산만 영역 2 25%
페이스북 고객 게시글 읽기, 이메일 템플릿 디자인 업그레이드

발전 영역 5%
팀 직원 채용 및 적응 지원

무관심 영역 15% 3
불만 고객 전화 응대, 직원 근무 시간 관리, 고객 응대 시퀀스 스케줄 조정, 회신 템플릿 생성

고역 영역 15%
고객 발송 이메일 시퀀스 자동화, 회신 템플릿 아카이브 관리, 지출 보고, 주간 회의 주제 선정

익숙함 無
필요 없음 無

4

2장. 평가하기

진정한 생산성이란 갈망 영역에 해당하는 일은 더 많이 하되 다른 모든 일은 줄이는 것이다.

제1영역, 즉 갈망 영역이 우리의 생산성을 위한 진북이다. 우리가 향해야 할 방향이다. 야생에서 길을 잃어도 나침반이 있으면 살아남을 수 있는 것처럼, 자유 나침반은 우리가 의미 없고 비생산적인 활동으로 가득한 정글을 헤쳐 나아갈 수 있도록 안내해 줄 것이다.

이 책의 목적은 여러분이 더 적게 일하면서 더 많은 것을 성취하도록 돕는 것이고, 이게 바로 그 방법이다. 많은 사람이 대수롭지 않게 여기거나 완전히 간과하고 있는 생산성의 비밀이다. '진정한 생산성이란 갈망 영역에 해당하는 일은 더 많이 하되 다른 모든 일은 줄이는 것이다.' 밑줄을 긋길 바란다. 포스트잇에 써서 컴퓨터 모니터에 붙여 두길 바란다. 차 안에도 붙여 둬라. 필요하다면 매일 열 번씩 암송하라. 진정한 생산성은 갈망 영역에 해당하는 일을 더 많이 하고, 다른 모든 일은 줄일 때 나온다는 사실을 명심하라. 시간과 에너지를 갈망 영역에 집중시킬 때 결과물을 얻고 자유를 획득할 수 있다. 더 적게 일하고 더 많이 달성하기 위한 핵심이다.

갈망 영역에서 더 많은 시간을 보낼수록, 우리는 우리 자신뿐 아니라 주위 세계에 보탬이 되는 일도 더 많이 할 수 있다. 다소 과감한 발언이라는 것을 안다. 설명하자면 다음과 같다.

우리는 누구나 저마다의 재능을 가지고 있는데, 이는 타고난 소질과 살아오면서 습득한 기술, 추진력, 지혜가 합쳐져 만들어진 독특한 것이다. 우리는 자신의 이 재능을 발휘할 때라야 그 어느 때보다도 효과적이고 강력하게 업무를 수행하며 영향력을 발휘할 수 있다. 나는 여러분이 될 수 없고, 여러분도 내가 될 수 없다. 그러나 우리 모두 더 나은 모습의 자신이 될 수는 있다. 나는 우리가 각자의 갈망 영역에서 일하고 살아갈 때 반드시 그렇게 된다고 확신한다.

다음 내용으로 넘어가기 전에 한마디 덧붙이겠다. '프리 투 포커스 시스템Free to Focus system'은 여러분이 갈망 영역으로 빠르게 진입하도록 도울 것이나, 하룻밤 사이에 그런 일이 벌어지지는 않는다. 현재 나는 내 시간의 90% 정도를 갈망 영역 활동에 쏟고 있으며, 여러분도 가능한 한 빨리 이렇게 되기를 바란다. 내 의뢰인이기도 한 스티븐은 온라인 세일즈의 귀재로, 현재 자신의 일 중 80~90%가 갈망 영역에서 이루어지고 있다고 말한다. 그도 처음부터 그랬던 것은 아니다. 스티븐은 '프리 투 포커스 온라인 코스'를 수강하면서 자신의 상황을 깨달았다고 한다. "아, 나는 온종일 고역 영역에서 일하고 있었구나. 그냥 닥치는 대로 모든 일을 하고 있었구나. 고장난 프린터를 수리하는 것 같은, 성가시기만 한 일들까지 몽땅!" 중대한 결과와 관계된 일을 책임지고 있는데 사무기기와 씨름까지 할 여유가 어디 있다고! 자신이 얼마나 많은 노력을 낭비하고 있었는지 깨달은 스티븐은 곧장 자유 나침반을 사용해 자신의 고레버리지 업무들에 초점을 맞추기 시작했고, 삶의 여유를 되찾아 어린 자녀로부터 열렬한 환영을 받았을 뿐 아니라, 자신의 비즈니스도 두 배나 되는 성장을 기록했다. "순이익이 엄청나게 증가한 데다 훨씬 큰 기쁨을 누리며 생활할 수 있게 됐어요." 스티븐의 말이다.

이제 자유 나침반에 대해 배웠으니 자신의 진북에서 눈을 돌리지 말자. 이 책에 나오는 도구들을 활용해 옳은 방향을 향해 나아가도록 최선을 다하자. 인내심을 가져야 한다. 자유 나침반은 우리가 따라야 할 지침이지 과녁의 중심이 아니다. 즉 표적을 가리키는 바늘이지 표적 그 자체는 아니다. 어쩌면 여러분은 지금 자신이 무척 좋아하고 적성도 지녔지만 능숙도를 발전시켜야 하는 일을 앞에 두고 있을지도 모른다. 아니면 완벽한 능력을 갖췄지만 열정에 불을 지펴 줄 뭔가를 찾고 있을지도 모른다. 모두 다 괜찮다. 확신은 서지 않지만 언젠가 자신의 커리어에 필요할지 모른다고 느껴지는 활동들은 중간 역인 발전 영역에 두면 된다. 특히 그 활동들이 자신이 성과를 내야 하는 일에 도움이 된다면 더욱 그렇게 하는 편이 좋다.

그런데 의문이 들 것이다. 단순히 갈망 영역에 있는 일을 더 많이 하고 다른 일들은 전부 적게 하기만 하면 생산성을 향상시킬 수 있는데, 왜 대다수 사람이 그렇게 하지 않고 있는 걸까? 왜 이러한 생산성을 확보하는 게 불가능한 목표처럼 보이는 것일까?

제한적 믿음, 해방적 진실

가장 큰 장애물은 우리의 마음가짐이라고 할 수 있다. 의도와 상관없이 우리의 삶은 자기 자신과 상황에 대한 여러 가지 믿음에 이끌려 움직인다. 이 믿음들은 우리의 잠재력을 제한하고 거짓과 억압을 바탕으로 경계를 설정함으로써 우리가 더 크고 좋은 것들을 성취하지 못하도록 방해하기 때문에 '제한적' 믿음이라고 한다. 제한적 믿음의 종류만 나열해도 책 한 권이 족히 될 텐데, 여기에서는 생산적이 되려는 우리의 노력을 가로막는 대표적인 제한적 믿음 일곱 가지만 살펴보도록 하겠다.

1. "시간이 모자라다."

이 말을 안 하는 사람이 없다. 이 말의 다른 버전은 "너무 바쁘다."다. 나는 이 말을 CEO, 비즈니스 전문가, 공사 현장 노동자, 전업 주부, 대학생 등 사회 각계각층의 온갖 사람들로부터 듣는다. 누구나 자신이 바쁘다고 생각한다는 것이 가히 보편적 진리라고까지 말할 수 있을 지경이다. 여러분도 이 제한적 믿음 때문에 곤란을 겪고 있다면, 이 믿음을 해방적 진실로 대체해 보자. "내게는 중요한 것들을 성취하는 데 필요한 시간이 충분히 있다." 세상의 굵직한 변화를 이끌어내는 개인들과, 여러분 주변에서 벌어지는 멋진 성취들을 새로운 시각에서 바라봐 보자. 나에게도 그들과 똑같이 1주일 168시간이 있으며, 나도 그 시간을 통해 훌륭한 일들을 성취해낼 수 있다는 사실을 상기하자.

2. "나는 그렇게 체계적인 사람이 아니다."

생산성을 백만 가지 서로 다른 업무를 분류하고 서류화하고 수정하고 목록화하는 일로 가득한 거대하고 복잡한 시스템으로 보는 사람들이 주로 "나는 그렇게 체계적인 사람이 아니다."라는 제한적 믿음에 빠진다. 자신에 대해 이렇게 생각하고 있다면 이제 그 믿음을 다음의 해방적 진실로 바꾸도록 하자. "체계적인 사람만 갈망 영역에서 일할 수 있는 것이 아니다." 우리는 좋아하는 활동을 할 때는 일이 짜임새 있게 진행되지 않더라도 그다지 푸념하지 않는다. 하기 싫은 일을 할 때만 체계가 있느니 없느니 하며 문제를 삼곤 한다. 결국 집중의 문제인 것이다. 자신의 삶을 새롭게 설계해 열정과 능숙도를 지닌 일에 대부분의 시간을 투자한다면 그 일을 하는 데 요구되는 체계성은 저절로 따라오게 되어 있다.

3. "내 마음대로 할 수 있는 시간이 없다."

모든 사람이 CEO이거나 자영업, 관리직에 종사하고 있는 것은 아니다. 대부분 상사 또는 심지어 가족의 스케줄에 하루가 좌우되고 있을 것이다. 아무리 그렇대도 우리는 주변 상황으로부터 이러한 요구를 받고 있다는 점을 핑계로 "내 마음대로 할 수 있는 시간이 없어서 아마 어려울 것 같아."라며 두 손을 드는 경우가 너무 잦은 듯싶다. 자신이 제한적 믿음의 피해자라고 생각된다면, 그 믿음을 버리고 다음의 해방적 진실을 취하도록 하자. "내게는 내 통제하의 시간을 더욱 잘 활용할 능력이 있다." 여러분은 외부의 힘에 속수무책으로 휘둘리며 삶을 떠도는 수동적 객체가 아니다. 자신의 삶을 어떻게 살아갈지 결정할 권한은 자신에게 있다. 다른 사람에게 통제권이 넘어가는 때가 없지는 않겠지만, 나머지 시간은 여전히 여러분이 통제할 수 있다. 그 시간을 의미 있게 활용하자.

4. "생산성이 높은 사람들은 애초에 그렇게 태어난 것이다."

때때로 우리는 "생산성이 높은 사람들은 애초에 그렇게 태어난 거고, 난 아니니까."라고 말하며 상황을 모면하려 한다. 그런데 이 말은 명명백백한 거짓이다. 여러분이 세상에서 가장 존경해 마지않는 사람들, 위대한 일을 성취하고 있는 사람들이라고 해서 초인적인 능력을 타고난 것이 아니다. 그들은 그저 자신의 잠재력을 발전시킬 방법을 찾아낸 것뿐이다. 여러분도 그렇게 할 수 있다. 제한적 믿음의 희생물이 되는 대신, 다음의 해방적 진실을 받아들이도록 하자. "생산성은 누구나 발전시킬 수 있는 기술이다." 이 책이 그 방법을 안내해 줄 것이다.

5. "전에도 해봤지만, 소용없었다."

누군가 "전에도 해봤지만, 소용없었다."면서 자신을 생산성이 부족한 사람이라 낙인찍는 걸 볼 때마다 동전을 하나씩 얻었다면, 나는 엄청난 부자가 됐을 것이다. 이 말을 자신의 만트라로 삼고서 성공한 사람은 아무도 없을 것이다. 성공한 사람들은 하나의 해법이 실패했다고 해서 바로 포기하지 않는다. 그 대신 다른 해법을 찾아 나서고, 찾을 때까지 계속 시도할 것이다. 지금껏 실패한 일들 때문에 낙담해 왔다면, 그 제한적 믿음을 이 해방적 진실로 바꾸자. "다른 방법을 시도해 보면 더 좋은 결과를 얻을 수 있을 것이다." 애초에 '프리 투 포커스 시스템'부터가 이 진실 덕분에 고안됐다. 다른 생산성 시스템들을 시도해 봤지만 모두 소용이 없었던 것이다. '프리 투 포커스 시스템'만이 내게 효과가 있었다.

6. "지금은 상황이 따라 주지 않아 어쩔 수 없지만, 한때일 것이다."

우리가 살펴보고 있는 모든 제한적 믿음 중 가장 지독한 것이 바로 "지금은 상황이 따라 주지 않아 어쩔 수 없지만, 이것도 한때일 것이다. 곧 충분한 생산성을 발휘할 수 있을 것이다."이다. 일견 합리적이고 희망차 보이지만, 이 믿음은 여러분이 더 생산적이 될 수 있는 모든 기회를 파괴할 수도 있다. 지금 당장 뭔가를 바꾸지 않으면 일시적 여건이 영구적 여건으로 변모할지도 모른다. 아마 여러분은 지금 회사가 바쁜 분기에 진입해 있거나 자녀들의 교외 활동이 많은 시즌이거나, 유달리 교우 활동과 사회적 책무가 많이 요구되는 시기에 놓여 있을 것이다. 어떤 경우이건 간에 이 경고를 명심하라. '일시적인 일이 아니다.' 이 시기에 우리는 시간을 계속 새롭게 구획해야 한다. '평상시로 되돌아가는 일'은 벌어지지 않는다. 자신의 평상시를 어떤 모습이라고 규정하는 것은 여러분의 몫이다. 스스로 자신의 시간을 통제하지 않으면 다른 사람의 통제를 받게 될 것이다. 자신의 진보를 무한정 미뤄서는 안 된다. 그러니 다음의 해방적 진실을 받아들이도록 하자. "상황이 바뀌길 기다릴 필요 없이 지금 당장 뭔가를 시작하고 진전을 이룰 수 있다." 생산성 확장을 도모하고 간절히 원하는 자유를 쟁취할 완벽한 타이밍을 기다리다가는 아마 평생 기다리기만 해야 할 것이다. 현재 어떤 상황에 놓여 있든 간에, 긍정적 변화를 시작할 수 있기를 바란다.

7. "나는 기술에 약하다."

"나는 기술이나 복잡한 시스템에는 영 젬병이다."라는 말을 입에 달고 사는 사람들이 있다. 우아하고 간단한 해법을 원하지 않는 사람은 없겠지만, 솔직히 생산성을 높이는 데 있어 그러한 해법을 찾기란 쉽지 않다. 그러나 지금 온갖 복잡한 생산성 어플리케이션과 도구, 시스템을 앞에 놓고 낑낑대던 참이라면, 여러분에게 필요한 것은 다음의 해방적 진실이다. "진정한 생산성은 복잡한 기술과 시스템을 요구하지 않는다. 진정한 생산성은 일상의 활동들을 우선순위에 따라 조정하는 데서 발현되며, 이것은 내가 할 수 있는 일이다." 정말로 누구나 할 수 있다. 단, 자신이 할 수 있다고 믿을 때라야 모든 것이 시작될 것이다.

이것들이 내가 지난 몇 년간 가장 자주 접한 제한적 믿음이다. 이 일곱 가지 외에도 많다. 실제로 여러분도 이 목록을 읽는 와중에 머릿속에 또 다른 제한적 믿음들이 떠올랐을 것이다. 우리는 생산성을 높이는 과정에서 마음가짐을 가다듬는 것의 중요성을 간과하곤 한다. 그러나 마음가짐에 주의하지 않으면 아무리 최선의 노력을 기울여도 그 효과가 반감될 수 있다. 마음속에서 들려오는 목소리를 제대로 처리하지 않으면 자신이 지금 있는 곳을 명확하게 알 수 없다. 이는 가고 싶은 곳까지 항해하기 어렵다는 의미다.[3]

제한적 믿음	해방적 진실
시간이 모자라다.	내게는 중요한 것들을 성취하는 데 필요한 시간이 충분히 있다.
나는 그렇게 체계적인 사람이 아니다.	체계적인 사람만 갈망 영역에서 일할 수 있는 것이 아니다.
내 마음대로 할 수 있는 시간이 없다.	내게는 내 통제하의 시간을 더욱 잘 활용할 능력이 있다.
생산성이 높은 사람들은 애초에 그렇게 태어난 것이다.	생산성은 누구나 발전시킬 수 있는 기술이다.
전에도 해봤지만, 소용없었다.	다른 방법을 시도해 보면 더 좋은 결과를 얻을 수 있을 것이다.
지금은 상황이 따라 주지 않아 어쩔 수 없지만, 한때일 것이다.	상황이 바뀌길 기다릴 필요 없이 지금 당장 뭔가를 시작하고 진전을 이룰 수 있다.
나는 기술에 약하다.	진정한 생산성은 복잡한 기술과 시스템을 요구하지 않는다. 진정한 생산성은 일상의 활동들을 우선순위에 따라 조정하는 데서 발현되며, 이것은 내가 할 수 있는 일이다.

    이번 장의 목표는 여러분이 자신의 현재 상황을 평가하도록 이끄는 것이었다. 어떤 사람들에게는 '프리 투 포커스 과정' 중 가장 어려운 부분일지도 모른다. 하지만 평가하기는 앞으로 나오는 모든 과정의 중심이다. 다음의 연습 과제를 해결하

고 나면 1단계의 마지막 활동만을 남겨두게 된다. 이제 '회복
하기'에 관해 이야기할 때가 됐다.

업무를 재배치하라

자신의 현재 위치를 평가하는 것은 생산성 목표 달성을 위해 필수적인 과정이지만 많은 사람이 뛰어넘곤 한다. 자신이 어디에 있는지, 어떻게 거기에 이르게 됐는지를 정직하게 마주하지 않는 한, 원하는 만큼 멀리까지 빠르게 나아가기란 요원한 일이다.

다음의 '할 일 필터 워크시트'와 '자유 나침반 워크시트'를 작성해 보도록 하자. 먼저, 할 일 필터 워크시트에 자신의 주요 활동과 업무를 쭉 써넣는다. 목록이 완성되면, 각각의 일을 열정과 능숙도를 기준으로 평가한다. 이를 통해 얻게 된 이해를 바탕으로 각 활동이 어느 영역에 속하는지를 결정한다. (여기에서는 제거하기, 자동화하기, 위임하기 항목은 무시하기로 한다. 나중에 다시 이 워크시트를 꺼내게 될 것이다.)

활동을 모두 분류하고 나면, 조금만 더 시간을 내어 각 활동을 자유 나침반 워크시트의 해당 영역에 옮겨 쓰도록 하자. 발전 영역 활동은 가운데 써넣는다. 이렇게 자신만의 자유 나침반을 완성한 후 눈에 띄는 곳에 붙여 두자. 그리고 자주 확인하면서 가능한 한 갈망 영역에 초점을 맞추도록 노력하자.

* FreeToFocus.com/tools에서 원문을 다운로드받을 수 있다.

* http://bit.ly/할일필터에서 한글 템플릿을 다운로드받을 수 있다.

* http://bit.ly/자유나침반에서 한글 템플릿을 다운로드받을 수 있다.

할 일 필터 워크시트

자신의 할 일 목록을 작성한 후, 자유 나침반에 비춰볼 때 각기 어느 영역에 해당하는지 판단한다.
갈망 영역(1)에 해당하는 일이 아닐 경우 어떻게 할 것인지 결정해야 한다.

할 일	열정	능숙도	영역	제거	자동화	위임
	☐	☐		☐	☐	☐
	☐	☐		☐	☐	☐
	☐	☐		☐	☐	☐
	☐	☐		☐	☐	☐
	☐	☐		☐	☐	☐
	☐	☐		☐	☐	☐
	☐	☐		☐	☐	☐
	☐	☐		☐	☐	☐
	☐	☐		☐	☐	☐
	☐	☐		☐	☐	☐
	☐	☐		☐	☐	☐
	☐	☐		☐	☐	☐
	☐	☐		☐	☐	☐
	☐	☐		☐	☐	☐
	☐	☐		☐	☐	☐

영역: 1=갈망 영역   2=산만 영역   3=무관심 영역   4=고역 영역

자유 나침반 워크시트

3장.

회복하기

몸과 마음의
활력을 되찾아라

REJUVENATE: Reenergize Your Mind and Body

몇 분 동안만 플러그를 뽑아 놔도
거의 모든 게 다시 제대로 돌아가기 시작할 것이다.
여러분 자신도 마찬가지다.

— 앤 라모트Anne Lamott

골드만 삭스 출신의 펜실베이니아 대학 교수 알렉산드라 미셸
Alexandra Michel은 일상적으로 주당 100~120시간 일하는 투자 은
행가들을 대상으로 12년간 연구를 진행했다. 1주일은 168시간
이다. 1장에서 사업가, 기업 임원, 전문직 종사자들이 주당 50
시간 이상 일하기 위해 여유 시간을 줄이고 있다는 사실을 살
펴본 바 있다. 1주일에 120시간 일한다는 것은 수면, 인간관
계, 운동, 휴식, 종교 활동, 공동체 활동 등 삶의 모든 영역에서
시간을 빼앗아 온다는 의미다. 빼앗은 시간을 상쇄하기 위해
은행은 이들에게 밤낮 가리지 않는 행정적 보조와 식사는 물
론, 세탁을 포함한 여러 가사 서비스를 지원했다.

이례적으로 갖춰진 집중할 수 있는 환경을 바탕으로, 이들
은 처음에 굉장한 생산성을 보여줬다. 에너지와 활력이 넘치
는 모습으로 출근해 은행이 제공하는 부가적 서비스들을 적절
히 활용하며 늦은 시각까지 열심히 일했고, 굵직굵직한 성취
를 이루어 냈다. 그러나 이러한 현상은 지속되지 않았다. 지속

될 수 없는 것이었다.

미셸은 다음과 같이 보고했다. "4년 차를 기점으로 이들은 이따금씩 신체적으로나 정신적으로나 쇠약을 겪기 시작한다. 이들은 만성 피로, 불면증, 요통을 비롯한 각종 통증, 자가 면역 질환, 부정맥, 중독, 섭식 장애와 같은 강박 행동에 시달렸고, 그 결과 판단력과 윤리적 감수성이 떨어지게 됐다." 미셸에 따르면, 이들은 효율성이 급격히 하락하자 "더 오래 일해 기존의 실적을 채우려 했고, 이로써 업무 시간이 증가하고 심신의 고통이 심화되는 악순환에 빠졌다."[1]

이러한 접근법은 결국 헛수고인 셈이다. 뉴 리프 프로젝트 매니지먼트 창립자인 잭 네비슨Jack Nevison은 장시간 근무에 관한 다양한 연구 수치를 한데 모아 살펴보다가 천장이 있다는 것을 발견했다. 1주일에 50시간 이상 일을 해봤자 추가적인 시간에 대해서는 생산성이 증가하지 않는 것이었다. 오히려 생산성이 감소했다. 그가 들여다본 한 연구에서는 50시간 중 실제로 유익한 일을 한 시간은 37시간에 불과했다. 55시간 근무할 경우에는 이 시간이 거의 30시간으로 줄어든다. 이 연구에 따르면 50시간 기준점을 초과해서는 일을 하면 할수록 생산성이 떨어진다. 네비슨은 이러한 현상을 '50시간의 법칙'이라고 명명했다.[2]

우리 대다수의 노동 시간에 비춰볼 때 우리는 곧 생산성 감소에 접어들 수 있는 지점에 있거나, 이미 그 지점을 넘어섰다는 말이다. UC 버클리 경영학과 교수 모튼 T. 한센Morten T. Hansen은 이를 오랫동안 오렌지를 짜는 것에 비유한다. "처음에는 오렌지즙을 많이 얻을 수 있다. 하지만 계속 짜다 보면 손가락 마디마디가 하얗게 될 정도로 힘을 줘도 즙은 한두 방울만 나온다. 그러다 마침내 온 힘을 다해 쥐어짜도 아무것도 얻을 수 없는 단계에 이른다."[3] 또 다른 흥미로운 조사 결과가 있다. 관리자들은 주당 80시간을 실제로 근무한 직원과 80시간 근무한 것으로 보고만 한 직원의 성과에서 별 차이를 인식하지 못했다. 추가적인 근무 시간이 의미 있는 생산성 향상으로 이어지지 않는 것이다.[4] 에너지를 고갈시키며 일할 때는 더 많이 일하면서도 적게 성취하게 되는데, 이는 우리가 원하는 것과 정반대다. 적게 일하고 더 많이 성취하기 위해서는 우선 우리가 시간과 에너지에 대해 단단히 품고 있는 오해부터 풀어야 한다.

앞서 살펴본 투자 은행가들은 우리 사회에 만연해 있는 생산성에 관한 잘못된 믿음의 희생물이다. 바로 '에너지는 고정적이지만, 시간은 유동적이다.'라는 믿음 말이다. 그들은 일에 투입하는 시간을 늘릴 때 자신의 노력에 대한 보상이 일관된 수준으로 계속 돌아올 것이라고 믿었다. 100시간을 일할 때도 50시간 일할 때와 똑같이 일에 몰입하고 능력을 발휘할 수 있으며, 건강할 것이라고 생각했다.

"다른 사람들은 주당 40시간 일하는데 여러분은 100시간 일한다면, 똑같은 일을 한다 해도… 다른 사람들은 1년이 걸릴 일을 여러분은 4개월 만에 달성할 수 있습니다."[5] 이는 테슬라와 스페이스X의 창립자이자 CEO인 일론 머스크Elon Musk가 한 말로, 자주 언급되지만 그릇된 믿음을 담고 있는 말이다. 머스크도 정확히 반대로 생각한 것이다. 1주일에 100시간은 양적으로뿐만 아니라 질적으로도 50시간과 다르다. 시간은 고정적이지만, 에너지는 유동적이다. 모든 하루는 똑같이 24시간인 반면, 에너지는 휴식, 영양, 정신적 건강 상태 등 다양한 변수에 따라 넘칠 때도 있고 바닥을 보일 때도 있다.

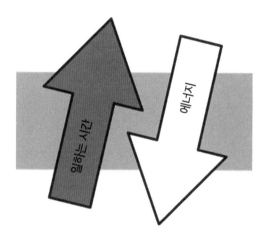

시간은 고정적이지만, 에너지는 유동적이다. 즉, 일하는 시간과 에너지의 생산적 지출은 반비례 관계에 있다. 더 많은 시간 일을 할수록, 생산성은 떨어지게 된다.

대부분이 본능적으로 안다. 활력이 넘치는 아침 시간에는 점심 식사 직후보다 두 배 많은 것을 성취 시간은 고정적이지만, 에너지는 유동적이다. 할 수 있다. 이것이 바로 에너지 유동성이다. 좋은 소식은, 우리가 스스로를 위해 에너지를 확장시킴으로써 오렌지를 최소한만 짜면서도 많은 주스를 얻는 효과를 창출할 수 있다는 것이다. 그것이 이번 활동, '회복하기'의 목표다. 에너지는 재생 가능한 자원으로, 다음의 일곱 가지 기본적인 실천을 통해 다시 채울 수 있다.

1. 수면
2. 식사
3. 운동
4. 대인 관계
5. 놀이
6. 성찰
7. 일 플러그 뽑기

첫 번째 실천부터 차례대로 살펴보도록 하자.

실천 1: 수면

전 디즈니 CEO 마이클 아이스너_{Michael Eisner}는 함께 일했던 고위 간부 중 한 사람에게 찬사를 보내며 다음과 같이 말했다. "잠은 그의 적이었다. 그는 잠이 자신의 시간을 100% 완전히 활용하는 데 방해가 된다고 생각했다. 그는 언제나 한 건만 회의를 더 했으면 좋겠다고 했다. 그에게 잠은 일의 진척을 막는 요소였다."[6] 누구나 때때로 이러한 신화에 사로잡히지만, 이는 사실 그다지 찬양할 만한 일이 아니다. 우리는 조금 더 일찍 일어나거나 늦게 자면 그날 회의나 업무를 한 건 더 쥐어짜 넣을 수 있을 거라고 생각한다. 상당히 만연해 있는 통념이다.

미국인의 하루 평균 수면 시간은 7시간이 조금 못 된다.[7] 이미 권장 수면 시간인 8시간에 미치지 못하기도 하거니와, 응답자들은 자신이 실제로 잠을 자는 시간이 아니라 침대에 누워 있는 시간을 말하는 경향이 있으므로 이 수치조차 과장됐을 가능성이 다분하다. 여러 조사에 따르면 우리는 자신이 생각하는 것보다 20%가량 잠을 덜 잔다.[8] 그리고 이건 평균에 불과하다! 비즈니스에 몸담고 있는 사람들은 이보다도 훨씬 더 적은 수면을 취하고 있다.

펩시, 사우스웨스트항공, 피아트크라이슬러, 트위터, 그리고 야후!를 이끌어 온 리더들은 모두 회사를 성장시키려면 권장 수면량의 절반만 자야 한다고 말했다.[9] 침대에 머무는 시간이 적을수록 뽐낼 수 있는 권한이 커지는 상황에서, 사업가와 각급 리더들은 스스로에게 더 큰 부담을 지우게 된다. 가장 똑똑하고 성공적인 그룹에 속하고 싶으면 초인적인 능력을 발휘해야 하는 것처럼 보인다. 그러나 우리는 초인이 아니다. 한 조사에 따르면 기업 리더들의 3분의 2가 자신의 수면량에 불만을 갖고 있으며, 절반 이상이 낮은 수면의 질 때문에 고통스러워하고 있다.[10] 두말할 나위 없이 값비싼 대가가 따를 것이다.

우리는 베개를 생산성의 적이라도 되는 것처럼 대하지만, 잠을 상습적으로 거르면 결국 업무에 지장을 줄 수밖에 없다. 실례로, 영국의 의학 저널 〈란셋〉이 24시간 동안 잠을 자지 못한 외과 의사들을 대상으로 진행한 연구를 보면, 이 의사들은 실수를 더 많이 저질렀고, 평상시의 업무를 진행하는 데 시간이 14% 더 걸렸다. 수면 부족은 음주와 동등한 수준의 악영향을 미친다.[11] 꼬박 밤을 지새운 경우에만 이러한 결과가 나타나는 것이 아니다. 또 다른 연구에서는 2주 내내 매일 6시간만 잠을 잔 사람도 음주 상태일 때와 비슷한 영향을 받는 것으로 드러났다.[12] 휴식을 취할 기회를 박탈함으로써 우리는 생산성을 높이기는커녕, 실패의 길로 접어드는 셈이다.

밤마다 심신을 회복하는 것이 생산성의 기초다. 충분한 수면은 우리의 정신을 명민한 상태로 유지하며, 기억, 학습, 성장

3장. 회복하기

능력을 끌어올린다. 또 우리가 기분을 전환하고 스트레스를 해소하며 체력을 재충전하도록 돕는다. 반면, 잠을 자지 않으면 집중하고, 문제를 해결하거나 현명한 결정을 내리기가 어려워질 뿐 아니라, 다른 사람들과 잘 어울리는 것도 어려워진다.[13] 신경 과학자 페넬로페 A. 루이스Penelope A. Lewis가 설명한 바와 같이, "수면 부족에 시달리는 사람은 독창적인 아이디어 내기를 어려워하며, 더 이상 효과가 없는 낡은 전략을 고수하는 경향이 있다."[14]

다른 유능한 사업가와 리더들이 적절한 수면의 중요성을 강조하는 이유다. 아마존 CEO 제프 베이조스Jeff Bezos는 스라이브 글로벌Thrive Global과의 인터뷰에서 "8시간씩 잠을 자는 것이 제게는 큰 차이를 만들어 내는 중대한 요소입니다. 8시간을 자야 에너지가 충전되고 활력을 느낄 수 있어요."라고 말했다.[15] 보험사 애트나의 회장 겸 CEO 마크 베르톨리니Mark Bertolini는 실제로 직원들이 수면을 우선시할 수 있도록 현금 인센티브를 제공한다. 그는 한 인터뷰에서 "졸린 상태에서는 일할 준비가 됐다고 할 수 없다. 직원들이 일터에서 온전한 정신으로 더 나은 결정을 내리는 것이 비즈니스의 근본과 밀접하게 연관돼 있다."라고 말했다.[16]

심신을 회복하는 데는 휴식의 양과 질, 두 가지 다 중요하다. 어떤 일정을 앞뒀고 누가 자신의 시간과 관심을 요구하든

간에, 성인은 매일 7시간에서 10시간을 자야 자신의 능력을 최대치로 발휘할 수 있다. 자신이 낮에 최선을 다하는 데 필요하다고 생각되는 만큼 수면을 취할 수 있도록 해야 한다. 물론 쉬운 일은 아니다. 스케줄이 너무 많으면, 안타깝지만 페이스북이나 넷플릭스에 접속하는 시간을 줄여야 할 것이다(넷플릭스의 CEO 리드 헤이스팅스Reed Hastings는 "넷플릭스의 경쟁 상대는 잠이다."라고 인정하기도 했다[17]). 어린 자녀들이 있다면 파트너와 순번을 정해 잠을 자거나, 가끔은 방해받지 않고 쭉 잠을 잘 수 있도록 밤 동안 아이를 돌봐줄 베이비시터를 고용하는 게 좋을지도 모른다. 어떤 날은 자녀가 잠을 청하는 시간에 함께 잠들어 부족한 수면 시간을 보충해야 할 수도 있다.

잠깐 낮잠을 청함으로써 수면량을 늘리는 방법도 있다. 웃을 일이 아니다. 낮잠은 내 생산성의 비밀 무기이기도 하다. 나는 점심 식사 후 늘 한 차례 낮잠을 자는데, 이를 통해 맑고 상쾌한 정신으로 남은 하루를 보낼 수 있다. 20~30분 이상 낮잠을 자지만 않으면 된다. 오래 낮잠을 자면 깨기가 어렵고, 활력을 얻기보다 오히려 몸이 처지기 쉽다. 낮잠을 전략적으로 취함으로써 더 높은 성과를 이룩한 지도자, 예술가, 과학자들이 정말 많다. 몇 명만 예로 들자면, 윈스턴 처칠, 더글러스 맥아더, 존 F. 케네디, J.R.R. 톨킨, 토머스 에디슨이 있다.[18] 낮잠을 자는 요령을 터득하는 데 다소 시간이 걸리더라도 당황하지

3장. 회복하기

않길 바란다. "스카이다이빙처럼 낮잠도 연습이 필요하다." 에세이스트 바버라 홀랜드Barbara Holland의 말이다.[19]

수면의 질을 확보하는 데도 여러 가지 방법이 있다. 잠들기 1시간 전에 모든 스크린(TV, 스마트폰, 태블릿, 컴퓨터 등)을 끄면 수면의 질을 극적으로 향상시킬 수 있다는 다수의 조사 결과가 있다. 암막 커튼을 설치하고, 실내 온도를 낮춰 의도적으로 수면 환경을 조성하라. 음향기기, 스마트폰 어플리케이션을 이용하거나 침실에 선풍기를 비치해 백색 소음의 도움도 받아보자.[20] 그렇게 하면 전보다 개운하고 에너지가 넘치는 상태로 하루를 시작하게 될 것이다. 작은 변화는 커다란 변화로 이어질 수 있다.

실천 2: 식사

우리가 먹는 음식은 에너지 수준에 즉각적으로 강력한 영향을 미치며, 그 영향은 장기간 지속된다. 운동선수들이 식단 관리를 철저히 하는 데는 이유가 있는 것이다. 신체가 능률적으로 작동되는 데 필요한 영양을 제대로 공급해 주지 못하면, 세계 최고의 생산성 시스템도 소용이 없는 법이다.

점심 식사만 떠올려 봐도 알 수 있다. 라이트 매니지먼트가

STEP 1. 멈춰라

2012년에 시행한 업무 환경 조사에 따르면, 점심시간에 식사를 하기 위해 책상을 떠나는 직장인은 5명 중 1명에 불과했다. 5명 중 2명은 책상에서 뭔가를 먹었다. 나머지 40%의 사원과 매니저는 '가끔씩' 또는 '아예 안 먹는 것은 아니지만, 정말 어쩌다가' 점심을 먹는 것으로 나타났다.[21] 점심 식사를 업무를 중단시키는 방해물로 여기는 사람이 많다. 하지만 사실 점심 식사를 하면 에너지를 확장하는 데 엄청난 이익을 얻는다. 반면, 점심 식사를 거르면 우리는 나른하고, 흐리멍덩하고, 피곤해진다.

식사를 위해 책상을 떠나는 것은 창의성에도 이롭다. "창의성과 혁신은 우리가 환경을 바꾸는 데서 발생합니다. 특히 자연적 환경에 노출될 때 큰 도움을 얻을 수 있습니다." 캘리포니아 주립대 데이비스 경영대학원의 직장 심리학 전문가 킴벌리 엘스바흐Kimberly Elsbach 교수의 말이다. "실내에만 머물며 같은 장소에서 벗어나지 않는 것은 창조적 과정에 해롭습니다. 좋은 아이디어를 선별해 발전시키고 '아하 순간'에 도달하기 위해서는 곰곰이 생각에 잠기는 시간이 필수적인데, 같은 장소에서 벗어나지 않는 것은 이런 활동에도 매우 해가 되죠."[22] 점심 식사를 건너뛰는 것은 회의를 하고 전화를 받고 스프레드시트나 이메일을 확인하는 등의 잇따른 단조로운 활동과 여러분이 몸담고 있는 조직을 진일보시킬 수 있는 계기를 맞바꾸고 있다는 뜻이다.

한편, 건강한 식단에 관해서는 수백 가지 서로 다른 주장이 있고, 그건 이 책이 다루는 범위 밖의 것이다. 하지만 지금껏 건강한 식습관을 우선시했던 적이 없는 독자들을 위해 도움이 되는 이야기를 몇 가지 하려고 한다.

첫째, 채소, 과일, 견과류, 고기와 같은 자연식품은 사실상 그 어떤 가공식품보다 나은 선택이다. 무슨 성분인지 모르겠거나, 설탕이 잔뜩 들어 있는 식품을 먹고 있다면 다시 생각해 보는 것이 좋다. 또 외식을 할 때도 주의하도록 하자. 메뉴판에는 음식에 들어간 재료의 질에 관한 정보는 거의 나와 있지 않으니 말이다.

둘째, 직접 조사해 본 적이 없다면 어떤 것이 건강한 식단인지에 관해 자신이 안다고 간주하지 마라. 어림짐작으로 음식을 선택하는 것은 영양 부족으로 가는 지름길이다. 포장지 겉면에 눈에 띄게 쓰여 있는 '건강'이나 '저지방' 같은 과대광고 문구에 현혹돼 식품을 구매하는 사람들이 적지 않다. 정부의 권장 식단조차 세월에 따라 바뀌어 왔고, 늘 수많은 의료계 종사자들의 검토와 지적, 비판의 대상이 되고 있다. 뭘 먹어야 맞는지 파악하는 것은 까다로운 문제이니, 따로 조사하여 자신에게 가장 적합한 음식을 찾아내기를 바란다.

셋째, 마시는 것에 신경을 써라. 소위 에너지 드링크, 탄산

음료 등을 마시면 과도하게 당분을 섭취하게 돼 일시적으로 에너지가 넘치는 듯한 기분이 들 뿐, 마시기 전보다 오히려 무기력해진다. 가능한 한 물을 마시는 것이 제일 좋다.

넷째, 자신에게 맞는 영양제들을 찾아라. 영양제는 식단에서 결핍된 영양을 보충할 수 있도록 도와준다. 나는 개인적으로 비타민 B_{12}와 비타민 D를 신경 써서 챙겨 먹는다. 이 두 비타민은 우리 몸이 스트레스를 조절하고 활력을 되찾는 데 큰 역할을 한다.

다섯째, '누구'와 함께 먹는지도 중요하다. 함께 식사를 하는 것은 관계가 가까워지는 데 지대한 영향을 준다. 식사는 단순히 신체에 영양을 공급하는 활동이 아니다. 인생의 즐거움과 대인 관계의 근간이 되는 활동이기도 하다. 침대에서 양질의 수면을 해야 하는 것처럼, 식탁에서 양질의 식사 시간을 보내는 건 생산성의 핵심이라고 할 수 있다.

실천 3: 운동

운동할 기력이 없다고 말하는 사람이 정말 많은데, 운동 자체가 에너지원이라는 사실을 깨달아야 한다. 운동은 운동을 하는 데 소요되는 것보다 더 큰 에너지를 되돌려준다. 사실 적절한 운동만큼 우리의 에너지 수준에 직접적으로 영향을 미치는 것도 없다. 이른 아침에 운동을 하면 온종일 큰 배당을 받을 수 있을 것이다.

미국 질병통제예방센터CDC에 따르면 "신체 활동은 개인이 선택할 수 있는 자신의 생활양식 중 건강에 가장 큰 영향을 미치는 몇 안 되는 요소 중 하나다."[23] 규칙적인 운동은 체중 조절, 스트레스 해소, 활력 회복, 에너지 증대, 심장 질환 및 암 예방, 전반적인 삶의 질 개선, 수명 연장과도 결부돼 있다. 그렇다고 날마다 헬스장에서 몇 시간씩 운동을 해야만 이러한 효과를 누릴 수 있는 건 아니다. CDC는 "적어도 1주일에 150분가량 적당한 강도의 유산소 운동을 하는 것만으로도 조기 사망의 위험을 낮출 수 있다."고 밝혔다.[24] 하루로 따지면 25분이 채 되지 않는 신체 활동을 하면 된다는 얘기다. 점심 식사 후 가볍게 걷는 것만으로도 건강 증진과 체중 감소 및 유지, 수면의 질 개선, 에너지 수준 향상에 뚜렷한 효과를 얻을 수 있을 것이다.

운동은 우리의 몸만 튼튼하게 하는 것이 아니라, 정신도 튼튼하게 한다. 신체 활동은 우리의 두뇌가 더욱 활성화되도록 자극한다. 저널리스트 벤 오피파리Ben Opipari는 워싱턴포스트 기고문을 통해 다음과 같이 설명했다. "우리는 단 한 차례의 운동으로도 즉각 자신의 고등 사고 능력을 끌어올려 더욱 생산적이고 효율적으로 그날의 업무 시간을 보낼 수 있다. 다리를 움직일 때, 두뇌 운동도 하는 셈이다. 점심시간의 짧은 운동이 우리의 인지 능력을 향상시킬 수 있다는 말이다. … 운동은 주장과 논거를 구체화하고, 전략을 개발하고, 문제를 창조적으로 해결하고, 정보를 종합하는 등의 고등 사고 능력에 포함되는 실행 기능 향상에 기여한다." 이번에도 마찬가지로 시간이 많이 걸리는 활동을 하라는 이야기가 아니다. 오피파리에 따르면 "최대 심박수의 60~70% 강도의 유산소 운동 20분가량이면 충분하다."[25]

나는 생산성 문제를 다루면서 대체로 요령 같은 것은 권하지 않는 편이지만, 이번만은 예외다. 반드시 헬스장에 다니거나 조깅 혹은 산책을 하길 바란다. 심신의 에너지를 회복하고, 성찰과 문제 해결을 위한 최고의 정신 상태를 얻으며, 자신의 전반적인 건강 수준을 향상시키는 일거삼득의 효과를 얻을 수 있을 것이다.

성공한 사람들은 흔히 가정생활과 직장생활의 적절한 균형을 이루는 실력이 형편없는 것으로 통한다. 말이 안 되는 소리 같겠지만, 이 이슈를 해결하는 데도 운동이 엄청난 도움이 된다. '이미 빡빡한 스케줄에 할 일을 하나 더 보태는 것이 어째서 가정과 직장 생활의 균형을 잡는 데 도움이 된다는 거지?'라는 생각이 들 것이다. 아주 타당한 의문인데, 이미 그것에 답이 되는 조사 결과가 있다. 러셀 클레이튼Russell Clayton은 하버드 비즈니스 리뷰 기고문을 통해 다음과 같이 주장했다. "새로운 연구 조사 결과에 따르면 … 명확한 목적에 따라 계획적이고 조직적이며 반복적으로 수행하는 운동은 … 일과 가정을 조화롭게 양립시키는 능력과 분명한 상관관계를 보인다."[26]

클레이튼은 자신의 주장을 두 가지 핵심으로 요약했다. 첫 번째 핵심은 다음과 같다. "운동은 스트레스를 낮추고, 스트레스 감소는 일과 가정 두 영역에서 활동하는 시간을 모두 즐겁고 생산적으로 만든다." 두 번째 핵심은 운동이 자기 효능감을 높인다는 것이다. 자기 효능감이란 주어진 목표를 달성할 수 있는 능력이 자신에게 있다고 믿는 마음가짐이다. 간단히 말해, 운동은 스트레스를 줄이고, 세상을 정복할 수 있을 것 같은 '자신감'을 갖게 한다. 이러한 마음가짐은 우리가 가정과 직장에서 주어지는 책무에 접근하는 방식을 상당히 변화시킨다.[27] 업무를 처리하고, 고객과 경쟁 상대를 대하고, 보다 큰 목표를 향해 나아가는 자신의 능력을 바라보는 관점에까지 영향을 미친다. 종종 시간적으로 상당히 부담스럽게 느껴질 때도 있겠지만, 체계적인 운동 루틴을 갖춘 생활을 실천하는 것은 자기 관리를 철저히 하고, 일과 가정에 헌신할 수 있는 역량을 늘리는 데 도움이 된다. 서로 모순되는 관심사와 기회를 조율하는 데 필요한 집중력, 계획성, 능률성을 키우는 데에도 큰 도움이

STEP 1. 멈춰라

된다. 즉, 운동은 삶의 모든 영역에서 우리의 경쟁력을 끌어올린다.

핀란드 연구원들이 쌍둥이로 태어난 남성 5,000명을 거의 30년 동안 추적하며 누가 활동적인 성향을 띠고 누가 비활동적이 성향을 띠는지 조사한 결과가 이 점을 잘 보여준다. 이 연구에 따르면 동등한 유전적 잠재력을 지닌 것으로 봐도 무방한 쌍둥이들 사이에서도, 규칙적인 운동을 한 사람이 장기적으로 14~17%가량 높은 소득을 올리는 것으로 나타났다. 연구

사람들은 대개 운동을 할 시간이 없다고 말한다. 그러나 조사 결과, 꾸준히 운동을 하는 사람들이 하지 않는 사람들에 비해 일과 가정에서 요구받는 사항들을 월등히 균형 있게 처리할 수 있는 것으로 드러났다.

3장. 회복하기

진은 다음과 같은 결론을 내렸다. "운동을 하는 사람은 업무상 어려움에 직면했을 때 운동을 하지 않는 사람에 비해 끈기 있게 버티고, 경쟁적 상황에 적극적으로 뛰어드는 모습을 보인다."[28] 이러한 특성은 비즈니스 환경에 곧바로 적용되는 것으로, 결과적으로 시장에서 엄청난 경쟁 우위를 차지하는 데 기여한다.

실천 4: 대인 관계

다른 사람이 우리의 에너지 수준에 미치는 영향에 대해 이야기하지 않고서는 에너지 관리를 논할 수 없다. 주변 사람들은 그 어떤 요소보다도 단시간에 우리의 에너지를 극적으로 신장시킬 수도, 고갈시켜 버릴 수도 있다. 잠을 푹 자고, 건강한 음식을 먹고, 매일 운동을 하더라도, 가족이나 친구들과 의미 있는 관계를 맺는 데 시간을 투자하지 않으며 다른 사람들과 단절된 채 지낸다면, 설상가상으로 '정서적 뱀파이어'와 어울리고 있다면, 여러분은 가장 강력한 에너지원 중 하나를 놓치고 있는 셈이다.

심리학자 헨리 클라우드Henry Cloud는《타인의 힘》을 통해 "우리가 일과 인생을 얼마나 잘 꾸려 나가는지는 우리가 뭘 어떻게 하는지에만 달린 것이 아니다. 우리가 누구와 함께하는지, 그들이 우리를 어떻게 대하는지에도 달려 있다. 결코 부정할 수 없는 현실이다."라고 강조했다. 그는 이러한 통찰을 에너지 관리와 연결해 다음과 같이 말한다. "업무량을 관리하고 휴식을 취하는 것만 중요한 게 아니다. '자신을 둘러싼' 에너지원들을 제대로 관리하는 것도 똑같이 중요하다." 즉, 생산성은 대인 관계와도 밀접한 관계를 갖고 있다는 말이다.[29]

노스웨스턴 대학 켈로그 경영대학원 조교수인 딜런 미노어 Dylan Minor가 대형 테크놀로지 기업 직원들을 대상으로 진행한 연구가 이 사실을 증명한다. 그는 먼저 사무실 내 고성과자들을 식별한 다음, 그들이 주위 직원들에게 미치는 영향을 분석했다. 자신의 반경 7.6미터 내에 고성과자가 있는 직원들은 업무 성과가 15% 향상됐고, 이는 순이익으로 따지면 100만 달러에 이르렀다.[30] 그런데 미노어에 따르면 "사람들은 에너지를 주기도 하지만, 가져가기도 한다."[31] 저성과자들이 일으키는 '부정적 스필오버 효과'가 기업 이익에 주는 타격은 고성과자들이 이익에 미치는 효과의 두 배에 달한다.[32]

이러한 현상은 조직(업무상 고정적으로 상대하는 사람들)을 넘어 우리의 전체 교제 범위(꾸준히 교류하는 모든 사람)에서 벌어진다. 함께 일하는 동료, 같은 직장 사람, 고객, 의뢰인들은 우리의 에너지 관리에 영향을 준다. 가족, 지인, 이웃, 그 밖의 모든 사람이 마찬가지다. 나아가 페이스북 친구와 트위터 팔로워들도 빼놓을 수 없다. 댄 설리번Dan Sullivan이 말한 것처럼, 그중에는 꽉 찬 배터리를 갖고 있는 사람도 있다. 그들은 여러분을 충전시켜 준다. 그러나 다른 사람들은 그렇지 않다. 그런 사람들은 만나고 나면 기운이 쭉 빠진다. 어느 쪽이든 간에 여러분은 다른 사람으로부터 에너지에 영향을 받는 것이다.

심신을 최대한으로 회복하기 위해서는 의도적으로 대인 관계에 신경을 써야 한다. 친구들과 함께 저녁 시간을 보내거나 가족과 휴가를 떠나고, 사무실 동료와 커피를 마시며 한숨 돌리는 여유를 갖는 것은 에너지 차원에서도, 사회관계 자본 차원에서도 커다란 이득이 된다. 반대로, 오랜 대학 친구와 썩 유쾌하지 못한 정치적 언쟁을 벌인 경우에는 몇 시간이고 우울해질지 모른다. 클라우드는 사회적 결산을 추천한다. 여러분은 에너지를 주는 사람들에게 둘러싸여 있나, 아니면 에너지를 빼앗는 사람들에게 둘러싸여 있나? 상황상 어쩔 수 없이 부정적인 사람들과 교류해야 하는 경우라도, 그들이 주는 영향을 인지하고 있다면 최악의 사태는 피할 수 있다.

가끔 우정을 도모할 시간이 없다고 말하는 사람들을 본다. 많은 일에 시달리다 보면 좀처럼 친구를 만나지 않게 된다. 이런 점에서 대인 관계는 수면이나 운동과 다르지 않다. 일을 잘하는 데 필수적인 요소임에도, 업무가 쌓이면 가장 먼저 줄여

버리는 것이다. 그러나 진정한 생산성을 발휘하기 위해서는 대인 관계, 즉 사람을 우선시해야 한다. 우리는 인간 '존재'이지 인간 '기계'가 아니다. 잊었을지 모르겠지만, 할 일 목록의 체크 표시로 모든 것을 판단할 수는 없다. 인생에서 가장 좋은 것들은 우리가 일하고 있지 않을 때, 다른 사람들과 나누기 위해 의도적으로 확보한 시간에 일어난다.

실천 5: 놀이

'안 놀고 일만 하면 바보가 된다'는 속담을 알 것이다. 일만 하면 단순히 바보가 아니라 비효율적이며 창의성과 집중력이 모자라고 비생산적인 사람이 된다. 다른 심각한 일들이 얼마나 많든, 그것들이 여러분의 시간을 얼마나 많이 요구하든, 노는 것의 힘을 과소평가하지 않기를 바란다. 해결해야 할 문제는 언제나 생기고, 마감일은 늘상 닥치며, 끝마쳐야 할 일이 없을 때란 없다. 가까운 시일 내에 바뀔 일이 아니다. 먼 미래에나 있을 은퇴 후의 삶에 대해 공상적인 비전을 그리며 계속해서 재미를 뒷전으로 미루다 보면, 놀이가 제공하는 회복의 에너지를 놓치게 된다.

여기서 말하는 놀이란 뭘까? 그 자체를 즐기기 위한 활동이란 재미있고, 다른 사람들과 연결될 수 있으며, 자신의 창조력을 표현할 수 있는 활동이다. 즉, 골프 같은 게임을 하거나 취미로 그림을 그리는 것이다. 아이들과 부대끼며 놀거나 반려견과 공을 던지며 노는 것이다. 또 자연에서 하이킹을 하거나 송어 낚시를 하는 것이다. 모험을 하거나 한가로운 한때를 보내는 것이다. 팬플루트 연주법을 배우는 것이다(내가 좋아하는 활동 중 하나다). 공원에서 프리스비 놀이를 하고, 바다에서 수영을 하고, 테니스코트에서 테니스를 치는 것이다. 기타 동호회에 참여하는 것이다. 제스처 게임이나 체커, 보드게임, 직소 퍼즐을 즐기는 것이다.

도전과 경쟁이 수반될 때도 있다. 다른 한편으로는 그저 시간을 때우며 빈둥거릴 때도 있을 것이다. 어디에서 어떤 놀이를 하든지 간에 놀이는 '회복하기'에 필수적이다.

그도 그럴 것이 놀이는 최종적으로 어떠한 산출물을 생산해내길 요구받는 활동이 아니다. 이것이 바로 놀이의 숨겨진 힘이다. 목표를 향해 노력하지 않을 때 우리는 마음껏 비능률적으로 생각하고 행동할 수 있다. 뒤로 물러서서 실험해 보고, 새로운 것들을 시도하고, 보이는 것과는 다른 세상을 상상해 볼 수 있다. 작가 버지니아 포스트렐Virginia Postrel의 말처럼, "놀이는 유연한 마음가짐, 새로운 범주로 사고의 지평을 넓히려는 열의, 예상 밖의 연상을 하는 능력을 함양시킨다. 놀이의 정신은 문제 해결을 장려할 뿐 아니라, 새롭고 기발한 유추를 독려함

STEP 1. 멈춰라

으로써 독창성과 명료성을 길러 준다."[33] 놀이는 창조적인 돌파구를 만들어 낸다.

우리는 대단한 성공을 이룬 사람들의 '습관'에 대해서는 훤히 안다. 그렇다면 그들의 '취미'는? 심리학자 스튜어트 브라운Stuart Brown이 말하듯 "놀이가 없으면 일도 안 된다."[34] 세상에서 가장 똑똑하고 뛰어난 사람들은 이 사실을 이미 알고 있다. 빌게이츠Bill Gates는 테니스를 친다. 워런 버핏Warren Buffet과 브리지카드 게임도 한다. 전 트위터 CEO 딕 코스톨로Dick Costolo는 하이킹, 스키 등의 스포츠 활동을 하고 벌을 친다. 구글 공동 창업자 세르게이 브린Sergey Brin은 체조를 하고, 자전거를 타고, 롤러 하키를 즐긴다.[35] 이 활동은 그들의 성공 주변부에 있는 것들이 아니다. 성공의 일부분이다. 율리시스 S. 그랜트Ulysses S. Grant, 드와이트 아이젠하워Dwight Eisenhower, 지미 카터Jimmy Carter, 조지 W. 부시George W. Bush 미국 전 대통령은 모두 그림을 그렸다. 윈스턴 처칠도 마찬가지다.

역사가 폴 존슨Paul Johnson은 "처칠의 커다란 강점은 휴식을 취할 줄 아는 힘"이라고 했다. 그림을 그리는 것은 그의 휴식에서 큰 부분을 차지하는 활동이었다. 처칠은 자신의 경력 중 암울한 시기를 보낼 때 취미로 그림을 시작해 평생 몰두했다. 제2차 세계 대전을 겪는 최악의 상황에서도 말이다. "처칠이 끝없이 밀어닥치는 일과 심신의 회복을 이끄는 창조적인 여가 활동의 균형을 어떻게 유지할 수 있었는지는 최고의 위치에 있는 사람이라면 누구나 연구해볼 가치가 있다."[36] 존슨의 결론이다.

처칠이 직접 언급한 것처럼 이러한 회복의 열쇠는 반복되는 일상의 업무에서 벗어나는 것이다. 놀이를 할 때 우리의 몸과 마음은 일을 할 때와 다른 방식으로 작동한다. "정신의 특정 영역만 계속해서 사용하면 그 영역은 지치다 못해 옷 팔꿈치 부분이 닳듯 닳고 만다." 처칠은 그림에 관한 에세이에서 다음의 중대한 통찰을 보여준다.

"우리 뇌의 살아 있는 세포는 무생물과 차이가 있다. … 정신의 지친 영역을 쉬게 하고 강화하기 위해서는 아예 아무것도 안 하는 것보다 뇌의 다른 부분을 사용하는 것이 더 좋다. 주된 관심 영역을 비추며 통상적으로 작동하는 전등을 끄는 것만으로는 충분하지 않다. 새로운 관심 영역을 비추는 전등을 켜야 한다."

처칠은 계속해서 다음과 같이 말했다. "6일 내내 일하며 심각한 걱정거리들에 시달려 놓고 일요일에까지 일을 하며 자질구레한 걱정들을 하려 드는 것은 일절 도움이 안 된다."[37] 회복을 원한다면 일상에 변화를 줘야 한다.

이 점이 자연에서 보내는 시간이 우리에게 상당한 회복력을 선사하는 한 가지 이유일 것이다. 바쁜 삶에서 빠져나와 단 몇 분 만이라도 자연과 교감하면 정신적 체력과 인지 능력에 긍정적 영향을 받을 수 있다. 식물원을 산책하고 나면 산책 전에 비해 기억력과 주의력이 20% 향상된다는 연구 결과도 있다.[38] 산책 시간이 길 필요도 없다. 자연과 함께한다면 '짧디짧은 휴식'이라도 정신 건강에 눈에 띄게 이로운 효과를 준다.[39] 물론 자연 속에서 길고 본격적인 휴식 시간을 갖는다면 두말할 나위 없이 창의성과 문제 해결 능력에 엄청난 효과를 얻을 수 있을 것이다. 모든 디지털 기기와 단절된 채 자연에서 나흘을 보낸 학생들을 대상으로 문제 해결력 테스트를 실시하자 50% 향상된 성적이 나타났다. "이 연구 결과는 자연에 깊이 몰입하는 기회가 인지 능력 향상에 기여한다는 사실을 증명한다."[40]

자연이 우리의 정신에 미치는 긍정적 효과는 집중력, 창조력, 문제 해결력 등의 두뇌 능력 향상에 그치지 않는다. 자연은 우리의 기분을 고양시키고 아량과 같은 여러 자질을 함양시킨다.[41] 자연에 머무르는 것은 신체를 회복하는 데도 큰 도움이 된다. 나는 모든 일을 내려놓고 야외로 나갈 때마다 긴장이 풀리는 것을 느낀다. 그 이유는 자연이 스트레스 킬러로서 우리에게 다음과 같은 수많은 이점을 제공해 주기 때문이다.

- 신체 에너지 회복
- 불안감 해소

- 근육의 긴장 이완
- 스트레스 호르몬 감소
- 심장 박동 수 감소
- 혈압 강하[42]

놀이에 따른 혜택은 우리의 정신 건강과 큰 연관이 있으며 이는 당연히 선순환으로 이어진다. 놀이가 주는 혜택이 삶의 질을 높이기 위한 선택적 추가 사항으로 보일 수도 있다. 그러나 사실 놀이가 있는 삶이 우리의 표준이다. 우리는 본래 놀이를 하며 긴장을 풀고 휴식을 취해야 하는, 특히 자연 속에서 이 모든 것을 하며 살아가야 하는 존재다. 예리한 판단력을 갖추고 싶다면 아무리 스케줄이 빡빡하다 하더라도 취미, 운동, 그리고 완전무결한 놀이 활동을 주기적으로 해야 할 것이다.

인생에서 가장 좋은 것들이

할 일 목록의 체크 표시에서

나타나는 일은

아마 없을 것이다.

실천 6: 성찰

회복하기의 또 다른 원천은 성찰이다. 성찰 방법에는 여러 가지가 있는데, 주로 독서, 일기 쓰기, 자기반성, 명상, 기도, 예배와 같은 형태로 이루어진다. 수면, 식사, 운동 등 지금까지 나온 활동 대부분이 신체 건강에 주안점을 두었다면, 이 활동들은 영혼을 풍요롭게 만드는 데 기여한다. 우리에게는 정신과 마음을 회복하기 위해 의도적으로 쏟는 시간 또한 필요하다. 이번 섹션 제목은 '멈춰라'다. 그런데 다른 활동들을 위해서는 멈춰도 성찰을 위해 멈추는 사람은 정말 드물다. 성찰의 시간은 꼭 필요하다. 성찰하지 않는다면 우리 자신을 잃어버리는 위험을 감수해야 할 것이다.

우리는 워프 속도로 삶을 헤쳐 나가느라 너무도 바쁜 나머지, 멈춰 서서 우리가 어디를 향해 가고 있으며, 누구에게 어떤 영향을 끼치고 있는지 파악할 새도 없이 결정을 내리고 행동에 나선다. 이 결정과 행동이 최종적으로 무엇을 위한 것인지도 모른다. 이러한 인식 부족 상태로 몇 주, 몇 년, 몇 십 년을 보내는 건 외부의 힘에 대해 임기응변식으로 대처하며 되는 대로 살아가는 것으로밖에 볼 수 없다. 하지만 먼 훗날 뒤돌아보며 추억하고 싶은 삶은 이런 삶이 아닐 것이다.

정신없이 바쁜 스케줄과 소셜 미디어 환경, 즉각적인 만족

감을 추구하는 현대 문화로 인해 자아성찰을 하는 것의 중요
성은 더욱 커지고 있다. SNS 상태를 업데이트하고, 원 클릭 구
매를 즐기며, TV 스트리밍 서비스를 이용하면서 인생의 표면
만 헐레벌떡 뛰어다닐 뿐 더 깊이 들어가지 않는 사람이 허다
하다. 속도를 늦추고 자신이 삶을 운용하고 세상을 살아가는
방식을 심사숙고하지 않는다면, 우리는 결코 완전히 회복될
수 없다.

날마다 성찰의 시간을 갖도록 노력하라. 나에게 정말 중요
한 생각은 무엇인가? 내 기분은 어떤가? 그날의 결정, 승패, 아
이디어, 통찰 등 하루를 특별하게 만든 모든 것을 찬찬히 돌아
볼 여유를 가져라. 이 연습은 우리가 삶에서 벌어지는 자잘한
일에 휩쓸려 길을 잃지 않는 데 필요하며, 이를 통해 우리는 더
큰 '왜'와 연결돼 있다는 것을 상기하게 된다. 자신의 '왜'와 굳
건히 연결된 채 생활한다면 매일의 일을 완수하고 경주를 끝
마치는 데 큰 에너지와 힘을 얻을 수 있다.

실천 7: 일 플러그 뽑기

그렇다면 이 활동들을 실제로 행동에 옮기려면 어떻게 해야
할까? 무의미한 질문이 아니다. 지금까지 소개한 활동들에 공

감한다 할지라도 실천하는 것은 어려울 수 있다. 과로가 몸에 배어 있으면 노력한다 해도 일과 연결된 상황에서 빠져나오는 것이 말처럼 쉽지 않기 때문이다. 우리는 에너지를 새롭게 되살리는 데 써야 할 여유 시간을 소모해 가며 주말 업무를 하고 밤잠을 건너뛰는 등 파괴적인 패턴에 빠지곤 한다. 스마트폰이 언제나 주머니에 들어 있고, 클릭만 하면 이메일을 열 수 있으며, 시도 때도 없이 각종 알림이 울려 우리의 주의력을 앗아간다.

방만 한 크기의 패러데이 상자*를 만들어, 평소에 수신되던 모든 신호를 차단할 수 있다면 효과 만점일 것이다. 그렇게까지 하는 것은 지나친 발상이지만, 일 플러그를 뽑을 확실한 방도가 필요한 것은 맞다. 일 플러그를 뽑는 것은 많은 사람에게 어려운 일이므로, 저녁, 주말, 휴가 기간 동안 일과의 연결을 끊을 수 있도록 몇 가지 규칙을 정해 둘 것을 권한다. 그리고 다른 사람들에게도 이를 알려 규칙을 지키는 데 도움을 얻도록 하자. 내가 사용하는 네 가지 규칙은 다음과 같다. (여기에는 한 가지 예외가 있는데, 그에 관해서는 8장에서 다룬다.)

첫째, '일에 대해 생각하지 않는다.' 아예 잊어버려라. 가족이나 친구들과 함께 시간을 보내면서도 일에 정신이 팔려 있

---

* 외부 정전기 차단을 위해 기계 장치 주위에 두르는 금속판. -역주

다면, 몸은 그곳에 있어도 마음은 그곳에 없는 것이다. 함께 있어도 함께 있는 것이 아니다. 일 걱정이 스멀스멀 올라오지 않도록 경계하라. 자신이 일에 대해 생각하고 있는 것을 알아차리면 즉시 다른 것에 집중하도록 노력한다.

둘째, '어떤 일도 하지 않는다.' 업무의 최신 진행 상황을 입수하려 하거나 동료들과 연락을 취하는 것도 하지 않아야 한다. 스마트폰을 방해 금지 모드로 설정해 두고, 이메일을 확인하려 들지도 말자. 모든 것으로부터 신경을 꺼라. 스마트폰을 서랍에 넣어 두는 것도 한 방법이다. 데스크톱에서도 이메일과 슬랙 같은 어플리케이션을 모두 종료해 둔 뒤, 휴식 시간 동안에는 절대 열어 보지 않도록 한다.

셋째, '일 얘기를 하지 않는다.' 휴식 시간에는 프로젝트, 매출, 프로모션, 일 문제를 화제로 삼지 않는다. 이 규칙은 여러분 자신과 여러분의 가족들에게 월등히 편안한 휴식 시간을 선사할 것이다. 만약 여러분이 업무 이야기를 꺼내면 반칙 선언을 해도 좋다고 미리 가족들에게 고지해 두어라.

넷째, '일에 관한 자료를 접하지 않는다.' 여기에는 일과 관련된 책, 잡지는 물론, 블로그, 팟캐스트, 교육 영상도 포함된다. 다른 관심사를 구축하고, 업무와 무관한 영역의 열정을 발전시키는 데 자유 시간을 활용해야 한다.

일 플러그를 뽑는 것은 일곱 가지 활동 중 충분한 수면 시을 확보하는 것 다음으로 어려울 수 있다. 한 연구 기관에서 10 개국 대학생 천 명을 대상으로 딱 24시간 동안 전자기기를 사용하지 않는 실험을 진행했는데, 대다수가 완수하지 못했다. "제 자신이 마치 약물 중독자처럼 느껴졌어요." 한 학생이 말했다. "침대 위에 앉아 멀뚱멀뚱 천장만 쳐다봤어요." 또 다른 학생의 말이다. "아무것도 할 게 없었어요."[43] 바로 이것이 앞서 설명한 여러 활동들이 중요한 이유다. 나는 모든 전자 기기를 꺼야 한다고 말하는 것이 아니다. 그러면 당연히 도움이 되겠지만, 다소 극단적인 조치인 것도 사실이다. 그 대신 완전히 회복될 수 있도록 놀이, 대인 관계, 성찰과 같이 업무와 무관한 의미 있는 활동들로 회복하기 시간을 채우면 좋겠다.

자신을 새롭게 하라

이번 장을 통해 시간 관리 대 에너지 관리 문제에 있어 오랫동안 이어진 잘못된 믿음을 불식시킬 수 있었기를 바란다. 기억하라. 시간은 재생 가능한 자원이 아니다. 시간은 고정돼 있다. 그 어떤 노력을 한들 우리는 하루에 단 1초도 더할 수 없다. 그러나 에너지는 재생 가능하다. 에너지는 유동적이며, 우리는 에너지가 자신에게 이득이 되는 방향으로 작용하도록 적극적인 조치를 취할 수 있다. 수면, 식사, 운동, 대인 관계, 놀이, 성찰, 그리고 일 플러그 뽑기를 실천하고 회복을 취하면 심신의 에너지는 기하급수적으로 커진다. 회복하고 나면 우리는 우리가 원하는 쪽으로 자유롭게 그 에너지를 쏟을 수 있다. 그러면 우리는 자신의 '왜'를 실현하고 삶의 질을 향상시키며, 누구나 갈망하는 자유를 향해 한 걸음 더 다가가게 될 것이다.

　멈추면 놀라운 일이 벌어진다. 먼저 우리는 자신이 어디로 가고 싶은지, 자신의 인생이 어떤 모습을 띠길 바라는지 수립할 수 있는 여유를 얻는다. 그리고 자신이 정확히 어디에 있는지, 현재 어떤 상황에 놓여 있는지 이해하고 평가할 수 있다. 멈추기를 통해 얻을 수 있는 또 하나의 시간은 회복의 시간이다. 의도적으로 휴식, 건강, 대인 관계를 위한 활동들을 실천하면 자기 자신을 보살필 수 있고 에너지를 비축하게 된다. 생산성을 끌어올리자고 하면서 멈추기부터 시작하는 것이 일견 합당하지 않아 보였을지 모른다. 그러나 지금쯤 여러분은 쉬는 것의 가치를 충분히 이해하였을 것이다. 쭉 살펴본 것처럼 자신이 현재 어디에 있는지, 어디로 가고 싶은지 알지 못하면 절대 원하는 목적지에 도달할 수 없다. 다음의 연습 과제를 수행하고 나면, 계속해서 제2단계, 즉 '잘라내기' 단계로 나아갈 준비가 완료된다. 2단계에서는 여러분의 새로운 생산성 비전이 본격적으로 드러나기 시작할 것이다.

휴식, 건강한 식사, 운동, 대인 관계, 성찰의 과정을 위해 특별히 시간을 내는 것은 쉬운 일이 아니다. 그러나 이런 것들을 우선시할 때 우리는 더 나은 삶을 살 수 있다. 이런 것들을 통해 에너지와 체력 수준이 올라가면, 생산성을 비롯해 삶의 모든 영역이 개선되기 때문이다. '회복하기 자가 평가지'를 작성하자. 각 문항별로 점수를 매긴 다음 모든 점수를 합산해 총점을 구한다. 피로감이란 생활 전반에 걸쳐 찾아오는 것이 보통이긴 하지만, 이 평가지는 보다 시급하게 관심을 기울여야 할 삶의 영역이 무엇인지 파악하도록 도와준다. 몇 개월마다 이 평가를 다시 실시한다면 향상된 영역과 여전히 신경을 써야 하는 영역이 무엇인지 파악할 수 있다.

다음으로 '회복하기 점프스타트 워크시트'를 작성한다. 이 워크시트는 4장에서 다룬 일곱 가지 실천 사항 각각에 대해 곰곰이 생각해 보고 가능한 목표를 설정하도록 도와준다. 각 사항별로 적어도 한 가지 목표를 찾아냈다면, 그중에서 앞으로 한 달간 집중적으로 도전할 목표 두 가지를 정한다. 마지막으로 이 두 목표를 계속해서 좇을 수 있도록 자신을 일깨워 줄 방아쇠를 설정한다. 간단히 말해, 목표를 상기시켜줄 수 있는 것을 마련하면 된다. 목표의 내용을 쪽지에 써서 침실 거울에 붙이거나, 스마트폰 화면에 띄워 놓는 방법이 있다. 목표를 떠올리고 실천하도록 이끄는 것이라면 무엇이든 좋다.

* FreeToFocus.com/tools에서 원문을 다운로드받을 수 있다.

* http://bit.ly/회복하기에서 한글 템플릿을 다운로드받을 수 있다.

* http://bit.ly/점프스타트에서 한글 템플릿을 다운로드받을 수 있다.

회복하기 자가 평가지

아래의 질문들을 통해 자신이 매일 활력 있는 삶을 살아가고 있는지 아닌지
평가해 보도록 하자. 각 문항을 읽고 해당되는 정도에 따라 점수를 매긴다.
그런 다음 모든 점수를 합산해 총점을 구한다.

문항	1	2	3	4	5
나는 늘 정신이 맑고 활력이 넘친다.	항상 아니다	거의 아니다	가끔 그렇다	자주 그렇다	항상 그렇다
나는 매일 7시간에서 10시간가량 잠을 잔다.	항상 아니다	거의 아니다	가끔 그렇다	자주 그렇다	항상 그렇다
피로를 풀기 위해 잠깐씩 낮잠을 잔다.	항상 아니다	거의 아니다	가끔 그렇다	자주 그렇다	항상 그렇다
건강하고 맛있는 식사를 위해 기꺼이 시간을 들인다.	항상 아니다	거의 아니다	가끔 그렇다	자주 그렇다	항상 그렇다
수분이 부족하지 않도록 물을 자주 마신다.	항상 아니다	거의 아니다	가끔 그렇다	자주 그렇다	항상 그렇다
규칙적으로 운동을 하며 체력과 몸매를 관리한다.	항상 아니다	거의 아니다	가끔 그렇다	자주 그렇다	항상 그렇다
정기적으로 취미 활동을 한다.	항상 아니다	거의 아니다	가끔 그렇다	자주 그렇다	항상 그렇다
배우자, 자녀와의 관계를 위해 충분한 시간을 투자한다.	항상 아니다	거의 아니다	가끔 그렇다	자주 그렇다	항상 그렇다
친구를 만나거나 부모님께 전화를 거는 등 다른 인간 관계를 위해서도 시간을 낼 수 있다.	항상 아니다	거의 아니다	가끔 그렇다	자주 그렇다	항상 그렇다
나의 삶에 대해 숙고하는 시간을 가지며, 일기를 쓸 때도 있다.	항상 아니다	거의 아니다	가끔 그렇다	자주 그렇다	항상 그렇다

회복하기 총점 [   ]

회복하기 점프스타트 워크시트

더 많이 회복될수록 더 큰 생산성이 보장된다.

이 워크시트를 활용해 보다 활력 있는 삶을 살아갈 수 있도록 생활을 개선해보자.

목표 후보

3장에서 다룬 회복하기의 다섯 가지 영역을 돌아보며 실천하고 싶은 목표를 생각해 본다. '이번 달에는 매일 밤 10시 전에는 잠자리에 들겠다.' 또는 '평일 아침 7시에는 날마다 30분씩 공원에서 조깅을 한다.'와 같이 습관에 관한 목표도 좋고, '아내와 10월에 여행을 떠날 계획을 세운다.' 또는 '11월 15일까지 개인 트레이너를 구한다.'와 같은 성취하고자 하는 목표도 좋다.

	목표 후보
수면 밤잠 및 낮잠	
식사 영양과 수분	
레크리에이션 운동과 놀이	
대인 관계 가족과 친구들	
성찰 일기 쓰기와 명상	

목표 선정

이 중 앞으로 한 달간 집중적으로 도전하고 싶은 목표 한두 가지를 고른다.

목표 1	목표 2

방아쇠 설정

어떤 방아쇠를 설정해 두면 자신이 정한 목표를 머뭇거리지 않고 실천에 옮길 수 있을까? 만약 자신의 목표가 밤 10시에 잠자리에 들기라면, 9시 30분에 저녁 리추얼을 시작할 수 있도록 알람을 맞춰두는 것이 한 방법이다. 목표별로 방아쇠를 설정해보자. 방아쇠를 자동화할 수 있다면 더욱 좋다.

방아쇠 1	방아쇠 2

Free to Focus

잘라내라

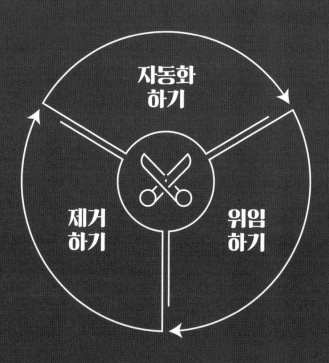

자동화
하기

제거
하기

위임
하기

4장.

제거하기

‘아니오’
근육을 키워라

ELIMINATE: Flex Your "No" Muscle

사실 저는 우리가 하지 않은 일들에 대해서도
우리가 한 일들만큼이나 자랑스럽습니다.

– 스티브 잡스Steve Jobs

몇 년 전, 나는 자초해서 커리어 사상 최악의 몇 주를 보낸 바 있다. 방금 나는 '자초해서'라고 표현했다. 그게 사실이기 때문이다. 나는 너무 많은 업무를 수락했다. 그때 나는 한 주 동안 세 기업의 이사회 회의에 참석했는데, 두 회의는 다른 도시에서 열렸다. 이 회의를 위해 출장을 다녀야 하는 기간에 다섯 곳에서 연설도 하기로 돼 있었다. 아, 출간을 앞둔 내 책의 원고 검토 마감일도 코앞이었다. 게다가 회의를 하고, 연설을 하고, 원고를 검토하는 와중에 내 개인 계정으로 들어온 이메일만 669통이었다. 일이 벅차고 지칠 대로 지쳤다. 그런데 이는 완전히 내 잘못이었다. 이 모든 일을 하겠다고 한 사람이 나였으니 말이다.

아마 여러분도 나와 같은 몇 주 또는 몇 달, 몇 년을 보낸 적이 있을 것이다. 우리는 일과 가정생활은 물론 사회적 활동, 교회, 공동체 활동, 그 밖에도 백만 가지 서로 다른 소임을 다하느라 바쁜 와중에 누군가 요청해 올 때마다 우리의 귀중한 에너지를 넙죽 내준다. 모든 사람에게 '네'라고 할 수 없다는 걸 잘 알면서도 '네'를 남발하고 마는 것이다. 왜 우리는 자신을 이런 상황에 빠뜨리곤 하는 걸까? 대부분은 용기가 부족하기 때문이다. 갈등이 벌어지는 것을 꺼리고, 다른 사람을 실망시키는 데 죄의식을 느끼며, 새로운 기회를 놓치게 될까 봐 걱정한다. 이유가 무엇이든 우리는 편안한 마음으로 '아니오'라고 말할 줄 알아야 한다.

가장 중요한 게 무엇인지를 유념하는 것이 거절을 하는 요령이다. 지금까지 우리는 각종 노력을 통해 자신의 '왜'를 알아냈다. 이제 그 '왜'를 늘 자신의 눈앞에 둬야 한다. 용기란 두려움에도 불구하고 중요한 가치나 원칙을 위해 기꺼이 행동하는 마음이다. 그리고 여러분의 '왜'는 중요한 가치이자 원칙이다! 여러분이 지켜 마땅한 것이다. 그 누구도 여러분 대신 그것을 지켜주지는 않는다.

집중할 수 있는 힘을 되찾고 싶다면 앞길을 가로막는 모든 것을 제거해야 한다. 단순히 이런저런 나쁜 아이디어를 거절한다고 되는 것이 아니다. 훌륭하고 가치 있는 아이디어도 수없이 거절해야 한다. 요즘같이 바쁜 세상에서는 자칫하면 감당하기 힘든 수준의 업무를 떠안고 과로에 시달리게 된다. 핵심적이라고 할 수 없는 제안들을 거절하고, 진작부터 우리의 시간과 에너지를 갉아먹어 온 중요치 않은 업무들을 제거해야 하는데, 그렇게 할 용기를 소환하는 것이 어려운 일임은 분명하다. 많은 생산성 시스템이 완벽한 할 일 목록을 구축하는 데 초점을 맞추고 있지만, 내가 우리의 에너지를 집중시켜 나아가자고 제안하는 길은 아직 많은 사람이 가지 않은 길이다. 바로 '안 할 일 목록'을 만드는 것이다.

이번 장에서는 우리의 하루를 망칠 뿐 우리가 목표를 향해 다가가는 데 도움이 되지 않는 불필요한 업무들을 제거함으로써 시간을 되찾는 방법을 알아보려 한다. 비즈니스에 해를 입지 않으면서도 솜씨 좋게 스케줄표와 업무 목록에서 시간 낭비 요인을 없앨 수 있는 다섯 가지 방법을 검토할 것이다. 이 과정을 통해 불필요한 과업과 책무를 끊어내는 방법을 배우고, 우리가 별생각 없이 '네'를 내뱉을 때마다 어떠한 결과가 초래되는지 그 실상을 확인하게 될 것이며, 거절의 힘을 키울 수 있을 것이다. 지금은 거절하는 것이 불가능한 일처럼 느껴지겠지만, 생각보다 쉽다. '아니오'란 아주 강력한 말이다. 이보다 더 우리의 에너지와 생산성을 증대 시킬 수 있는 것도 별로 없다. 어떻게 하면 '아니오'라고 말할 수 있는지 살펴보자.

> 용기란 두려움에도 불구하고 중요한 가치나 원칙을 위해 기꺼이 행동하는 마음이다.

시간의 역학 이해하기

포커는 부를 일으키는 놀이가 아니다. 그보다는 부를 이동시키는 놀이다. 포커는 흔히 제로섬 게임이라고 부르는 원리로 돌아간다. 각 플레이어가 테이블 위에 올리는 돈이 그 게임에 걸린 전부다. 만약 다섯 명의 플레이어가 각자 100달러씩 내놓으면, 그 게임에 걸린 판돈은 500달러다. 그게 다다. 게임이 진행되는 동안 각 플레이어는 서로 다른 몫만큼 이 돈을 지배할 것이다. 그러나 어느 순간이든 모든 사람이 가진 몫의 총계는 500달러다. '한 사람이 판돈을 독차지할 때'까지 게임이 계속될 경우, 우승자는 500달러를 얻는다. 500달러보다 많을 수도, 적을 수도 없다. 밤새도록 포커 게임이 계속돼도 돈이 더 생길 리 만무하다. 처음부터 끝까지 이들이 가지고 놀 수 있는 것은 원래 있던 500달러뿐이다.

시간이 꼭 그렇다. 시간은 제로섬 게임이다. 시간은 딱 주어진 그만큼이 다다. 3장에서 살펴본 것처럼 시간은 고정적이다. 어떻게 해도 변하지 않는다. 나와 여러분에게 주어진 시간은 매주 168시간이다. 시간, 그러니까 우리의 일정이 제로섬 게임의 원리로 작동되는 상황이라면, 우리가 어떤 일을 수락하는 것은 곧 다른 일을 거절하는 것과 같다는 사실을 깨달아야 한다. 아무리 '아니오'라고 말하는 것이 싫대도, 모든 수락에는 본질적으로 '아니오'가 내재돼 있다. 예를 들어, 누군가 나에게 오전 7시에 함께 아침을 먹자고 한다면, 나는 내가 평소에 하던 아침 운동을 거부하지 않고서는 그 요청을 수락할 수 없다. 또 주중에 의뢰인의 저녁 식사 초대에 응할 경우, 아내와의 저녁 식사를 거절하는 것이다. 이해가 되는가? 거절하는 것이 껄끄럽고 싫대도, 우리는 '네'라고 말할 때마다 자신도 모르게 한편으로는 '아니오'라고 말하고 있는 것이다.

이 모든 수락과 거절이 쌓이고 쌓인 결과, 우리는 빠듯한 스케줄에 허덕이게 된다. 어떤 일을 한 가지 빼지 않고서는 다른 일을 추가할 수 없는 지경에 이른다. 이는 우리가 선택을 해야 한다는 뜻이다. 그런데 좋은 것과 나쁜 것 사이에서 선택을 하면 되는 게 아니라, 좋은 것, 더 좋은 것, 더욱더 좋은 것, 즉 경쟁적 기회들 사이에서 선택을 해야 하는 경우가 많다.

아무리 '아니오'라고

말하는 것이 싫대도,

모든 수락에는 본질적으로

'아니오'가 내재돼 있다.

얻는 것이 있으면 잃는 것도 있다는
사실 받아들이기

수락과 거절은 생산성에 있어 가장 강력한 두 단어다. 그런데 이 두 단어는 트레이드오프 관계에 놓여 있다. 앞서 살펴본 것처럼, 우리는 어떤 일을 수락할 때마다 다른 일은 거절하는 것이나 다름없다. 피할 수 없는 이치다. 기억하고 있겠지만, 시간은 한정돼 있다. 의뢰인의 저녁 식사 초대를 받아들이는 동시에 아내와의 저녁 식사도 놓치지 않을 수는 없다. '아니오'라는 말을 입 밖으로 내지 않았다 해도, 이 만남에 응하면 자연스럽게 내 인생에서 가장 중요한 사람에게는 '아니오'라는 의미가 전달된다. 이것이 바로 의뢰인과의 만남에 따라 내가 희생해야 하는 것이다.

　물론 나는 우리가 수락이나 거절을 할 때마다 수반되기 마련인 모든 트레이드오프에 대해 무조건적으로 나쁘다고 말하려는 것이 아니다. 오히려 그 반대다. 트레이드오프 관계의 이치를 이해하고 나면 거절해야 할 필요가 있을 때 거절을 하는 것이 한결 수월해진다. 이제 우리는 어떤 기회와 마주쳤을 때 그 기회를 수락함에 따라 잃게 되는 것이 무엇인지 곰곰이 생각해 보기만 하면 된다. 우리 대부분은 이러한 시간을 갖지 않은 채 너무 빨리 승낙을 한다. 그런 다음 나중에서야 자신이 그 기회에 '네'라고 대답한 대가로 무엇을 내놓았는지 깨닫는다. 이것과 저것 사이에 교환이 일어난다는 사실을 뚜렷이 아는 상태에서 의식적으로 결정을 내리면, 결정들에 대한 통제력을 유지할 수 있다. 다음과 같은 쉽지 않은 질문에 대답해보면 '네'라고 말하는 것의 비용을 빈틈없이 파악할 수 있다. 자신에게 이런 것들을 물어보는 것이다. '이 기회에 응하기 위해서는 무엇을 포기해야 하지?' 또는 '이번 기회를 거절하면 더 나은 기회를 잡을 수 있는 것이 맞나?' 트레이드오프 문제를 직시하는 것은 '아니오'라는 말을 하지 못해 고전하는 사람들에게 특히 큰 힘이 된다.

자신의 책무 여과하기

어떤 책무를 맡을지 말지 결정하기에 앞서 트레이드오프 관계에 놓여 있는 것을 따져 볼 때, 그 초대, 요구, 기회를 여과해 수락할지 거절할지 선택을 내리도록 도와줄 필터가 필요하다. 그러면 모든 것이 한층 쉬워질 것이다. 상상해 보자. 우리에게 정통한 의사 결정 체계가 있다면, 어떤 요청이 들어올 때 그걸 적용하기만 하면 어떤 것이 옳은 대답인지 순식간에 명확해진다. 그런데 잠깐, 우리에게는 이미 그런 필터가 있다.

2장에서 여러분은 '할 일 필터 워크시트'와 '자유 나침반 워크시트'를 작성했다. 진짜 나침반과 마찬가지로 자유 나침반은 여러분을 옳은 방향으로 이끌어 준다. 여러분이 길을 잃고 잘못된 방향으로 접어들 때마다 자신의 진북과 갈망 영역을 다시금 떠올리도록 도와주는 것이다. 새로운 요구와 기회를 맞닥뜨릴 때, 그리고 현재 자신이 맡은 과업과 책무를 점검할 때, 다음의 실제적 규칙을 기필코 고수하기를 바란다. 갈망 영역 밖에 있는 모든 것은 제거하기의 잠재적 후보다. 나는 지금 갈망 영역 외의 모든 것을 제거하라고, 제거해야 합당하다고 주장하는 것이 아니다. 단지 그 모두가 그럴 만한 대상이라는 뜻이다. 갈망 영역 밖에 있는 업무라면 적어도 멈춰 서서 다음의 질문을 해 봐야 한다. '제거해도 되는 일인가?'

아마 이 책을 처음 집어 들었을 때 여러분이 갖고 있던 생산성의 청사진에 업무를 거절하고 떠나보내는 것은 포함돼 있지 않았을 테지만, 여러분도 지금은 인식이 달라졌을 것이다. 이제 우리는 근거 없는 '더 많은 일' 신화의 희생자가 아니다. 진정한 생산성은 빡빡한 스케줄에 더 많은 일을 집어넣는 것이 아님을 알고 있다. 진정한 생산성이란 '옳은 일'을 하는 것이다. 필수적이지 않은 요소들을 잘라내는 것이 필수라는 뜻이다.

정원 가꾸기를 생각해 보자. 좋은 정원사는 식물이 제멋대로 자라게 내버려 두지 않는다. 끊임없이 손질하며 죽은 가지나 튼튼하지 않은 가지를 잘라낸다. 이를 가지치기라고 하는데, 정원사는 가장 건강한 부분만 남을 때까지 모두 제거한다. 왜일까? 말라죽은 부분이 모두 사라지고 나면 내재된 힘이 최대한 발휘되어 식물이 굉장히 잘 자랄 수 있기 때문이다. 우리도 똑같다. 필수적이지 않은 일들을 잘라내고 나면 정말로 중요한 일에서 활약할 수 있는 여유가 생긴다. 많은 사람이 이 단계에서 지레 겁을 먹곤 하지만, 이 단계야말로 가장 즐겨야 하는 단계다. 이제 자유 나침반의 안내를 받아 앞으로 나아가는 방법을 알고 있으므로 갖가지 프로젝트, 과제, 용건을 여과해 잘라내는 작업에 착수할 수 있을 것이다. 자신의 생산성 시스템 전체의 효율성을 떨어뜨리는 일에 한해 잘라내기를 수행하는 것이니, 두려움 없이 해나가기를 바란다.

이미 자신의 할 일 목록에 있는 것들부터 점검하자. 2장에서 작성했던 '할 일 필터 워크시트'를 꺼내라. 자신이 써넣은 할 일 목록을 다시 훑어보며 '제거하기' 열에 체크할 수 있는 것이 무엇인지 살핀다. 자세한 방법은 다음과 같다. 할 일 목록 중 갈망 영역에 포함되지 못했던 활동들을 하나씩 읽어 본다. 그리고 각각에 대해 자문한다. '나한테 꼭 필요한 일일까? 제거해도 괜찮은 일은 아닌가?' 예를 들어, '인터넷 하기' 같은 활동은 2장에서 자신의 일과를 검토하면서 목록에 집어넣었더라도 장담컨대 갈망 영역으로 분류하지는 않았을 것이다. 제거하기에 체크 표시를 해도 무방하겠다. 그러나 다른 활동, 말하자면 '벤더 관리' 등의 업무는 갈망 영역이 아닌 다른 영역에 있을지는 몰라도 절대 내팽개칠 수 없는 일이다. 이러한 활동은 제거하기가 어려울 것이므로 체크 표시를 하지 않는다. 그렇다고 낙담할 필요는 없다. 뒤에서 이와 같은 업무를 자동화하고 위임하는 방법에 대해서도 다룰 것이니 말이다. 지금은 여러분과 여러분의 비즈니스에 해를 입히지 않으면서 확실히 제거할 수 있는 활동에만 체크 표시를 해 나가라. 잘라내고 싶고 아무도 괘념치 않을 일이라면, 잘라내라. 복잡다단한 일을 잘라내는 법은 나중에 자세히 살펴보려 한다. 지금은 그저 솔직한 자세로 우리의 업무 목록에서 본질적으로 사라져야 마땅한 일들을 제거하는 데 집중하도록 하자.

결과로 이어지는 일에 집중할 수 있는 가장 빠른 방법은 할 일 목록에 떡하니 자리 잡고 일정을 어수선하게 만드는 저레버리지 과업과 책무를 제거하는 것이다. 고역, 무관심, 산만 영역에 있는 일 중 잘라낼 수 있는 것은 모두 잘라내는 것이 좋다.

하지만 경고는 하고 넘어가겠다. 제거하기를 수행하다 보면 여러분이 좋아하는 일, 아마 산만 영역에 있는 일이 잔뜩 도마 위에 오르게 될 것이다. 때로는 자기 자신에게도 '아니오'라고 말하는 용기를 발휘해야 하는 법이다.

'안 할 일 목록' 만들기

나는 지금까지 '할 일 목록' 어플리케이션과 시스템을 수도 없이 접해 왔다. 하지만 '안 할 일 목록' 솔루션은 본 적이 없다. 다시 한 번 말하지만, 세상에는 '더 많이'의 신화가 만연해 있고, 대다수 사람이 생산성의 핵심을 더 많은 일을 더 빠르게 처리하는 것이라고 믿고 있는 상황이다. 여러분도 이 책을 들기 전에 이 접근법을 시도해 봤을 것이다. 문제는 늘어만 가는 '할 일 목록'은 도움이 되지 않는다는 사실이다. 궁극적으로 중요하지 않은 '더 많은 일'에 '더 많은 시간'을 들이게 만들 뿐이다. 그래서 '프리 투 포커스 시스템'은 가지치기, 즉 일을 쳐내는 데 많은 부분을 할애하고 있다.

다년간 의뢰인들을 만나 왔기 때문에 이러한 작업이 쉽지 않음을 잘 안다. 자신에게 좋지 않다는 것을 알면서도 '가짜 일'에 매달리는 경우가 있다. 사람들을 실망시키거나 기분 상하게 하고 싶지 않은 나머지 거절하는 것을 꺼릴 때도 있다. '늘 해온 일이잖아.'라며 습관이란 것이 자기주장을 하는 바람에 쓸모없는 활동을 제거하지 못하기도 한다. 이때 우리는 폴 매 카트니Paul McCartney가 '판에 박힌 단조롭고 안락한 생활'이라며 비난조로 칭한 상태에 빠진다.[1] 에너지를 활성화시켜 주지도 않고 핵심 목표와 프로젝트를 진척시키는 데 도움이 되지도 않는 활동에 익숙해져 버리는 것이다.

그런데 이보다 더 큰 장애물은 우리의 마음가짐이다. 현재 자신이 하고 있는 일에 갇혀 있다고 느끼며 너무나도 싫증이 난 상태면서도, 변화로 인해 삶이 불안정해지는 것이 싫어서 변화를 추구하지 않는 사람이 허다하다. 이들은 변화를 통해 무엇을 얻을지가 아니라 무엇을 잃을지에 온 정신이 쏠려 있다. 우리는 너무 자주 결핍적 사고를 하며, 그 결과 단지 다른 기회가 오지 않을까 봐 두려워 포기해야 할 일을 포기하지 않고 붙잡고 있다. 다음의 말을 꼭 마음에 새겨 주길 바란다. 지금 우리가 살아가는 세상은 기회가 넘쳐 나는 세상이다. 나이를 한 살씩 더 먹을 때마다 더욱더 실감하게 된 사실이다.

나는 '일생일대의 기회' 같은 것은 믿지 않는다. 하지만 또 다른 기회는 언제나 있다. 좋은 기회를 놓치면 안 된다는 두려움으로 전전긍긍하기 때문에 할 일 목록이 부담스러운 일들로 끝없이 차오르는 것이다. 이 책의 초반에 미켈란젤로를 언급한 바 있다. 과연 미켈란젤로가 가치 있고 아름다운 것이 지금 자신의 손끝에서 나올 수 있다는 걸 알면서도, 다른 대리석 조각을 깎지 못하고 있는 것에 대해 걱정했을까? 아닐 것이다. 게다가 대리석을 깎다가 실수를 했더라도 수없이 남아 있는 다른 대리석으로 걸작을 탄생시키면 된다고 생각했을 것이다.

지금 우리가 살아가는 세상은 기회가 넘쳐 나는 세상이다.

그러니 끌을 손에 쥐고 '안 할 일 목록'을 만들길 주저하지 말자. 고역, 무관심, 산만 영역에 있는 부담스러운 일을 몽땅 끌어안고 버티는 한 진정한 성공은 요원하다.

새로운 일 거절하기

시간이 제로섬 게임이라는 사실을 이해하고, 어떤 결정을 내릴 때는 그에 따른 희생이 있다는 사실을 받아들였으며, 자신의 할 일을 필터를 통해 여과하고, 자신만의 '안 할 일 목록'도 만들었다면, 이제 '아니오'라고 말할 때다. 매일같이 새로 쏟아지는 일은 일단 제쳐 두고 현재 지닌 소임과 책무만 고려하더라도 거절하는 데 '상당히' 익숙해져야 할지 모른다. 처음 확고한 경계선을 설정하기 시작했을 때 나도 그랬다. 거절하는 법을 익히는 것은 퍼즐과도 같은 생산성 문제를 해결하는 데 꼭 필요한 한 조각이다. 따라서 지금부터 긍정적 거절에 관해 좀 더 자세히 살펴보려 한다.

분명 '아니오'는 좀처럼 하기도 쉽지 않고, 환영받지도 않는 대답이다. 하지만 그렇다고 해서 모든 '아니오'가 품위 없고 무례하며 꼴사나운 것은 아니다. 나와 상대방 모두를 전보다 나은 상태로 이끌어 주는 긍정적 거절도 가능하다. 우리가 정중하게 거절해야만 하는 상황은 일반적으로 두 가지로 볼 수 있다. 하나는 아직 의사표시를 하지 않은 새로운 요청 건에 대해 대답을 해야 하는 경우다. 비교적 거절을 하기가 쉬운 상황이다. 다른 하나는 인간적으로 진술해야 하는 것은 말할 것도 없고, 좀 더 뉘앙스를 고려해 요령껏 거절해야 하는 경우다. 즉, 이미 수락했지만 지금에 와서 자신의 갈망 영역 밖의 일이라는 사실을 깨달은 경우다. 우리에게는 두 경우에서 쓸 수 있는 몇 가지 전략이 있다. 아직 대답을 하지 않은 경우부터 살펴보자.

자신이 얼마나 훌륭한 생산성 시스템을 가지고 있는지와는 별개로, 다른 사람들로부터의 새로운 업무 요청은 늘 있게 마련이다. 사실, 생산성과 효율성이 높아질수록 그 어느 때보다 많은 일을 해내는, 기댈 수 있는 사람이라는 평판이 따라붙게 될 것이다. 그렇기 때문에 우리는 자신의 갈망 영역에 속하지 않으며 궁극적으로 가치가 없는 업무와 관련해 새로운 요청이

들어왔을 때, 정중하게 '아니오'를 말할 수 있는 빈틈없는 전략을 갖춰야 한다. 여기에는 재치 있게 거절할 수 있는 다음의 다섯 가지 팁이 도움이 될 것이다.

1. 자신의 자원이 한정돼 있다는 사실을 인정한다

우리의 시간과 에너지는 유한한 자원이다. 매일 우리가 가용할 수 있는 시간은 정해져 있고 조금도 더하거나 뺄 수 없다. 하지만 에너지는? 에너지는 유동적이다. 그런데도 유한한 것일까? 물론이다. 늘기도, 줄기도 할 수 있는 것은 맞지만, 분명 한계는 있다. 사전에 에너지 비축량을 늘릴 수는 있지만, 무한히 많은 양을 비축할 수는 없다. 우리는 어느 시점이 되면 에너지가 바닥나고 피로감을 느끼게 돼 있다.

밑도 끝도 없는 번아웃에 빠지기 싫다면 금전 부문과 마찬가지로 시간과 에너지에 대해서도 예산을 짜야 한다. 매달 끝없는 돈이 들어오는가? 당연히 아닐 것이다. 추가 근무를 하거나 새로운 고객을 유치해 수입을 늘릴 수 있지만 그렇더라도 한계는 있다. 그게 각 달에 우리가 쓸 수 있는 돈의 전부다. 예산을 신중하게 짜는 사람들은 매달 어디에 돈을 쓸지 빠짐없이 계획한다. 돈이란 쓰고 나면 없다는 것을 알기 때문이다. 한 달의 반밖에 지나지 않은 시점에서 돈이 떨어지면, 다음 월급날이 되기 전까지는 하고 싶지만 할 수 없는 일들이 생긴다. 금전적 자원을 몽땅 소진해 버렸으니 말이다. 시간과 에너지도 같은 원리의 적용을 받는다. 쓸 수 있는 양이 정해져 있으니 고레버리지 업무들에 배정하는 것이 바람직하다.

2. 나를 정말로 필요로 하는 사람과 아닌 사람을 구별한다

사람과 프로젝트에 차등을 두는 것은 리더에게 꽤 큰 도전 과제지만 반드시 해야 하는 일 중 하나다. 시간과 에너지 자원에 대한 예산을 세심하게 계획해 두지 않으면 다른 사람이 유용해 버릴 테니 말이다. 누군가 각종 요구와 기대로 들볶으며 여러분의 에너지를 매일같이 있는 대로 족족 빼앗아 갈 것이다. 누구에게나 문을 활짝 열어 두는 태도는 이론상으로는 좋아 보이지만, 여러분 자신의 일을 끝내는 데 방해가 될 공산이 아주 높다. 좋은 리더란 누군가 찾을 때마다 응하는 사람이 아니다. 가장 중요한 우선순위에 초점을 맞추고, 동시에 다른 모든 사항이 여러분 없이도 진척될 수 있도록 시스템을 갖추는 사람이다. 사람들이 새로운 프로젝트와 문제가 발생할 때마다 여러분을 찾는 상황이라면, 여러분의 시스템은 근본적으로 망가진 것이다. 우리가 제대로 응대할 수 있는 것은 소수에 불과하다. 그러니 정말로 여러분의 개인적이고 직접적인 관심이 필요한 사람을 우선 만나야 한다.

3. 내 스케줄표가 나 대신 거절하게 하라

거절을 하는 가장 좋은 방법 중 하나는 스케줄을 탓하는 것이다. 바로 '타임 블로킹'을 활용하는 것인데, 이를 위해서는 어느 정도 사전 계획이 요구된다. 7장에서 다룰 '이상적인 1주일'을 위해 내가 개인적으로 어떤 타임 블로킹을 실천하고 있는지를 보면, 엄청난 양의 시간이 특정 최우선순위 활동을 위해 따로 할당돼 있음을 알 수 있다. 스케줄표에는 '회의'라고 표기돼 있고, 내 스케줄표를 본 다른 사람들도 회의인 줄 안다. 물론 회의가 맞다. 나는 나 자신과의 회의를 계획해 둔다. 스케줄표를 이런 식으로 작성하면 외부로부터 새로운 요청이 들어오더라도 대비가 된다. 내 기준에 맞지 않고 예정해 놓은 활동에 방해가 되는 요청이 들어오면, 나는 이미 다른 일이 있다고 말한다. 그리고 이건 틀림없는 사실이다.[2]

사람에 따라서는 막상 실천하기가 어려울 수도 있으니 설명을 덧붙이자면 이렇다. 사무실에서 혼자 일하는 중이더라도 다른 일이 있다고 말하는 것은 전혀 거짓말이 아니다. 나는 스스로 배정했거나 이미 다른 사람에게 수락 의사를 전달한 최우선순위 업무에 열중하는 중이다. 먼저 정한 소임을 팽개치고 새로운 요청을 받아들일 수는 없다. 그 소임이 다

> 먼저 정한 소임을 팽개치고 새로운 요청을 받아들일 수는 없다. 그 소임이 다른 누가 아니라 나 자신과 한 약속일 때도 말이다.

른 누가 아니라 나 자신과 한 약속일 때도 말이다. 나는 트레이드오프 관계에 있는 것이 무엇인지 따져 본 뒤, 내 스케줄표가 나 대신 거절하게 한다.

4. 다른 사람의 요청에 전략적으로 대응하라

다른 사람의 요청에 어떤 식으로 대응할지 계획할 수 있는 적기는 요청 건이 여러분의 책상에 도착하기 전이다. 사전에 전략이 마련돼 있어야 거절을 해야 하는 순간에 한층 수월하게 거절할 수 있다. 개인적으로 나는 누군가 나의 시간과 관심을 요청해 올 때 약간 부담감을 느낀다. 이러한 상황을 맞닥뜨렸을 때 어떻게 처신할지 미리 생각해 둔 바가 없으면, 나는 부담감에 굴복해 수락해서는 안 되는 일을 수락해 버리고 말 것 같다.

하버드 대학 교수 윌리엄 유리William Ury는《긍정적 거절의 힘 The Power of a Positive No》에서 우리가 시간을 요구받을 때 크게 네 가지 대응 전략을 쓴다고 설명했다.[3] 그중 세 가지는 유용하지도 않고, 누구나 쓸 때 어느 정도 죄책감을 느낄 수밖에 없는 전략이다. 따라서 네 전략 중 쓸 만한 것은 한 가지뿐인데, 이 하나가 거의 항상 굉장한 효력을 발휘한다. 지금부터 이 전략들을 하나씩 훑어볼 텐데, 자신이 각 접근법을 사용했을 때 어땠는지를 떠올리며 읽어 보기를 바란다.

첫 번째는 유리 교수가 '수용'이라고 명명한 전략이다. 속으로는 싫지만 좋다고 대답하는 것으로, 자신의 이익보다 요청해 온 사람과의 관계에 더 가치를 둘 때 주로 나타나는 반응이다. 상대방을 실망시키거나 갈등을 불러일으키고 싶지 않으므로 상대방의 요청을 수용하는 것이다.

두 번째는 '공격'이다. 그야말로 형편없는 거절 방식으로, 수용과 정반대 이유로 나타난다. 다른 사람과의 관계를 중요시하기보다 자신의 이익을 우선시하는 것이다. 우리는 가끔 짜증, 분노, 두려움, 압박감으로 인해 다른 사람의 요청에 과도하게 반응하는데, 그럴 때 공격과도 같은 거절을 하게 된다. 어떤 이유에서인지 우리를 자극하는 요청들이 있고, 이때 우리는 공격을 하게 된다.

세 번째는 '회피'다. 아무 답변도 하지 않는다는 말이다. 전화도 다시 안 걸고, 이메일 답장도 안 쓴다. 마치 관련 내용을 확인하지 못한 사람처럼 행동한다. 요청 건에 대해 아예 모르는 체하거나 우리가 개입할 필요 없이 상황이 해결되기를 바라며 답변을 질질 끈다. 상대방을 불쾌하게 만드는 것이 두렵지만 요청을 받아들이고 싶지 않은 것은 사실이다. 그 결과, 모르는 체하며 문제가 저절로 사라지기만을 바란다. 하지만 안타깝게도 그렇게 되는 경우는 거의 없다.

이 세 가지 대응 방식은 각각 따로 놓고 봐도 신통찮은데,

때로는 서로 합쳐져 상승효과를 일으키기까지 한다. 유리 교수는 이를 가리켜 '세 가지 A의 덫'*이라고 불렀다.[4] 다음의 상황이 익숙한지 아닌지 한번 확인해 보라. 누군가로부터 도움을 요청하는 이메일이 왔다. 그런데 관여하고 싶지 않아서 이메일을 못 본 척한다(회피). 1주일 뒤 도움을 요청하는 이메일이 다시 온다. 우리는 기분이 상한 나머지, 성가신 티를 팍팍 내며 퉁명스러운 답장으로 반격을 한다(공격). 그러고 나서 불편한 대화가 오가거나, 그게 아니더라도 몇 시간 정도 지나고 나면 자신이 과민하게 반응한 것에 대해 죄책감이 들기 시작한다. 결국 마지못해 사과의 형태를 취하며 상대편이 요청한 것을 승낙한다(수용). 거절에 대한 나쁜 대응책들의 악순환으로, 결국 당초 하고 싶지 않았던 일을 하는 것으로 끝이 난다.

다행히 우리에게는 '단언'이라는 네 번째 전략이 있다. 단언은 상대와의 관계나 우리의 우선순위를 희생시키지 않고 모두를 윈윈으로 이끌며 상당한 효과를 발휘한다. 이 건강한 대응 방식은 유리 교수가 '긍정적 거절'이라고 이름 붙인 것으로, 세 부분으로 구성된 간단한 공식을 기반으로 다음과 같이 전개된다.[5]

---

* 수용, 공격, 회피는 각각 영어로 accommodation, attack, avoidance로, 모두 A로 시작한다. -역주

(1) 예스. 자기 자신을 긍정하고 자신에게 중요한 것들을 지킨다는 데 동의하라. 여기에는 상대방에게 긍정적인 단언을 하는 것도 포함된다. 문제가 발생했을 때 해결해 줄 수 있는 사람으로 나를 떠올렸다고 해서 상대방을 창피하게 만들어서는 안 된다.

(2) 노. 이때의 대답은 사실상 나의 경계선을 보여주는 명료한 거절이다. 애매모호하거나 해석의 여지가 있는 말은 해선 안 된다. 다음번에는 수락할 수 있을지 모른다는 가능성을 열어 놓아서도 안 된다. 아마 안 될 거란 걸 알면서 상대방이 다음번에는 나의 도움을 얻을 수 있을지 모른다고 기대하도록 만드는 것은 누구에게도 득이 되지 않는다.

(3) 예스. 상대방의 요청에 대한 다른 해결책을 알려 주고, 관계를 재확인하며 답변을 마무리하라. 이렇게 하면 책임을 떠맡지 않고도 문제 해결에 도움을 줌으로써 관심과 지지를 보여줄 수 있다.

긍정적 단언 전략은 놀라울 정도로 실행하기 쉬우며, 괜한 불만과 두통을 모면하게 해 준다.

다음은 내가 이 접근법을 나의 일상 업무에 적용했던 실제 사례다. 나는 전직 출판사 임원이었기에 작가 지망생들로부터 출간 제안서를 검토해 줄 수 있냐는 요청을 자주 받는다. 매주 몇 건씩은 되는 것 같다. 내 협조를 구하려 한 용기와 그들의 노고에 존경을 표하고 싶지만, 내게는 의미 있는 피드백을 주기는커녕 모든 제안서를 읽을 방도도 없다. 그래서 나는 유리 교수의 단언 전략을 활용해 적절한 답변을 마련했다.

　일단 예스로 시작한다. "새로운 출간 제안서를 완성하셨다니 축하드립니다. 출간 계획을 이렇게 실제로 만들어 낼 수 있는 작가는 소수에 불과하지요. 제게 검토의 기회를 주신 데 대해 무척 감사드립니다." 그런 다음 '노' 단계로 넘어간다. "하지만 안타깝게도 다른 업무들로 인해 사정이 여의치 않아, 저는 더 이상 제안서 검토를 하지 않고 있습니다. 거절의 말씀을 드리게 돼 죄송합니다." 여기에는 모호하거나 혹시 나중에 시간이 나면 검토할 수도 있다는 뜻을 내비치는 표현이 없다. 거절의 의사를 단호하게 밝혔고, 나에게 명확한 경계가 있음을 알렸다. 마지막은 예스로 마무리를 한다. "그렇지만 출판 과정과 관련해 몇 가지 안내를 드릴 수는 있을 것 같습니다. 이미 알고 계실지 모르겠습니다만, 제 블로그의 '초보 작가를 위한 조언'이라는 글을 읽어 보시길 권해 드립니다. 작가가 되려면 처음에 어떤 일들을 거쳐야 하는지 단계별로 설명해 두었습니다.

30년 이상 출판계에 몸담은 경험을 21개의 트레이닝 섹션으로 녹여 낸 '출판 작가가 되려면'이라는 온라인 트레이닝 코스도 있습니다. 이 자료들을 통해 도움을 얻으실 수 있길 바랍니다." 그리고 해당 블로그 게시글과 온라인 트레이닝 코스의 링크를 함께 보낸다. 나는 이 내용을 이메일 템플릿으로 저장해 두었는데, 그러면 비슷한 요청을 받을 때마다 바로 불러 와서 사용할 수 있다. (이메일 템플릿에 관해서는 다음 장에서 자세히 다룬다.)

이제 회의 요청, 세일즈 오퍼, 점심 식사 초대, 우선순위에 없는 새 프로젝트에 참여해 달라는 제안 등 우리가 자주 맞닥뜨리는 몇 가지 상황을 떠올려 보자. 예스-노-예스 전략을 이용하면 이 모든 상황에 적절하게 거절 의사를 전달할 수 있다. 거절의 뜻을 긍정적으로 단언한 뒤, 왜 거절할 수밖에 없는지를 설명하고, 다시 긍정적인 분위기로 마무리한다. 흥미롭게도 지금까지 이 공식을 바탕으로 보낸 답장을 받고 나서 나를 곤란하게 만든 사람은 거의 없었다. 대체로 "당연히 이해해요. 괜찮습니다. 답장 주셔서 감사드립니다."와 같은 답장이 돌아온다. 가끔 부정적인 답장도 오기는 하지만 이는 당연히 생길 수 있는 일이다. 그렇기 때문에 재치 있게 거절하는 다섯 번째이자 마지막 팁이 필요하다.

5. 오해받을 수 있다는 사실을 받아들인다

부정적인 반응에 대비하는 것은 중요한 일이다. 우리가 얼마나 정중하게 거절했는지와는 별개로, 그리고 우리에게 거절할 수밖에 없는 피치 못할 사정이 있었다고 해도, 우리의 거절에 실망하는 사람은 있기 마련이다. 실망감을 직접적으로 표출해 오는 사람도 있을 텐데, 당연히 거북스러울 수밖에 없다. 이 경우에 나는 공감의 마음을 담아 공손하게 답장을 보내는데, 거절 의사도 다시 한 번 밝힌다. 자기 자신의 경계를 스스로 존중하고 지키지 않으면 다른 사람도 지켜 주지 않는다.

삶을 살아가면서 누군가를 실망시키는 것은 불가피한 일이다. 하지만 나 자신이나 가족처럼 인생에서 가장 중요한 사람들은 실망시키지 않도록 해야 한다. 예컨대 내 경우, 출간 제안서를 읽어 봐 달라는 이 모든 요청을 수락하고 나면 제시간에 집에 도착해 아내와 함께 저녁 식사를 하거나 자녀, 손주들과 즐거운 시간을 보내는 일은 요원해진다. 누군가 다른 사람이 크게 실망한 나머지 나를 떠나게 된다 해도, 나는 내게 가장 소중한 사람들을 실망시키지 않기 위해 가능한 모든 일을 할 것이다.

이미 맡은 책무에서 벗어나기

지금까지 아직 수락하지 않은 새로운 요청을 거절하는 방법을 알아봤다. 그렇다면 이미 하겠다고 한 일에 대해서는 어떻게 해야 할까? 이 책을 읽기 전, 아마 여러분에게는 상당히 긴 할 일 목록이 있었을 것이다. 그런데 이제 몇몇 업무는 갈망 영역 밖에 위치한다는 것을 알게 됐고, 제거해야 한다는 판단까지 섰다. 하지만 이 업무들을 대체 어떻게 해야 할지 몰라 머리를 긁적이고 있을 것이다. 확실한 건 성실한 사람이라면 반드시 약속을 지킨다는 사실이다. 다시 말해, 어떤 일을 하겠다고 약속을 했다면 자신의 새로운 삶의 체계와 맞지 않는다고 해도 약속을 지킬 방도를 찾아야 한다. 하지만 약속한 소임에서 벗어나기 위해 협상을 시도하는 것도 전혀 잘못된 일이 아니다. 게다가 걱정과 두려움이 앞서거나 시간 낭비라고 여기는 일을 계속하는 것은 상대방에게도 그다지 이롭지 못한 경우가 태반이다. 기껏해야 최소한의 노력과 주의를 기울일 테니 말이다. 그것만으로도 그 약속을 계속해서 이행할지 말지 다시 고려해야 할 이유가 충분하다. 자, 다음은 이미 맡은 책무에서 벗어나기 위한 협상에 유용한 네 가지 팁이다. 서둘러 살펴보도록 하자.

첫째, 맡은 바 소임에 대한 책임을 인정한다. "이런 일인 줄

몰랐어요." 같은 이야기를 하며 책임을 전가하거나 나 몰라라 하지 마라. 설령 그 말이 사실이더라도 일을 수락하기 전에 어떤 일인지 확실히 파악하지 못한 사람은 나다.

둘째, 약속을 지키려는 의지가 없는 것이 아님을 다시 한 번 강조한다. 자신이 한 약속을 대충 얼버무리려 해서는 안 된다. 상대방뿐 아니라 그 일을 전해 들은 다른 사람들까지도 나에 대한 신뢰를 거두게 될 것이다. 맡은 바 책무를 내팽개치는 것은 나의 평판을 나쁘게 하는 일이다. 그런 결과를 낳지 않도록 노력해야 할 것이다.

셋째, 여러분이 약속을 이행하는 것이 왜 상대방에게 좋은 성과로 이어질 수 없는지를 잘 설명한다. 내가 아니라 상대방에게 무엇이 최선인지에 초점을 맞춰라. 이번 일로 내가 어떤 영향을 받게 될지 신경 쓰는 사람은 나뿐이라고 해도 틀린 말이 아니다. 상대방의 관심은 내가 약속을 했다는 사실뿐이다. 상대방은 내가 약속을 끝까지 이행할 것이라고 기대하고 있으며, 나는 모름지기 그렇게 해야 옳다. 그러나 나의 참여가 상대방에게 이득이 되지 않는다는 점을 납득할 수 있도록 조리 있게 밝힌다면, 상대방도 내가 그 일에서 빠져나가는 것을 양해해 줄 것이다.

넷째, 상대방이 문제를 해결할 수 있도록 돕는다. 단순히 짐을 상대방에게 떠넘기려 해서는 절대, 절대 안 된다. 그렇게 하면 상대방의 원망을 살 게 뻔하다. 누가 봐도 당연하다. 대신, 상대방이 다른 해결책을 찾을 수 있도록 협조하겠다고 제안하라. 그렇게 함으로써 서로 합의할 수 있는 대안이 나올 때까지 내가 소임을 저버리지 않을 것이라는 점도 분명히 밝힌다.

이 네 단계를 밟으면 상대편을 곤경에 빠뜨리지 않고 나의 할 일 목록에서 내가 이미 맡은 책무를 제거하기 위해 가능한 모든 일을 한 셈이다. 상대편의 필요도 충족시키고 양심에 부끄러움 없이 떳떳하게 그 일에서 벗어날 수 있다.

자, 위원회 위원직을 맡았지만 지금 와서 보니 그 일에 대해 열정도 제로, 능숙도도 제로라는 사실을 깨달았다고 해 보자. 딱 고역 영역에 해당하는 일인 것이다. 어떻게 하면 그 일에서 벗어날 수 있을까? 먼저, 그 일을 제안해 줬던 사람에게 찾아가 이렇게 말한다. "제게 위원회에 참여할 수 있는 기회를 주셔서 더없이 감사드립니다. 그런데 제가 뭣 모르고 덤비는 과오를 범한 것 같습니다. 위원직을 수행하며 뒤늦게 그 사실을 깨달았습니다." 자신이 내린 결정에 대한 책임을 인정하는 것이다. 다음으로 이렇게 말하며 소임을 다하려는 마음은 여전하다는 사실을 전한다. "저를 믿고 맡겨주셨다는 점을 잘 알고 있으며, 주어진 책무를 다하며 끝까지 임기를 마쳐야 한다는 의지에는 변함이 없습니다." 그런 다음 자신이 참여함에 따라 위원회에 의도치 않게 입힐 수 있는 타격에 대해 설명한다. "그렇지만 솔직히 말씀드려, 제가 기여할 수 있는 바가 부족해 위원회에 해를 끼칠까 염려됩니다. 위원직에는 사명감이 투철하고 해당 분야에 대해 잘 아는 사람이 필요하지요. 송구하게도 저는 열정도 전문성도 한참 모자라, 제가 과분한 자리를 주제넘게 차지하고 있다는 데 생각이 미쳤습니다." 이제 네 번째 단계로 넘어가 이 사안을 해결하는 데 협력하겠다는 뜻을 알린다. "이에 위원직을 내려놓고 싶다는 의사를 조심스레 밝히며, 해당 임무에 걸맞은 인재를 찾을 수 있도록 최선을 다해 협력하려 합니다. 비단 저뿐 아니라 위원회 모두를 위해 가장 좋은 안이라고 사료돼 죄송스러운 말씀을 드리게 되었습니다."

나는 이것과 더도 덜도 다르지 않은 대화를 여러 버전으로 수차례 나눴고, 대단히 다양한 국면에서 이 네 단계를 사용해 왔다. 이 때문에 나를 못마땅해 한 사람은 없었다고 말할 수 있어서 기쁘다. 물론 때때로 통하지 않은 경우는 있었다. 그럴 때는 상황을 받아들이고 최선을 다해 맡은 소임에 끝까지 참여했다. 사실 상대편 입장에서는 당연한 것이다. 내가 잘못된 결정을 한 것은 상대편 탓이 아니니, 그에 따른 여파를 감당하는 것도 상대편이 아니라 내가 돼야 맞다. 그럼에도 대다수의 경우, 상대편은 후임자를 찾고 싶다는 나의 뜻에 동의해 줬고, 우리는 양쪽 모두에게 이익이 되는 결말을 맞을 수 있었다.

4장. 제거하기

가지치기 과정 축하하기

이 장의 요점은 여러분이 편안한 마음으로 자신의 스케줄표에서 가능한 한 많은 일을 제거할 수 있도록 격려하는 것이었다. 훌륭한 정원사가 되어 갈망 영역 밖의 직무는 되도록 쳐내 보자. 여러분의 스케줄표와 할 일 목록에는 '옳은' 일만 있어야 한다. 제거하기란 '잘못된' 일들을 모두 잘라내는 것이다. 할 일 목록의 80%가 사라져야 한대도 말이다. 물론 제거하기 과정을 수행하다 보면 예상치 못한 어려움에 직면할 수도 있다. 공백이 된 스케줄란을 보며 죄책감을 느낄지도 모른다. 시간이 있는데도 다른 사람의 요청을 거절하고 실망시켰다는 생각이 슬며시 고개를 드는 것이다. 이것은 함정이다. 불필요하고 내키지 않는 업무를 잘라냄으로써 자유 시간과 여유를 손에 넣는 것은 축하해야 하는 일이다! 양심의 가책을 느낄 일이 전혀 아니다.

스티브 잡스Steve Jobs는 "혁신은 천 가지 일을 거절하는 데서 나오는 것"이라고 했다. 거절한 일을 대체해야 한다는 압박감에 져서 천 가지 '또 다른' 일을 찾아 나서지 않기를 바란다. 우리가 하려는 것은 탐탁지 않은 일을 할 일 목록에서 지우는 것이지, 다른 일을 가져와 일대일로 교체하는 것이 아니다. 앞서 여러 번 말했듯, 생산성의 목표는 더 적게 일하면서 많이 성취하는 것이다. '더 적게 일하는 것'이 아무래도 마음에 걸린다면 이 목표에 도달하기 어렵다. 충분히 쉬고 자유 시간의 이점을 취할 수 있도록 스스로 허용할 때라야 최고의 아이디어와 최고의 수행력으로 무장할 수 있다. 창의력과 문제 해결 능력을 키우는 데 그보다 좋은 것은 없다. 그러니 반드시 자유 시간을 확보하도록 노력하라. 자유 시간에 예스라고 말하기 위해 자신의 갈망 영역 밖의 업무에 노라고 말하는 것은 일말의 죄책감이나 부끄러움도 느낄 필요가 없는 일이다. 결국 그렇게 해서 다행이라고 느끼게 될 것이다. 여러분이 가장 아끼는 사람들 또한 그렇게 느낄 것이다.

자, 크게 심호흡을 해 보자. 다음 장에서는 아직도 우리의 할 일 목록에 떡하니 자리 잡고 있는 성가신 업무들을 자동화하는 방법을 배울 것이다.

4장. 제거하기

'안 할 일 목록' 만들기

자신의 인생에서 중요하지 않은 일들은 제거하도록 하자! 그러고 나면 자신이 어떤 형태의 자유를 꿈꾸고 있는지가 명확해질 것이다. 일단 '할 일 필터 워크시트'를 다시 꺼내 제거하기 대상에 해당하는 활동들을 확인한다. 그런 다음 다음의 '안 할 일 목록 워크시트'에 '절대' 하고 싶지 않은 업무들을 적어 보자.

'할 일 필터'를 통해 이미 일을 재배치하는 데 큰 도움을 얻었을 테지만, 거기에서 멈추면 안 된다. 또 다른 것들에는 뭐가 있을까? 절대 관여하고 싶지 않은 회의, 대인 관계, 기회 등도 열거해 본다. 그만두는 것이 나은 위원회 활동이나 쓸모없는 보고서 작성 업무 같은 것도 떠올려 보라. '안 할 일 목록'이 완성되고 나면 하나하나 다시 되짚으며, 각 항목이 중요성도 약하고 저레버리지 활동에 해당하는 데다 자신의 관심 영역과 무관하다는 사실을 분명히 이해하는 시간을 갖도록 하자.

* FreeToFocus.com/tools에서 원문을 다운로드받을 수 있다.
* http://bit.ly/안할일목록에서 한글 템플릿을 다운로드받을 수 있다.

안 할 일 목록

내가 제거해야 하는 일은?

그만두는 게 좋을 것 같은 일은 빠짐없이 전부 쓴다. 그런 다음, 자신의 최종 목표를 향해 나아가는 데 도움이 되지 않는 일에는 동그라미를 치거나 강조 표시를 한다.

업무

회의

인간관계

기회

5장.

자동화하기

등식에서
빠져나와라

AUTOMATE: Subtract Yourself from the Equation

우리가 별도의 관심을 기울이지 않아도

저절로 굴러가는 중대한 작업의 가짓수가

늘어날 때 문명은 발전한다.

-앨프리드 노스 화이트헤드Alfred North Whitehead

현대 사회의 전문직 종사자 대다수가 그렇듯, 우리의 하루는 외부로부터 쏟아지는 질의, 요구, 의뢰, 갑작스런 방문, 이메일, 전화, 문자 메시지, 슬랙 메시지, 그 밖의 수백만 가지 주의 산만 요소로 가득하다. 그러나 앞서 알아본 것처럼 우리의 주의력은 유한하고 귀중한 자원이다. 모든 사람에게 온전한 주의를 기울이는 것은 불가능하며, 때로는 약간의 관심을 주는 것조차 그렇다. 생산성을 극대화하고자 한다면 우선 자신이 주의를 쏟아야 할 대상과 그렇지 않은 대상을 확실히 구분해야 한다. 그리고 주의를 기울여야 할 대상에 대해, '어느 정도' 주의를 기울일지도 결정해야 한다. 힌트. 갈망 영역의 활동이 아니라면, 즉 최우선순위 활동이 아니라면 그다지 머리를 싸매고 덤빌 필요는 없다.

　주의를 거의 기울이지 않고도 중요한 업무를 처리할 수 있는 방법 가운데 하나가 자동화다. 흔히 자동화라고 하면 로봇, 어플리케이션, 매크로 등을 떠올리는데, 내가 말하는 자동화란 공학자나 컴퓨터광이 아니어도 다룰 수 있는 것이다. 매일 같이 해야 하는 일이 산더미다. 이 일들에 일일이 주의를 쏟기란 쉽지 않다. 그렇다고 안 할 수도 없다. 그런데 모든 일에 꼭 '전심'을 기울일 필요가 있을까? 여러분이 이 등식에서 빠져나올 수 있고, 그럼에도 업무가 완수되는 데 지장이 없다면? 그것이 바로 자동화를 통해 이룰 수 있는 일이다. 자동화는 네 가지 유형으로 분류된다.

1. 자기 자동화
2. 템플릿 자동화
3. 과정 자동화
4. 기술 자동화

이번 장에서는 이 네 유형의 자동화를 차례대로 살피며, 고역 영역과 무관심 영역 업무를 힘들이지 않고 처리할 수 있도록 해 줄 기본적인 자동화 전략들을 알아보려 한다.

자기 자동화

첫 번째는 자기 자동화 과정을 통해 자신을 자동화하는 것이다. 이를 위해서는 자신의 최우선순위 업무를 한결 쉽고 효율적으로 완수하도록 도와줄 루틴, 리추얼ritual, 습관 같은 것들이 필요하다. 다시 한 번 강조하지만, 이번 장의 목표는 우리가 어떤 일을 맞닥뜨릴 때마다 멈춰서 어떻게 해야 할지 생각할 필요가 없도록 일상의 가능한 한 많은 부분을 자동화하는 것이다. 리추얼과 루틴을 개발하면 우리가 굳이 주의를 기울이지 않아도 우리 몸이 할 일을 기억하고 움직인다. 예컨대, 구체적인 순서를 생각하며 샤워를 하는 사람은 거의 없다. 일단 물을 틀고 나면 일사천리로 샤워가 진행되며, 우리 몸이 알아서 할 일을 척척 해내는 동안 마음은 자유롭게 다른 생각을 해도 된다. 그래서 샤워를 하다가 엄청난 아이디어가 떠오르곤 하는 것이다. 이 간단한 접근법을 삶의 다양한 영역에 적용한다면 삶의 판도가 완전히 바뀔 수 있다.

리추얼의 정의와 의의

리추얼이란 '정해진 순서에 따라 규칙적으로 수행하는 행동 패턴'이다.[1] 예를 들어, 프로 선수들에게는 저마다 경기를 앞두고 행하는 리추얼이 있다. 경기에서 최고의 성적을 거둘 수 있도록 정신적, 육체적으로 자신을 가다듬는 일련의 동작을 하는 것이다. 직업군을 막론하고 성취도가 높은 사람들은 대부분 자신만의 리추얼을 지니고 있다. 메이슨 커리Mason Currey는

5장. 자동화하기

소설가, 시인, 극작가, 화가, 철학자, 과학자, 수학자 등 150명이 넘는 사람들이 매일 똑같이 하는 일을 조사해《예술하는 습관》이라는 책을 썼다. 우리가 추구하는 목표, 즉 적게 일하고 더 많이 성취하고자 하는 목표를 이루기 위해 다양한 분야의 전문가들이 리추얼의 도움을 받고 있다. 커리에 따르면 일상 속의 리추얼은 "의지력, 절제력, 긍정주의, 시간(특히 한정적인 자원이다) 등 다양한 제한적 자원을 최대한 유용하게 활용할 수 있도록 정교하게 짠 메커니즘"을 뜻한다.[2]

리추얼이 우리가 승리의 길을 걷는 데 도움이 되는 까닭은 크게 세 가지다. 첫째, 반복적인 리추얼이 창조력을 억압한다고 생각하는 사람들이 많지만, 사실 리추얼은 우리의 창조력을 해방시킨다. 자신에게 꼭 맞는 리추얼을 개발하기 위해서는 굉장한 상상력과 사고력이 필요하다. 그런데 한 작업당 한 번만 그 노력을 들이면 리추얼을 갖출 수 있다. 리추얼의 목표는 똑같은 사안이 문제가 될 때 매번 처음부터 다시 해야 하는 상황을 방지하는 것이다. 창조력을 발휘해 언제든 그 사안에 적용할 수 있는 해결책을 시스템으로써 갖추고 나면, 우리는 다른 일에 창조력을 집중시킬 여유를 얻게 된다. 매일 아침 운전을 해서 사무실에 가는 상황을 떠올려 보자. 자신이 어떻게 해야 사무실에 도착할 수 있는지 일일이 생각할 필요도 없을 것이다. 물론 출근한 지 2주 정도까지는 몇 시쯤 집에서 출발해야 하는지, 어느 길로 가야 교통체증을 피할 수 있는지 등 등 사무실에 이르는 최적 경로를 파악하기 위해 상당한 에너지를 쏟아야 했을 것이다. 그러나 그렇게 처음에 정신적 에너지와 노력을 한바탕 쏟고 나면, 리추얼이 그 노력을 대체한다. 그때부터는 운전하는 동안 다른 것에 주의를 기울이며 그쪽으로 창조력을 쏟을 수 있다.

둘째, 리추얼이 있으면 일을 더 빨리 처리할 수 있다. 리추얼을 갖춘다는 것은 매사 어떤 과정이 펼쳐질지 훤히 꿰뚫게 된다는 말이다. 즉, 자동화가 되는 것이다. 어떤 작업을 헤아리고 궁리할 필요 없이 그저 하기만 하면 되니 자연히 효율성이 높아질 수밖에 없다.

셋째, 리추얼은 우리의 실수를 바로잡아 준다. 아니, 실수를 '방지'해 준다고 말하는 편이 더 정확하겠다. 우리는 리추얼을 설계하는 과정에서 어떤 실패가 발생할지 예상한 뒤 각 단계에 안전책을 포함시킨다. 리추얼을 실천하는 초기에 뜻밖의 문제에 부딪힌다면, 바로 해결책을 반영해 리추얼을 수정함으로써 리추얼을 진화시킬 수도 있다. 외과 의사이자 메디컬 라이터인 아툴 가완디Atul Gawande는 체크 리스트로 성문화한 리추얼이 있으면 각종 직업군에서 실수가 획기적으로 줄어들 것이라고 강조했다. 가완디는 '조직화의 미덕'을 칭송했다.[3] 그가 몸담은 의학 분야에서는 체크 리스트 덕분에 매년 수천 명이 목숨을 구하고 수억 달러가 절약되고 있다고 한다.

네 가지 기본 리추얼

리추얼은 자신이 평소에 반복적으로 해야 하는 일을 중심으로 개발하면 된다. 여러 업무를 언제, 어떻게, 어떤 순서로 완수할 것인지 리추얼을 개발하는 방법은 다양하다. 지금부터 내가 활용하고 있는 네 가지 기본 리추얼을 여러분에게도 추천하려 한다. 바로 아침 리추얼, 저녁 리추얼, 업무 시작 리추얼, 업무 종료 리추얼이다. 7장에서 다룰 나의 '이상적인 1주일'에도 이 네 가지 리추얼이 포함돼 있다. 나는 내가 계획한 리추얼을 꾸준히 실천해 일상의 많은 작업을 매사 예측 가능한 상태에서 효율적으로 처리하고 있다. 그때그때 어떻게 해야 할지 생각하며 일을 처리하는 경우보다 훨씬 가벼운 마음으로 여유롭게 움직일 수 있는 것이다.

아침 리추얼은 잠에서 깨는 순간부터 사무실에 도착할 때까지 이어진다. 커피 내리기, 성경 읽기, 일기 쓰기, 목표 되새기기 등의 아홉 가지 활동으로 구성돼 있으며, 규칙적으로 실천하는 중이다. 늘 같은 방식, 같은 순서로 하기 때문에, 각 활동에 최선을 다하고 이때부터 시작되는 하루를 단단히 준비하는 데 큰 도움이 된다. 저녁 리추얼도 긴장을 풀고 잠자리에 들기 위한 준비라는 점만 다를 뿐 거의 똑같은 방식으로 이루어진다. (유용한 팁을 하나 주자면, 제시간에 잠자리에 들 수 있도록 알람을 맞춰 놓으면 좋다.) 아침 리추얼이든 저녁 리추얼이든 성격, 관심사, 삶의 단계, 그 밖에 각자 가지고 있는 여러 기준에 따라 다른 모습을 띠게 된다.

이번에는 업무 시작 리추얼과 업무 종료 리추얼을 살펴보자. 내 평일 스케줄표에는 이 두 리추얼이 분명히 표시돼 있다. 나는 오전 9시에 근무를 시작해서 오후 5시에 마치는데, 이 두 시점이 되면 해야 할 일들이 머릿속에서 자동으로 재생된다. 이 리추얼들은 내가 매일의 업무를 어떻게 해야 잘 시작하고 잘 끝낼 수 있을지 심사숙고한 결과 탄생한 것이다.

나는 사무실에 들어서면 곧장 업무 시작 리추얼을 수행한다. 똑같은 행동을 똑같은 순서로 매일 반복하다 보면 어느 순간부터는 몸이 저절로 움직인다. 그러면 본격적인 업무를 시작하기에 앞서 처리해야 하는 몇 가지 작은 일들을 짧은 시간 안에 해치울 수 있다. 다시 한 번 말하지만, 어떤 요소들을 어떤 순서로 배치해 리추얼을 만들지는 각자 다르다. 다음은 내가 근무 시간을 산뜻하게 시작하기 위해 거르지 않고 하고 있는 리추얼로, 다섯 가지 활동으로 짜여 있다.

1. 이메일 수신함을 비운다
2. 밀린 슬랙 내용을 확인하고 답장한다

3. 소셜 미디어를 확인한다

4. 빅3를 검토한다(8장에서 다루게 될 내용이다)

5. 내 스케줄을 점검한다

이 리추얼을 끝내는 데 보통 30분 정도가 걸린다. 따라서 평일 업무 시간의 첫 30분을 이 리추얼에 꼬박 투자하는 셈이다. 하지만 덕분에 이 다섯 가지 일이 오전 시간을 야금야금 갉아먹지 않아 주요 업무에 집중할 수 있다. 다른 사람의 일 때문에 방해를 받는 상황도 현저히 줄어든다.

매일 저녁 5시가 되면 업무 종료 리추얼을 시작한다. 예상되듯, 업무 종료 리추얼은 이메일, 슬랙 확인 등 업무 시작 리추얼과 거의 똑같다. 업무 시작 리추얼 이후 이메일과 기타 메시지를 8시간가량 확인하지 않은 상태라, 오후 5시엔 그날 하루 동안 새로 들어온 문제와 문의 사항을 확인하고 답장을 해야 한다. 나는 아침보다 저녁에 답장을 쓰는 편이라 업무 종료 리추얼을 위해서는 한 시간 정도를 확보해 둔다. 이 시간이 빨리 끝나면, 빨리 귀가한다. 업무 종료 리추얼에는 업무 시작 리추얼의 다섯 가지 일에 더해 두 가지가 더 포함된다. 하나는 주간 핵심 업무와 일간 핵심 업무를 검토하는 것이고, 다른 하나는 다음 날의 핵심 업무를 확인하는 것이다. 이에 관해서는 8장에서 자세히 다루겠다.

자신의 삶에서 자기 자동화로 돌릴 가능성이 엿보이는 일들을 발견했기를 바란다. 나처럼 아침 리추얼, 업무 시작 리추얼 또는 업무 종료 리추얼을 만들 수도 있지만, 완전히 다른 형태의 리추얼을 만들 수도 있을 것이다. 직장에서 프레젠테이션을 준비하는 자신만의 고유한 절차가 있다면? 리추얼을 통해 자동화시키기에 아주 좋은 후보다. 일단 하나의 기회가 눈에 들어오기 시작하면, 여기저기에 기회가 널려 있다는 사실을 알게 될 것이다. 이 장의 마지막에는 여러분만의 아침 리추얼과 저녁 리추얼을 고안하고 즉시 실행에 옮길 수 있는 활동이 준비돼 있다.

템플릿 자동화

4장에서 나는 작가 지망생으로부터 출간 제안서를 검토해 달라는 요청을 받았을 때 사용하는 이메일 템플릿을 소개했다. 그러한 것이 바로 템플릿 자동화로, 나는 30년 넘게 템플릿 자동화를 꾸준히 활용해 왔다. 나는 출간 제안서 검토와 비슷한 요청을 말 그대로 하루도 빠짐없이 받는다. 모든 사람에게 그 사람만을 위한 답장을 써야 한다면, 나에게는 다른 일을 할 시간이 전혀 남아 있지 않을 것이다. 물론 이 요청들을 처리하기 위해 비서를 고용하는 방법도 있지만, 굳이 그렇게까지 할 필요는 없다. 대신 나는 각 종류의 요청에 맞는 완벽한 답장을 만들었고, 그 답장을 몇 번이고 계속해서 사용하고 있다. 앞서 말한 것처럼, 자동화란 문제를 한 번 해결한 다음, 그 해결책이 자동으로 작동하게 하는 것이다. 템플릿을 사용하면 클릭 몇 번으로 해결책이 작동된다.

템플릿 자동화를 자신의 삶에 포함시키기 위해서는 우선 템플릿 사고방식을 받아들여야 한다. 어떤 프로젝트를 수행할 때마다 스스로에게 물어보는 것이다. '이 프로젝트에 내가 다시 사용할 만한 요소가 있나?' 한두 번에 그치지 않고 계속해서 사용하게 될 것 같은 부분이 있다면 템플릿 제작을 고려해 본다. 비록 초기에 추가적인 노력을 들여야 하지만, 전체적으로 볼 때 템플릿으로 엄청난 시간을 절약할 수 있다.

내가 평소 업무에서 가장 즐겨 사용하는 템플릿은 이메일 템플릿이다. 나는 여러분에게 소개한 것 외에도 많은 이메일 템플릿을 가지고 있다. 개인적으로 바로 사용할 수 있도록 내 컴퓨터에 저장돼 있는 이메일 템플릿만 무려 39개나 된다. 템플릿 사고방식을 받아들인 팀원들 덕분에 팀에 구축돼 있는 이메일 템플릿 수는 훨씬 더 많다. 다 합치면 정기적으로 사용하는 이메일 템플릿이 100가지도 넘는다. 만일 여러분이 나나 우리 팀원에게 이메일을 보낸다면, 템플릿에 기반한 이메일 답장을 받을 확률이 높다. 물론 그렇다고 해서 차갑고 인간미 없는 이메일은 아니다. 형식적인 이메일로 비치는 것은 정말 원치 않는 바다. 각 이메일 템플릿은 우리 팀에 언제든 들어올 가능성이 높은 요청과 질의에 대한 사려 깊고 개인적인 대답이다. 사려 깊은 것은 처음에 상당히 많은 시간 공들여 작성한 답변이기 때문이고, 개인적인 것은 각 수신인이 자신만을 위해 작성된 이메일인 것처럼 느낄 수 있게 적절한 형태로 만들었기 때문이다.

이메일 템플릿의 개념에 대한 설명은 이것으로 마치고, 이제 실제로 어떻게 활용되는지 알아보도록 하자. 첫 번째 단계는 당연히 이메일 초안을 작성하는 것이다. 자신이 흔히 보내는 내용의 이메일이라면, 이메일 발신함에 이미 몇 가지 버전이 저장돼 있을 것이다. 예전에 보낸 이메일들을 훑어보고 템플릿으로 만들기에 적절한 것을 하나 고른다. 그런 다음 특정 개인에게 답장을 보낸다고 가정하며 그 이메일을 새롭게 작성한다. 그리고 상대방에게 도움을 주고 적절히 대응할 수 있는 갖은 방도를 검토한다. 내가 검토를 요청한 작가들에게 보내는 이메일 템플릿에 내가 쓴 블로그 포스트와 운영하고 있는 온라인 트레이닝 코스의 링크를 포함했듯이 말이다. 나는 초안을 작성하는 과정에서 내가 쓸 수 있는 모든 경우의 수를 헤아렸다. 그렇다 해도 시간이 지나면 수정하고 향상시킬 필요

5장. 자동화하기

가 있겠지만, 우리의 목표는 오랫동안 깊이 궁리해서 다시 써야 하는 일이 생기지 않을 만큼 완벽한 템플릿을 구축하는 것이다.

아마 다음 단계는 이 이메일 초안을 컴퓨터에 문서로 저장해 놓은 다음, 써야 할 때마다 문서를 열어 복사한 뒤 새로운 이메일에 붙여 넣는 것이라고 짐작할 것이다. 물론 그렇게 해도 되지만, 모든 이메일 클라이언트가 기본적으로 제공하는 훨씬 쉽고 간편한 방법이 있다. 비결은 이메일 서명 기능을 활용하는 것이다. 나는 기본적으로 맥 컴퓨터와 '애플 메일'을 사용한다. 다른 이메일 어플리케이션과 마찬가지로, 애플 메일에 다양한 이메일 서명을 저장해 둘 수 있다. 보통 이 기능을 이메일에 자신의 이름과 연락처 정보를 자동으로 삽입하기 위해 사용하고 있을 것이다. 그러나 지금부터는 이 간단한 기능을 우리의 생산성을 획기적으로 향상시켜 주는 저장소로 이용하도록 하자. 나는 늘 새로운 이메일 템플릿을 작성하고 나면 애플 메일에 새로운 서명으로 저장해 둔다. 그런 다음 써야 할 때, 한두 번의 클릭만으로 이메일 본문을 완성한다.

예를 들어, 애플 메일과 '아웃룩'에 저장해 둔 서명들이 메시지 창 도구상자에 드롭다운 리스트 형식으로 나타난다. 따라서 이메일로 어떠한 요청을 받았을 때 '답장' 버튼을 클릭한 다음, '이메일 서명' 버튼을 클릭해서 리스트 중 적절한 템플릿을 선택하기만 하면 된다. 여기에 상대방의 이름을 써넣으면(보통 써넣는 것이 좋다) 수신인에게 맞춘 이메일이 완성된다. 이게 다다. 원래는 10분 이상 걸리던 일이 1분도 채 되지 않아 끝난다. 몇 초밖에 걸리지 않을 때도 있다. 그야말로 산더미처럼 쌓인 이메일을 재빨리 해치우게 해 주는 강력한 시간 절약 전략이라 할 수 있다.

그런데 템플릿 자동화는 이메일에만 국한되는 것이 아니다. 종이 문서를 우편으로 발송하는 경우에도 템플릿을 활용할 수 있다. 예컨대 직원을 정기적으로 새로 고용하는 상황이라면, 지원서에 대한 수신 및 검토 여부를 알리는 편지의 템플릿을 만들어 두면 편리하다. 나아가 이 편지에 디지털 서명을 삽입하는 것도 가능하다. 그러면 인쇄한 문서에 따로 서명을 하지 않아도 된다. 또 '키노트'나 '파워포인트'를 이용해 프레젠테이션을 하는 경우가 잦다면 레이아웃, 그래픽, 제목 슬라이드 같은 것들이 포함된 기본적인 슬라이드 덱을 템플릿으로 제작해 두는 것이 좋다. 어떤 요소를 템플릿으로 만들든지 간에 템플릿 자동화의 근본 개념은 똑같다. 즉, 이미 있는 것을 다시 만드느라 시간을 낭비하지 마라. 한 번 문제의 해결책을 찾았으면 그 내용을 흘려보내지 말고, 필요할 때마다 클릭 몇 번으로 바로 이용할 수 있는 형태로 만들어 두도록 하자.

자동화란 문제를

한 번 해결한 다음

그 해결책이 자동으로

작동하게 하는 것이다.

과정 자동화

과정 자동화는, 어떤 작업이나 시퀀스를 수행할 수 있도록 따라 하기 쉽게 작성된 지침서를 가리킨다. 언뜻 리추얼과 비슷하게 느껴지지만, 작업 지침서는 일련의 업무에 관해 훨씬 상세하고 구체적으로 쓴 문서다. 리추얼이 루틴에 가까운 한편, 작업 지침서는 자전거를 조립하거나 새로 산 이케아 가구를 조립할 때 참고하는 설명서에 가깝다. 이 설명서들에는 누구든 지시를 충실히 따르기만 하면 목표에 도달할 수 있도록, 과정의 각 단계가 꼼꼼하고 자세하게 기술돼 있다.

앞의 단락을 읽으며 여러분 머릿속에 일련의 수행 과정을 정리해 작업 지침서로 만들면 능률을 확보할 수 있을 것 같은 길고 복잡한 일이 적어도 하나는 떠올랐을 것 같다. 다행히 작업 지침서를 만드는 일은 생각보다 훨씬 쉽다. 그리고 작업 지침서의 유용성은 아무리 강조해도 지나치지 않다. 다음의 다섯 단계를 통해 짜증나고 특색 없는 작업들을 하나의 탁월한 과정으로 간소화해 보자.

1. 발견

먼저 매주 하고 있는 일 중 작업 지침서가 있으면 도움이 될 것 같은 일을 찾는다. 자신의 비즈니스에서 핵심적인 업무는 무엇인가? 반복적으로 해야 하는 일은 무엇인가? 휴가를 떠나느라 자리를 비우려면 다른 사람에게 하나하나 가르쳐줘야 하는 업무는 무엇인가? 내가 사무실에 없는 동안 사람들이 굳이 전화까지 해서 나에게 물어본 일들은 무엇인가? 내가 직접 참여할 수 없었기 때문에 프로젝트 중단으로 이어진 일은 무엇인가? 사무실에서 벌어지는 비즈니스의 흐름을 파악해, 문서화가 되면 불평불만을 싹 없앨 수 있을 것 같은 포인트들을 찾아내라. 이미 몇 가지 떠올랐을 것이다.

우선 단순한 일부터 작업 지침서로 만들어 보자. 처음부터 복잡다단한 일을 선택하면, 이러지도 저러지도 못하다가 포기하게 될 가능성이 높다. 몇 가지 사소한 일을 대상으로 먼저 연습을 한 다음에, 좀 더 복잡한 일에 도전하는 것이 좋다. 간단한 일 한 가지를 골랐다면, 그 일의 시작부터 끝까지 전체 절차를 생각해 본다. 세세한 부분까지 꼼꼼하게 떠올려 보라. 모든 것을 시각화해 보는 것이다. 나는 그 일에 대해 전혀 모르는 사람을 위해 작업 지침서를 만든다고 가정한다. 생전 처음 그 일을 하게 된 사람에게 알려 줘야 한다는 생각으로 접근하면, 그 작업 지침서를 참고할 사람에게 필요한 모든 절차를 빠뜨리지 않고 집어넣을 수 있다.

2. 문서화

과정 자동화를 시도할 업무를 선정한 다음 전체 절차에 대한 파악을 마쳤다면, 이제 본격적으로 작업 지침서를 써야 한다. 업무를 완료하는 데 필요한 모든 단계를 빠짐없이 기술하라. 어느 것 하나 부족함이 있어서도, 무심코 생략해서도 안 된다. 문서화 단계의 목표는 그 업무를 처음 접하는 사람이라도 완벽하게 수행해낼 수 있도록, 정말 사소한 부분까지 몽땅 작성하는 것이다. 과정 자동화를 하려는 업무가 컴퓨터 프로그램이라고 생각하는 것이다. 프로그램은 프로그래머가 명령을 내린 작업만 수행할 따름이다. 그 어떤 공백도 스스로 채워 넣지 못하듯, 내가 작성한 작업 지침서를 보고 일을 하는 사람도 그렇다고 가정하자. 그러니 그 사람이 해당 업무를 끝내는 데 필요한 모든 지침을 빈틈없이 실어야 한다.

작업 지침을 문서화하는 방법에는 여러 가지가 있는데, 자신에게 가장 잘 맞는 방법을 만날 때까지 다양한 포맷과 툴을 시도해보는 것이 좋다. 간단히 워드 프로세서를 이용하거나, 보다 발전된 형태의 노트 어플리케이션인 '노션' 또는 '에버노트'를 이용해 텍스트 기반의 문서를 만들 수 있을 것이다. 누구나 쉽게 따라 할 수 있도록 스크린 숏이나 스크린 캐스트 비디오를 문서에 포함시키는 사람도 많다. 한층 세련된 작업 지침서를 만들고 싶다면 맞춤형 툴을 이용하면 되는데, 요즈음 내가 즐겨 사용하는 것은 '스위트프로세스SweetProcess'다. 소프트웨어 툴이 있으면 생각을 조직화하고 혼자 하던 작업을 모두와 공유하는 데 큰 도움이 되는 것이 사실이다. 하지만 툴을 다루기 어렵다고 해서 과정 자동화를 포기할 이유는 없다. 손으로 쓴 간단한 체크 리스트도 훌륭한 과정 자동화니까 말이다.

3. 최적화

문서화 단계에서 누락하거나 생략한 것이 아무것도 없다면, 지금 여러분 손에 들린 작업 지침서 초안은 꽤 장황할 것이다. 지금부터는 그 문서를 최적화하려고 한다. 문서화 단계에서 쓴 것을 검토하며 다음의 세 가지 질문을 던져 보자.

1. 그중 제거할 수 있는 단계는?
2. 간소화할 수 있는 단계는?
3. 순서를 바꿔야 하는 단계는?

이 질문들을 통해 자신이 쓴 것을 훑어보면서 미세한 부분까지 조정을 거듭한다. 작업 지침서에는 그 지침서를 따라서 일을 완수하는 데 딱 필요한 만큼의 정보만 담겨야 한다. 지침서가 너무 장황해서 몇 단계 건너뛰고 싶게 만들어서는 안 된다. 최적화를 통해 작업 지침서를 간소화하고, 작업이 최대한 효율적으로 진행될 수 있도록 하자.

4. 테스트

최적화 과정까지 마친 작업 지침서를 실제로 테스트해 봐야 한다. 테스트는 대단히 중요한 단계다. 작업 지침서가 잘못된 경우, 대체로 이 단계에서 탄로가 나게 돼 있다. 시간을 들여 충분히 테스트하지 않고 지침이 명확하지 않은 곳을 단순히 자신의 경험에 비춰 메우면, 제대로 된 작업 지침서가 나올 수 없다.

경험상, 이 단계에서는 스스로 자신의 실험 대상이 돼 보는 것이 최고다. 테스트할 때는 오로지 지침서에 쓰여 있는 내용만 실행한다. 그렇게 하면 빠진 것이 무엇인지 찾아낼 수 있다. '절대 자신을 속이면 안 된다.' 쓰여 있지 않은 작업은 하면 안 된다는 말이다. 지침서에 적힌 대로 테스트할 때라야 지침서의 잘못된 지시와 구멍을 파악할 수 있다. 그렇게 발견한 사항은 메모해 뒀다가 작업 지침서를 수정할 때 반영한다. 누가 이용하든지 간에 의도된 작업이 완수될 수 있도록 수정에 수정을 거듭해 완벽하게 작동하는 작업 지침서를 만들어야 할 것이다. 팀원들에게 부탁해 작업 지침서를 테스트해 보는 것도 좋다.

5. 공유

작업 지침서가 제대로 작동하는 것을 확인했다면, 다른 팀원들과 공유할 때다. 회사의 파일 서버나 이메일, 작업 지침서를 제작하는 데 썼던 어플리케이션에 포함된 공유 툴을 이용해 지침서를 팀원들에게 보낸다. 공유의 요점은 언젠가 그 지침서를 필요로 할 가능성이 있는 모든 사람이 그 지침서가 어디에 있는지 인지하도록 하는 것이다. 사람들이 내가 만든 작업 지침서에서 허점을 발견하더라도 당황하지 마라. 오히려 사람들이 지침서를 개선시킬 수 있도록 독려하라. 곧 누구나 손쉽게 따라 할 수 있는, 흠잡을 데 없는 지침서가 여러분의 팀에 자리 잡게 될 것이다. 그리고 나면 마침내 작업 지침서의 힘을 실감할 차례. 신뢰할 수 있는 수준의 위임하기를 어렵지 않게 달성할 수 있다. 그것이 바로 작업 지침서의 진정한 힘이다.

이번 장의 연습 과제에는 '작업 지침서 옵티마이저'라는 워크시트가 포함돼 있다. 지금까지 다룬 다섯 단계를 상기하고 실천하는 데 유용할 것이다. 우선 네 번째와 다섯 번째 자동화 유형을 마저 살펴보도록 하자.

기술 자동화

생산성을 추구하는 사람들은 대부분 기술 자동화부터 시도하는 경향이 있다. 기술이 우리를 산만하게 만든다는 둥 나는 앞서 기술에 대해 좋은 이야기를 별로 하지 않았지만, 현대의 소프트웨어와 하드웨어가 비즈니스 환경에 미친 긍정적 영향은 부인할 수 없다. 나는 애초에 기술을 이용하는 주된 이유가 자동화에 있다고 생각한다. 힘들고 반복적인 업무들을 컴퓨터 프로그램이 대신 처리해 준다면, 그 시간에 다른 문제들을 해결하는 데 집중할 수 있다. 자신에게 맞는 소프트웨어와 하드웨어를 찾았다면, 반복적인 업무들이 후면에서 처리되도록 설정한 뒤 완수되기를 기다리기만 하면 된다는 것이다.

기술에 관한 논의를 시작하기에 앞서 한 가지 경고를 하고 넘어가자면, 절대로 특정 어플리케이션과 결혼하지 마라. 누구나 자신에게 가장 잘 맞는 어플리케이션을 찾고 싶을 것이다. 그러니 언제든 더 나은, 더 효율적인 어플리케이션이 나타나면 그것으로 갈아탈 수도 있다고 염두에 둬야 한다. 즐겨 사용하는 어플리케이션이나 서비스가 갑자기 중단될 수도 있다. 내가 업무에 활용하고 있던 멋진 어플리케이션과 툴이 끝없이 새로 등장하는 어플리케이션과 툴에 밀려 사라진 적이 한두 번이 아니다.

지난 수년에 걸쳐 나는 기술에 의지하는 것은 괜찮지만, 개별 툴에 의지해서는 안 된다는 사실을 깨달았다. 자신이 '어느 툴'을 쓰는지보다 자신에게 필요한 툴이 '어떤 종류의 툴'인지에 주안점을 둬야 한다. 예를 들어, 나는 할 일을 관리해 주는 소프트웨어가 유용하다고 생각해서 언제나 이 종류의 어플리케이션을 쓰고 있는데 그중에서 특별히 사용하는 어플리케이션은 그때그때 다르다. '투두이스트'일 때도 있고, '분더리스트'나 '노즈비', 또는 그 밖에 시도해 본 수많은 할 일 관리 어플리케이션 중 하나일 때도 있다. 기술적 해법에 관한 한 어떤 종류의 기술인지가 가장 중요하므로, 우리의 생산성을 확실히 끌어올려 줄 네 종류의 기본 어플리케이션을 짚고 넘어가도록 하겠다.

이메일 필터링 소프트웨어

이메일을 처음 접했던 순간이 기억나는지? 나는 기억하고 있다. 나이 어린 독자라면 이메일이 없던 시절을 아예 모를 수도 있겠지만, 나는 이메일이 최초로 등장했던 때를 생생하게 떠올릴 수 있다. 초기에 출시된 소비자 친화적 이메일 서비스 중 하나였던 AOL은 트레이드마크인 '유브 갓 메일!'이라는 음성 메시지로도 유명했다. 나는 AOL에 접속할 때 이 음성 메시지가 나오면 기분 좋은 설렘을 느끼곤 했다. 오늘날에는 이메일 수신함을 봐도 다소 심드렁한 쪽에 가깝다. 방치된 수신함은 비대해질 대로 비대해져서 내 며칠, 아니 몇 주라도 꿀꺽 집어삼킬 만큼 쉽사리 만족시키기 어려운 괴물이 되기도 한다. 지금껏 일을 해 오면서 몇 주 만에 700통 이상의 이메일이 쏟아져 들어왔던 적도 있다. 한정된 시간과 에너지, 주의력을 어느 것에 우선적으로 쏟아야 할지 정말이지 곤란했다. 이렇게 쌓인 이메일은 개별적으로 지닌 가치를 떠나, 전체적으로 골칫거리가 될 수밖에 없다.

남 얘기처럼 들리지 않는다면, 즉 바로 지금 자신이 겪고 있는 문제라면 이메일 필터링 소프트웨어를 이용해 볼 것을 권한다. 이메일 필터링 소프트웨어는 스팸 메일을 걸러주는 툴이라는 이미지가 강하지만, 그 외에도 무궁무진한 기능이 있다. 좋은 이메일 필터링 소프트웨어는 내 계정으로 들어오는 모든 이메일을 내가 설정해 둔 기준에 따라 각기 알맞은 폴더로 자동 분류해 준다. 예컨대 광고성 이메일, 뉴스레터, 영수증, 사적 이메일, 업무상 기록물 등으로 나뉘어 각 폴더에 들어가도록 필터를 설정해 둘 수 있다. 이렇게 하면 새로운 이메일을 받은 이메일 더미 속에 파묻히게 두는 대신, 처음부터 체계적으로 관리할 수 있다.

사람들이 가장 많이 사용하는 '지메일'이나 아웃룩, 애플 메일 등의 이메일 서비스에는 필터링 기능이 내재돼 있다. '세인

박스' 같은 이메일 관리 프로그램은 광고성 메일을 놀라운 수
준으로 분류하는 데다 사용하기도 쉽다. 이렇게 이메일 필터
소프트웨어들은 마치 마법처럼 백그라운드에서 끊임없이 이
메일을 자동으로 정리해 준다. 자동화의 최고봉으로, 나는 이
소프트웨어들이 없다면 이메일이 있는 세상을 살아가기가 무
척 곤란할 것 같다.

매크로 프로세서

'매크로 프로세서'라는 용어를 보고 갑작스레 피로감을 느
끼는 사람이 많을 것 같다. 하지만 1분만 계속해서 내 이야기
를 들어주길 바란다. 절대 컴퓨터 프로그래밍 같은 것을 가르
치려 드는 게 아니다. 매크로 프로세서는 여러 개의 작은 작업
을 하나의 시퀀스로 묶어 일괄적으로 처리할 수 있도록 하는
소프트웨어다. 수많은 개별 작업을 하나의 커다란 작업으로
정의해둔 뒤, 단축키나 특정 텍스트 조합, 컴퓨터의 특정 환경,
심지어 사용자의 목소리 등의 유인이 발생하면 처리되도록 하
는 것이다.

나는 업무상 일상적으로 매크로를 사용하며, 키보드 단축
키를 통해 이뤄지도록 설정해 두었다. 복사할 때 쓰는 cmd+C
또는 ctrl+C, 붙여넣기 할 때 쓰는 cmd+V나 ctrl+V 같은 기본
적인 단축키는 아마 익숙할 것이다. 일단 이런 단축키들에 익

숙해지고 나면 마우스를 이용해서 잘라내고, 복사하고, 붙여넣고, 이탤릭체로 바꾸거나 밑줄을 긋는 일은 거의 없다. 키보드에 손가락을 올려놓은 채 이 작업들을 처리하는 편이 훨씬 수월하기 때문이다. 이러한 까닭에 나는 매크로 키보드 명령을 업무에 활용하는 것을 아주 좋아한다. 나는 '키보드 마에스트로'라는 프로그램을 사용하는데(키보드 마에스트로는 맥 기반의 프로그램으로, 윈도우에서도 얼마든지 비슷한 프로그램을 찾을 수 있다), 저장해 둔 단축키 몇 가지로 키보드나 마우스를 이용해 반복 처리해야 하는 업무는 거의 모두 처리하는 것 같다. 이메일 어플리케이션을 쓸 때 마우스나 터치 패드로 손을 옮겨 아이콘을 찾아 클릭해서 열 필요 없이, 단축키를 누르면 바로 열린다. 평상시 자주 사용하는 어플리케이션은 전부 이렇게 단축키를 설정해 두었다.

어플리케이션을 여는 것은 키보드 단축키를 이용해서 할 수 있는 일의 극히 일부에 불과하다. 키보드 단축키는 훨씬 복잡하며 업무와 직접 관련된 작업을 실행시키는 데도 용이한데, 특히 나는 내가 글을 쓰는 데 없어서는 안 되는 다양한 단축키를 갖고 있다. 예를 들어, 어떤 텍스트를 블록으로 지정한 후 특정 키보드 단축키를 누르면, 텍스트를 전부 대문자, 소문자, 또는 타이틀 케이스로 변환시킬 수 있다. 이 말에 시큰둥한 사람도 많겠지만, 나에게는 필수적인 기능이다. 기억하라. 업무를 자동화하는 첫 단계는 자기 자신에게 어떤 자동화가 필요한지 '발견'하는 것이다. 어느 날 나는 내가 텍스트별로 다른 포맷을 적용하느라 긴 시간 마우스를 조작하고 있다는 사실을 깨달았고, 약간의 시간을 투자해 매크로 명령을 구축하기로 했다. 그 결과 지금은 단축키로 한꺼번에 처리하는데, 심지어 생각할 것 없이 손이 저절로 움직이는 수준이 됐다. 일단 매크로를 설정한 뒤 익숙해지고 나면 업무량이 대폭 줄어든다.

단축키 지원 소프트웨어

키보드 단축키의 또 다른 형태라고 보면 이해하기 쉽다. 단축키 지원 소프트웨어는 다른 프로그램들과 연동되면서 미리 지정해 둔 짧은 텍스트를 입력하면 더 길고 복잡한 텍스트로 변환시켜 주는 프로그램이다. 예를 들어, 내 컴퓨터에서 문서, 이메일, 그 밖의 텍스트 필드에서 ';f2'라고 입력하면, 즉시 'Free to Focus™'(™심볼 포함)이 나타난다. ';mhco'를 입력하면 'Michael Hyatt and Company'가 나타나고, ';biz'를 입력하면 전화번호, ';dlong'을 입력하면 긴 형식의 오늘 날짜가 나타난다. 모두 내가 하루에도 몇 번씩 써야 하는 상용구들로, 이 단축키들 덕분에 매일같이 여기저기서 1초씩 절약되는 셈이다. 합치면 결코 적은 시간이 아니다.

나는 소셜 미디어에서 자주 쓰는 답장이나 슬랙에서 팀원들에게 날마다 보내야 하는 공지 사항 등, 훨씬 길고 복잡한 텍스트를 호출하는 데도 단축키 지원 프로그램을 이용한다. 이를 통해 이메일 템플릿과 마찬가지로 순식간에 개인적 메시지를 보낼 수 있다. 이런 사정이라, 다른 사람의 컴퓨터로 업무를 해야 할 때는 놀라우리만치 힘이 든다. 지금 내가 쓰고 있는 단축키 지원 어플리케이션은 '텍스트익스펜더'로, 맥과 윈도우에서 지원된다. 이와 비슷한 다른 어플리케이션도 많이 출시돼 있으니, 자신에게 맞는 것을 선택하면 될 것이다.

스크린캐스트 유틸리티

스크린캐스트 유틸리티란 컴퓨터나 태블릿PC 화면에 출력되고 있는 내용을 편집하거나 다른 사람과 공유할 수 있도록 비디오 파일로 저장해 주는 프로그램이다. 나에게 스크린캐스트 유틸리티는 각종 콘텐츠를 제작하고 처리하는 데 반드시 필요한 요소다. 실제로 내가 운영하는 온라인 트레이닝 코스에는 모두 어느 정도 스크린캐스팅 기술이 들어 있다. 사실 대다수 컴퓨터와 모바일 운영 체제에 일정 수준의 스크린 리코딩 기능이 내재돼 있긴 한데, '스크린플로우'나 '캠타시아' 같은 전문가용 어플리케이션을 설치하면 새로운 차원이 열린다. 리코딩을 자유자재로 할 수 있으며, 리코딩한 창작물을 편집하는 것도 굉장히 편리하다. 이와 같은 고급 어플리케이션을 이용하면 카메라가 찍고 있는 자신의 얼굴과 기기 스크린에 출력되고 있는 화면 및 오디오를 동시에 송출할 수도 있는데, 그러면 시청자들은 화면의 튜토리얼을 보면서 나의 강의를 듣게된다. 그 결과 온라인 비디오와 웨비나(웹+세미나)에 나만의 특성을 제법 가미할 수 있고, 내 업무 흐름을 고스란히 공개할 수도 있다.

쉬운 방법을 찾아라

이번 장에서는 가장 보편적이라고 할 수 있는 네 가지 자동화 형태를 살펴봄으로써 여러분을 자동화의 세계로 이끌고자 했다. 첫 번째로, 일과를 검토한 뒤 자신이 이미 매일같이 하고 있는 일들(혹은 하고 싶은 일들)을 중심으로 리추얼을 개발하는 방법을 소개했다. 두 번째로 다룬 것은 템플릿 자동화로, 나는 여러분에게 항상 '이 프로젝트에서 내가 다시 사용할 만한 요소가 있나?'라고 생각해 보라고 주문했다. 이 질문은 우리가 자동화하기에 알맞은 반복적 업무를 식별해 낼 수 있도록 도와준다. 세 번째로, 문서화한 업무 지침서를 중심으로 실시되는 과정 자동화를 다뤘다. 그리고 마지막으로 네 종류의 소프트웨어를 소개하며 기술 자동화에 관해 살폈다. 이 과정을 통해 자신의 비즈니스와 삶에서 어떤 부분을 자동화할 수 있는지, 자동화를 하면 어떤 이득이 따르는지 체감할 수 있었기를 바란다.

'더 쉬운 방법이 있을 텐데.'라는 생각이 든다면, 분명히 있을 것이라고 믿고 찾아 나서야 한다. 자신이 정기적으로 하는 모든 일에 이 질문을 적용해 보라. 자잘한 일에 빼앗겼던 시간, 노력, 에너지 등의 자원을 얼마나 많이 되찾을 수 있는지, 그리고 얼마나 많은 수고를 덜 수 있는지 놀라게 될 것이다. 삶에 자동화를 도입하면 많은 일이 손쉬워질 뿐 아니라 창조력이 샘솟으며, 고레버리지 활동에 집중할 수 있고, 매일같이 전반적으로 한층 생산적인 하루를 영위할 수 있다. 자동화는 내가 이 책에서 소개하는 생산성 도구 중에서도 가장 유용한 도구에 해당한다. 그러니 여러분도 자신의 생산성 도구로 채택하기를 바란다.

이어서 나오는 연습 과제를 해결하고 나면 다음 장으로 넘어갈 준비를 마치게 된다. 6장에서는 '위임하기'의 힘을 이해하고, '제거하기'와 '자동화하기'를 통해 미처 할 일 목록에서 없애지 못한 업무들을 처리하는 방법을 배울 것이다. 주변에 마땅히 위임할 사람이 없다고 '생각'되는 경우라도 위임하기의 강력한 힘을 보게 될 것이다. 혼자 일하는 개인 사업자라도 즉각 실천에 옮길 수 있는 위임하기의 비결과 전략이 나오니, 지나치지 않기를 바란다.

자동화는 생산성의 강력한 무기다. 그런데 자동화는 저절로 달성할 수 있는 것이 아니다. 자신이 원하는 시스템을 공들여 설계하고 실행에 옮길 때라야 자동화에 따른 시간 절약의 혜택을 누릴 수 있다. 이에 도움이 되는 두 가지 연습 과제에 도전해 보자.

첫째, 자신만의 '네 가지 기본 리추얼'을 개발해 보자. 리추얼에 어떤 활동을 포함시키고 싶은지, 각 활동에 어느 정도의 시간을 들이고 싶은지 가시화하는 것이다. 그런 다음 네 가지 리추얼에 소요되는 총 시간을 계산해 보라. 어떤 세부 활동을 할지는 오로지 여러분에게 달려 있으니, 곰곰이 생각해 보고 신중하게 선택하기를 바란다. 자신의 자유 시간을 이런 식으로 체계화하는 것이 처음에는 어색할 수도 있다. 그러나 한 달만 시도해보면, 인생의 변화를 느낄 수 있을 것이다.

이제 다시 '할 일 필터 워크시트'를 꺼낸다. 제거하고 싶은 항목에 이미 표시가 돼 있을 것이다. 그중 자동화할 수 있는 일들을 살핀 뒤, 한 가지를 오늘 당장 자동화하도록 한다. 자기 자동화, 템플릿 자동화, 과정 자동화, 기술 자동화, 무엇이든 좋다. 과정 자동화를 하기로 했다면, 여기에 한 가지 보너스 툴이 더 있다.

'작업 지침서 옵티마이저'에 기대하는 결과를 얻는 데 필요한 작업을 모두 기록한 다음, 각각 분리해서 순서에 따라 단계별로 번호를 매긴다. (음식을 만드는 데 필요한 재료와 레시피라고 생각해 보자.) 초안을 완성했다면 테스트한 뒤, 수정 과정을 거친다. 이 작업 지침서를 참고해 자신의 작업 흐름을 새롭게 가다듬을 수도 있고, 팀원과 공유해 해당 작업을 어떻게 처리해야 하는지 충분히 전달함으로써 '위임하기'를 달성할 수도 있다.

* FreeToFocus.com/tools에서 원문을 다운로드받을 수 있다.

* http://bit.ly/데일리리추얼에서 한글 템플릿을 다운로드받을 수 있다.

아침 리추얼과 저녁 리추얼 워크시트

아침 리추얼	하고 싶은 활동과 소요 시간을 적는다.		가능한 활동 목록
	활동	시간	
1			
2			
3			
4			
5			
6			
7			
8			
9			
10			
	총 시간		

저녁 리추얼	하고 싶은 활동과 소요 시간을 적는다.		가능한 활동 목록
	활동	시간	
1			
2			
3			
4			
5			
6			
7			
8			
9			
10			
	총 시간		

근무일 리추얼 워크시트

업무 시작 리추얼 하고 싶은 활동과 소요 시간을 적는다.

	활동	시간
1		
2		
3		
4		
5		
6		
7		
8		
9		
10		
	총 시간	

시작

가능한 활동 목록

업무 종료 리추얼 하고 싶은 활동과 소요 시간을 적는다.

	활동	시간
1		
2		
3		
4		
5		
6		
7		
8		
9		
10		
	총 시간	

종료

가능한 활동 목록

작업 지침서 옵티마이저

프로젝트명 _____

필요한 작업들

프로젝트를 완수하는 데 필요한 작업들을 떠올려본다. 어느 것 하나 빠뜨리지 않도록 주의하자.

_____   _____
_____   _____
_____   _____
_____   _____
_____   _____
_____   _____
_____   _____
_____   _____
_____   _____
_____   _____
_____   _____
_____   _____

최적화하기

☐ 제거할 수 있는 작업에는 취소선을 긋는다.
☐ 간소화할 수 있는 작업이 있는지 살펴본다.

작업 순서

이제 최적화된 작업 흐름을 순서대로 쓴다. 각 작업의 담당자도 명시한다.

#	작업	담당자	내용
1			
2			
3			
4			
5			
6			
7			
8			
9			
10			
11			
12			
13			
14			
15			
16			
17			
18			
19			
20			

6장.

위임하기

**나 또는 더 나은
나를 복제하라**

DELEGATE: Clone Yourself—or Better

나는 다른 사람들도 할 수 있으며
기꺼이 하려 드는 일보다는 꼭 필요한 일임에도
다른 사람들은 할 수 없거나 하려 들지 않는 일을 했다.

– 도슨 트로트맨Dawson Trotman

우리는 행복은 돈으로 살 수 없는 것이라고 생각한다. 하지만 너무 성급한 결론일지도 모르겠다. 전문가들은 시간에 비해 할 일이 너무 많다고 느끼는 감정에 대해 '시간 기근'이라는 표현을 쓴다. 우리가 거울 나라에서 낑낑대는 동안, 시간은 그대로인데 할 일 목록은 늘어만 가니 도저히 따라잡을 방법이 없는 것이다. 앞서 살펴봤듯 무한 경쟁에 내몰린 삶은 우리가 생산성을 도모하고 행복한 삶을 영위하는 데 직격탄을 날린다.

애슐리 윌랜스Ashley Whillans 교수가 이끈 하버드 경영대학원 팀이 이 문제를 연구한 바 있다. 윌랜스 팀은 경제 선진국 출신 대상자 6,000여 명을 조사한 끝에, 현대인의 시간 기근 문제를 극복하고 인생에 만족감과 행복도를 높일 수 있는 쉽고 단순한 비법이 있다는 사실을 발견했다. 바로 시간을 사는 것이다. 어떻게 그게 가능할까?

우리는 이미 할 일 목록에서 최대한 많은 것을 제거하거나 자동화했다. 그 결과 여러분이 처리해야 하는 중요 업무는 전보다 훨씬 적은 상태일 것이다. 그런데 이런 의문이 든다. '그 일을 꼭 내가 해야 할까?' 이에 대한 답은 '아니오'인 경우가 많다. 우리는 행복을 살 수는 없지만, 자신이 하기 싫고 스트레스만 받는 일을 다른 사람에게 넘김으로써 시간을 되찾을 수는 있다. 그리고 시간을 되찾는 것은 행복을 사는 것과 다를 바 없는 일이다. 위임을 하면 스트레스를 받거나 내키지 않는 일이 줄어드는 데다, 자신의 스케줄에 대한 통제력이 회복되기 때문에 삶의 행복도가 올라간다. "돈을 써서 시간을 사는 것은 삶에 대한 더 큰 만족으로 이어진다. 시간에 쫓기는 상황이 개개인의 삶에 미치게 마련인 파괴적인 영향이 훨씬 줄어들기 때문이다." 이는 윌랜스 팀의 결론이다.[1]

잠깐, 잠깐…

'위임하기'란 본질적으로, 내가 아니면 할 수 없는 일에만 온전히 집중할 수 있도록 그 밖의 모든 일을 나보다 열정적이거나 능숙한 사람에게 넘기는 것을 뜻한다. 자, 가슴에 손을 얹고 생각해 보자. 성공 가도를 달리는 사람들은 위임하기를 어려워하는 경우가 적지 않다. 모든 일을 도맡으면서 어느 정도 성과도 내고 있는 저주받은 상황이라면 특히 더 그럴 것이다. '저주'

STEP 2. 잘라내라

라고 표현한 건 칭찬할 만한 상황이 아니기 때문이다. 지원자가 어느 정도만 성과를 낼 수 있는 사람이란 걸 알면서도 채용할 사람이 있겠는가. 그런데도 열정과 능숙도가 부족한 업무를 계속하겠다면? 축하한다. 사상 최악의 인사 부장상은 따 놓은 당상일지도 모르겠다.

사실 우리는 잘 안다. 위임을 하는 것이 전략적으로 현명하며 조직 차원에서도 건강한 일이라는 것을 말이다. 문제는 우리 대부분이 위임을 자신이 처한 여건에서는 적용할 수 없는 이상적 상황으로만 여긴다는 데 있다. 우리는 이렇게 말한다. "일이 너무 많아요. 다른 사람한테 맡기려니 믿을 수가 있어야죠. 직접 하는 수밖에." 나도 수없이 했던 말이다. 그런데 정확히 똑같이 말하는 내 의뢰인들에게도 늘 하는 얘기지만, 이건 착각이다. 결과에 대한 최종 책임은 내가 지더라도 우리는 일을 실행하는 단계에서 얼마든지 다른 사람의 도움을 받을 수 있다. "직접 하는 편이 더 빠른걸요." 하고 말하기도 하는데, 다시 한 번 말하지만 이 역시 착각이다. 위임받은 사람이 따라잡을 수 있을 때까지 업무 진행 속도가 늦어지는 건 사실이지만, 장기적으로 볼 때 다른 사람을 신뢰하고 훈련시키면 우리는 갈망 영역에서 더 많은 시간을 보낼 수 있게 된다. 이것이 바로 윌랜스 교수가 말했듯 시간을 사는 것이다.

또 그럴 만한 여유가 없다는 이유로 위임하기를 거부하기도 한다. 재정 자원이 부족한 탓으로 돌리는 것이다. 그러나 높은 생산성을 이루면 경비보다 더 많은 성취가 따르게 돼 있다. 지금 부족한 자원은 돈보다 창의력이 아닐까? 뜻이 있는 곳에 길이 있듯, 위임을 하는 데는 아르바이트 인력, 가상비서, 온라인 프리랜서 서비스 등 다양한 방법이 있다. 게다가 갈망 영역에서 시간을 보내면 다른 영역에서 시간을 낭비할 때보다 항상 더 큰 수익이 돌아온다. 즉, 위임하는 데 드는 비용을 치르고도 남는다. 우선은 재정 자원을 아끼려는 마음을 내려놓자. '어떻게' 하는지보다는 '무엇'을 하는지에 집중을 해야 할 것이다.

여태까지 들었던 위임을 하지 않는 까닭 중 가장 기막혔던 것은 "해 봤는데 별 소용이 없어서."였다. 모든 사람이 한두 번 해보고 포기했다면, 세상에는 예술도, 음악도, 기술도, 각종 상품이며 의약품도, '아무것도' 없었을 것이다. 예술이 없는 세상을, 음악이 없는 세상을 상상해 보라. 한두 번의 시도와 포기로 점철된 세상이 바로 그런 세상이다. 우리 삶 속의 근사한 것들은 전부 광범위하고 철저한 시행착오 끝에 탄생했다. 한두 번 실패했다고 해서 생산성 솔루션에 도전하는 것을 아예 포기하는 태도는 통제할 수 없는 할 일 목록을 갖고 있는 것보다 훨씬 더 큰 문제다.

오랜 기간 손수 처리해 온 업무를 내려놓기란 분명 쉽지 않다. 그러나 시간을 다시 사고 싶다면, 그것은 불가능한 일이 아

행복을 살 수는 없지만,

시간을 되찾을 수는 있다.

그리고 시간을 되찾는 것은

행복을 사는 것과 다를 바 없다.

사랑은 살 수 없지만, 시간은 살 수 있다. 누구에게나 한 주는 168시간이다. 그런데 위임을 하면 시간을, 특히 갈망 영역 밖의 다른 활동을 하느라 헛되이 썼을지 모르는 시간을 되찾을 수 있다.

니며, 기꺼이 노력할 가치가 있는 일이다. 지금부터 숙련된 위임자가 되는 세 가지 비법을 풀어놓으려 한다. 첫 번째는 '위임의 위계'다. 이를 통해 진정으로 시간과 에너지가 필요한 활동과 그렇지 않은 활동을 명확하게 구분할 수 있게 될 것이다.

부족한 자원은 돈보다 창의력이 아닐까?

위임의 위계

지금부터는 할 일 목록에 남아 있는 활동들을 '자유 나침반'으로 걸러 나만 할 수 있거나 내가 꼭 해야 하는 핵심 활동이 무엇인지 판별할 것이다. 우리가 주로 활동하는 네 영역을 역순으로 검토하며 위임해야 할 활동이 무엇인지, 그중에서도 더 시급하게 위임할 방도를 찾아야 할 활동은 무엇인지 따져보자. 나는 이 활동을 '위임의 위계'라고 부른다. 모두가 가장 싫어하는 영역부터 살펴보면 다음과 같다.

우선순위 1: 고역 영역

고역 영역은 열정도 능숙도도 부족한 활동으로 구성돼 있다는 것을 기억할 것이다. 부디 제거하기와 자동화하기 과정을 거치며 고역 영역 활동 대부분이 사라진 상태이기를 바란다. 그래도 남아 있는 활동이 있다면 전부 위임하기의 유력 후보라고 봐도 무방하다. 가능한 한 빨리 다른 사람에게 넘기는 것이 좋다.

고역 영역 활동을 위임할 방도를 알아볼 때, 자신이 싫어해 마지않는 잡무를 다른 사람에게 떠넘기려 한다는 죄책감에 주저해서는 안 된다. 2장에서 살펴봤듯, 내가 싫어하는 일이어도 '모든 사람'이 싫어하는 것은 아니다. 실제로 누군가의 갈망 영역이 나의 고역 영역 활동들로 꽉꽉 채워져 있을 수도 있다. 집안일을 예로 들어보자. 청소를 하는 것도 세탁물을 개는 것도 나에게는 무척 고역일 수 있지만, 다른 사람에게는 갈망 영역에서도 최우선순위 활동에 속하는 일일 수 있다. 회계, 디자인, 마케팅, 그 밖의 모든 일이 마찬가지다.

6장. 위임하기

1장에서 나의 의뢰인 매트를 소개한 바 있다. 매트는 '이 일을 더 빨리, 더 쉽게, 더 경제적으로 할 수는 없을까?'라는 의문으로 멈춰 섰고, '애초에 이 일을 내가 해야 할까?'라는 데 생각이 미쳤다. 그리고 그 결과 그의 커리어와 개인적 삶이 완전히 바뀌었다. 그런 그에게 한 가지 장애물이 있었다면 고역 영역의 일을 위임하는 것이었다. "음, 그냥 제가 해야겠어요." 그가 말했다. "저도 싫어하는 일을 어떻게 다른 사람에게 떠넘겨요?" 그는 자신이 즐겨 하지 않는 일을 남에게 넘기는 것은 오만하고 무례한 일이라고 여겼다. 어떻게 이 생각이 바뀔 수 있었을까? "나에게 고역이라고 해서 다른 사람에게도 고역은 아니라는 걸 알게 됐어요. 제가 붙들고 있으면 오히려 그 일을 좋아하고 하고 싶어 하는 사람에게 그 일이 돌아갈 기회가 줄어든다는 사실을 깨달은 거죠." 진짜 오만함은 좋아하지 않는 일을 위임하는 것이 아니라, 내가 좋아하는 일은 다른 사람도 좋아하고 내가 싫어하는 일은 다른 사람도 싫어한다고 여기는 것이다.

또 다른 의뢰인 케일럽도 비슷한 점을 깨달았다. "저는 특히 고객 응대와 같은 경영 지원 업무들을 아웃소싱하는 게 어려웠어요. 이 일들을 넘겨주려니 굉장히 우려가 되면서 스트레스를 많이 받았지요." 그러다 코칭 세션의 다른 의뢰인들이 위임에 속속 성공하는 것을 보고 자신도 할 수 있을 거라는 자신감을 얻었다. "저의 열정과 능숙도가 떨어진다는 사실을 명확히 파악하고 나니 경영 지원 직원을 고용하는 것이 더 낫겠다는 확신이 생기더라고요. 제가 아무리 해도 에너지를 얻을 수 없었던 고역 영역의 많은 활동을 이 직원들은 커다란 에너지를 느끼며 수행했고, 저와 비견되지 않는 수준의 성과를 냈지요. 이들에게 일을 위임한 결과, 제가 갈망 영역에 쏟는 시간은 30%에서 70% 가까이 늘어났고요. 고레버리지 활동에 해당하는 주요 비즈니스에만 집중적으로 에너지를 쏟을 수 있게 된 거예요."

자신의 고역 영역 활동을, 그 활동을 좋아하는 사람에게 넘기고 나면, 자신에게 정말로 중요한 일에 집중할 수 있는 시간이 몇 시간이나 확보된다. 또한 하고 싶지 않은 일이 없어지면 갈망 영역 활동에 기울일 수 있는 신선한 에너지도 저절로 생겨난다.

우선순위 2: 무관심 영역

위임할 다음 활동은 여전히 무관심 영역 목록에 남아 있는 모든 활동이다. 어떤 일을 잘한다고 해서 그 일을 직접 해야 하는 것은 아니다. 열정이 없는 일을 계속하면 열정이 있는 일에 쏟아야 할 에너지마저 소진된다.

나는 사업을 하는 데 필요한 기본적인 회계 지식을 갖고 있었고, 몇 년간 스스로 능숙하게 처리했다. 그러나 나는 회계 업무를 좋아하지 않았고, 항상 미뤘다. 그러다 회계 장부 작성에 열정적인 CFO를 고용했고, 나는 갈망 영역 활동을 할 수 있는 새로운 시간을 얻었다. 이것이 바로 우리가 지향해야 하는 방향이다. 아직 제거되거나 자동화되지 않은 활동 중 지루하기만 한 활동이 있다면 위임하도록 하자. 아무리 자신이 그 업무에 뛰어나더라도 말이다. 고역 영역 업무만큼 시급하게 고려해야 하는 것은 아니지만, 위임을 너무 오래 미루지는 말자. 지루함이 쌓이고 쌓여 번아웃으로 이어질지도 모르니 말이다.

우선순위 3: 산만 영역

제거하기와 자동화하기 과정을 거치고도 남아 있는 산만 영역 일들은 다루기가 조금 까다롭다. 자신이 즐기는 일이기 때문에 계속하려고 고집 부리게 되기 쉽지만, 나보다 열 배는 좋은 결과물을 내놓는 숙련된 전문가가 즐비한데 돈과 시간을 낭비하면서 수준 이하의 일을 하는 것이 바람직한 상황은 아닐 것이다.

나는 웹 디자인을 하며 시간을 보내는 것을 좋아한다. 하지만 회사 웹 사이트를 운영할 수 있을 만큼의 실력은 없다. 그저 좋아한다는 이유로 우리 회사의 웹 사이트를 내가 직접 관리한다면 막대한 시간이 낭비되는 것은 물론, 웹 사이트도 툭하면 다운되고 말 것이다. 그러므로 다른 영역을 점검할 때보다 다소 마음이 편치 않더라도 산만 영역의 활동을 면밀히 살펴볼 것을 권한다. '나는 이 일에 얼마나 열정적인가? 일단 발전 영역에 집어넣은 뒤 갈망 영역으로 이동시킬 수 있을 만큼 실력이 느는지 지켜볼 가치가 있나?' 스스로에게 질문하며 각 활동을 신중하게 평가해 보자. 답이 '아니오'라면 과감하게 위임하라.

우선순위 4: 갈망 영역

고역, 무관심, 산만 영역에서 가능한 모든 활동을 제거하고, 자동화하고, 위임하고 나면 세상이 활짝 열린 기분이 들 것이다. 물론 하룻밤 사이에 해낼 수 있는 일은 아니다. 하지만 대부분의 시간을 갈망 영역 활동에 집중시키는 것이 우리의 목표다. 갈망 영역에 있는 일을 위임해야 하는 경우는 딱 한 가지다. 바로 자신이 무리 없이 처리할 수 있는 수준 이상으로 많은 업무가 갈망 영역에 남아 있는 경우다. 놀랍게도 우리는 갈망 영역에만 머무르면서도 과로를 할 수 있다. 사실 성공을 좇는 사람들은 이를 자처하기도 한다. 만약 여러분이 이 지점에 도달했다면 모든 업무를 빈틈없이 조사해 가장 열정적인 일과 가장 능숙한 일을 철저하게 판별해야 한다. 그리고 어렵더라도 정말 좋아하는 일들을 위임하는 어려운 선택을 내려야 한다. 최소한 일부라도 위임할 방법을 찾아 갈망 영역 중에서도 가장 좋아하는 부분, 가장 능숙도가 높은 부분만 남겨 놓는 것이 좋다.

이제 '무엇'을 위임해야 할지 알게 됐을 것이다. 그러나 위임하기를 마스터하려면 아직 멀었다. 지금부터 '어떻게' 위임해야 할지를 살펴보자.

위임의 절차

위임하기는 리더십을 발휘하는 데도, 생산적인 삶을 살아가는 데도 필수적인 요소다. 하지만 많은 리더가 위임에 실패한다. 위임을 어떻게 해야 하는지 잘 안다고 자신하다가도, 막상 프로젝트나 업무를 다른 사람에게 넘겨야 하는 상황을 맞닥뜨리면 자기 생각이 섣불렀다고 인정하곤 하는 것이다. 위임에 실패하면 어쨌거나 계속해 왔던 업무의 성과도 약화될뿐더러, 위임이 필요한 상황이 다시 닥쳤을 때 소극적으로 임하게 된다. 그러면 일이 또 쌓일 테고, 궁극적으로 일의 즐거움도 생산성도 잃을 수밖에 없다. 마지막에는 도저히 완수할 수 없는 할 일 목록을 든 채 자신을 도와줄 수 있는 사람은 아무도 없다는 절망에 휩싸이게 될 것이다. 익숙한 이야기인가?

이와 같은 상황에 빠지면 직원을 탓하고 비난하기 쉽다. 나아가 위임하기가 완전히 불가능한 일이라고 단정 짓기도 한다. 그러나 가혹하게 느껴질지 모르겠지만 모든 책임은 리더에게 있다. 엄밀히 말해 리더가 제대로 위임하는 방법을 몰라서 빚어지는 상황이라고 할 수 있는 것이다. 보통 우리는 다른 사람에게 업무를 넘기고 지시 사항을 알려 주고 나면, 위임에 필요한 일을 다 했다고 생각하고, 이제 그 사람의 노력에 따른 성과를 취하기만 하면 되는 줄 안다. 하지만 그렇지 않다. 위임은 절차에 따라 행해야 하며, 우리의 시간을 투자해야 하는 일이다. 우리의 목표는 아무리 세심한 주의가 요구되는 일일지라도 믿고 맡길 수 있는 열정적이고 능숙한 팀원을 양성하는 것이다. 그리고 이는 상대방이 나를 신뢰하며 기술을 습득할 수 있도록 내가 상대방을 상세히 안내할 때라야 가능하다. 다음의 7단계를 통해 일목요연하게 업무를 위임한다면, 어느새 자신의 리더십을 발휘하고 유능한 직원들로 둘러싸여 있는 자신을 발견하게 될 것이다.

첫째, '무엇을 위임할지 결정한다.' 위임의 위계는 우리에게 어떤 업무들을 위임해야 하는지, 그중에서도 우선적으로 위임해야 하는 업무들은 무엇인지를 알려준다. 즉, 고역 영역에서부터 무관심 영역, 산만 영역으로 차례차례 나아가며 업무를 위임해야 한다. 만일 갈망 영역의 모든 업무를 스스로 완수하기에 시간이 모자라다면, 갈망 영역에서도 업무 몇 가지를 위임해야 한다. 그게 어려울 경우에는 업무의 일부분이라도 다른 사람에게 넘기는 편이 좋다. 당연한 얘기처럼 들리겠지만, 이게 출발점이다. '무엇'을 위임할지 여부를 결정하지 못하면 '어떻게' 위임할지 마스터하는 것은 꿈도 꿀 수 없다.

둘째, '가장 적절한 사람을 선택한다.' 자유 나침반은 개인에게만 쓸모가 있는 것이 아니라 팀을 위해서도 유용하다. 갈망 영역에 있어야 더 큰 성과를 낼 수 있는 사람은 나뿐이 아니다. 누구나 가능한 한 자신의 갈망 영역에 머무르며 일할 수 있어야 한다. 따라서 업무를 위임할 때는 되도록 그 일에 열정과 숙련도를 지닌 사람을 찾아야 한다. 예컨대 소셜 미디어 계정 관리 업무를 위임하려 한다면, 소셜 미디어를 시간낭비라고 생각하거나, 페이스북, 트위터, 인스타그램 계정이 없는 사람을 뽑아서는 안 된다. 소셜 미디어를 활용하는 방법을 모를 테니 제대로 관리하지 못할 가능성이 크다. 위임했다가는 오히려 재앙을 불러들이는 꼴이 될 것이다. 위임하기의 마스터가 되기 위해서는 해당 업무에 적합한 사람을 찾아낼 수 있도록 인내심과 주의력을 길러야 한다. 이 두 가지를 갖추면 위임의 성공률은 크게 올라간다.

셋째, '업무 절차에 관해 전달한다.' 적합한 인물을 찾았다면 이제 해당 업무를 어떻게 하는지 본격적으로 보여줄 차례다. 5장에서 마련한 작업 지침서가 이때 큰 도움이 된다. 작업 지침서를 통해 자신의 업무 흐름을 자동화해 놓은 사람은 위임하기가 굉장히 수월하다. 작업 지침서를 보여주고, 어떻게 활용하는지 가르쳐 준 다음, 시스템을 넘기면 된다. 하지만 작업 지침서가 준비돼 있지 않아도 괜찮다. 문서화하기 어려운 업무도 있는 법이다. 그런가 하면, 나의 전문 영역이 아니어서 내가 모든 단계를 속속들이 파악해 문서화하기에는 무리가 따르는 업무도 있다. 이런 경우에는 필요한 작업과 원하는 결과를 말로 설명하면 된다. 상대방과 업무의 특성에 따라서는, 상대방이 스스로 해내거나 나아가 해당 업무의 절차를 나대신 문서화해 줄 수도 있다. 어쨌든 상대방이 제대로 파악할 때까지 한두 번 직접 보여주며 자세히 설명은 해 주어야 한다. 둘 중 어느 상황이든 자신이 위임을 통해 얻고자 하는 결과를 분명히 전달한 후에 다음 단계로 넘어가도록 하자.

넷째, '필요한 자원을 제공한다.' 위임받은 사람이 업무를 성공적으로 완수하는 데 필요한 것들을 지원해 주어야 한다. 이에는 열쇠, 파일, 특정 도구와 같은 물리적 자원도 있고, 로그인 정보나 소프트웨어 같은 지적 자원도 있다. 또 팀원들과 관련 부서에 이메일을 보내 자신이 업무를 위임했다는 사실과 새로운 담당자가 누구인지를 알려, 업무가 원활히 이루어질 수 있도록 해야 한다. 다소 성가시더라도 이 세부 사항들을 제대로 처리하지 못하면 위임하려는 시도가 수포로 돌아갈 수 있다. 업무의 전 과정을 철저히 훑으며 상대방에게 필요만 모든 사항을 빠짐없이 전달하도록 해야 한다.

다섯째, '위임 수준을 확실하게 정한다.' 다른 사람에게 업무나 프로젝트를 넘기기에 앞서, 우선 자신이 기대하는 바를 정확히 전달해야 한다. 단순히 단계별 지시 사항을 알리는 것을 넘어, 상대방에게 업무에 대한 권한을 어느 수준까지 부여하려 하는지를 명확히 해야 한다는 말이다. 위임받은 사람이 단순히 조사를 한 뒤 조사 결과를 보고해 주기를 바라나, 아니면 별도의 점검이 필요하지 않을 만큼 프로젝트 전체를 완수해 주기를 바라나? 각 시나리오에는 서로 다른 수준의 위임이 요구된다. 어떤 수준의 권한을 위임하는 것인지 분명히 전달하지 않으면 양측 모두 혼란과 분노에 빠질 수 있다. 양측의 기대가 어긋나면 아무리 위임하기에 숙달된 사람이라도 어려움을 겪을 수 있다. 이 부분에 관해서는 잠시 후 더욱 상세히 살펴볼 것이다.

여섯째, '운신의 여지를 줘라.' 위임받는 당사자가 자신이 무슨 일을 해야 하는지 파악했고, 일하는 데 필요한 자원을 제공받았으며, 자신에게 주어진 권한도 이해했다면, 이제 열쇠를 넘기고 프로젝트 또는 업무를 인계하면 된다. 그런데 이 시점에서 위임에 실패하는 사람이 상당히 많다. 위임을 했으면 상대방이 일을 하게 하고 우리는 물러나야 한다는 것을 머리로는 아는데, 상대방에게 길을 터줘야 한다는 사실을 감정적으로 받아들이지 못하곤 하는 것이다. 이때 조심하지 않으면, 마이크로매니저micromanager로 전락할 수도 있다. 나도 모든 일에 사사건건 간섭하려 드는 상사가 있었던 적이 있다. 내 주변을 떠나지 않으며 나의 모든 행동에 의문을 표시하고, 내가 내린 모든 결정에 이러쿵저러쿵 했다. 누구도 이러한 여건에서 일하게 해서는 안 된다. 유능한 팀원을 선발했고 원만하게 업무를 수행할 수 있도록 적절한 준비를 시켰다면, 이제 그가 훌륭하게 해낼 것이다. 그러니 우리는 뒤로 물러서서 그가 스스로 하도록 내버려 둬야 한다.

일곱째, '때때로 점검하고 피드백을 제공하라.' 마이크로매니저가 돼서도 안 되겠지만, 업무를 위임했으니 완전히 나 몰라라 해도 된다고 생각하는 것도 큰 오산이다. 위임은 업무에서 사퇴하는 것이 아니다. 다른 사람에게 업무를 위임했더라도 업무의 결과는 여전히 내 책임이다. 기대한 대로 업무가 진척되기를 바란다면 주기적으로 점검을 해야 한다. 그러나 다시 한 번 강조하지만, 이를 빌미로 마이크로매니저가 돼서는 절대 안 된다. 팀원들이 내가 위임한 업무를 하는 데 따른 자존감을 느낄 수 있도록 노력하라. 그들이 일을 능숙하게 통제하고 있다는 확신이 들 때까지만 그들이 일하는 모습을 지켜보면 된다.

7단계의 절차를 통해 업무를 위임했다면 팀원들로부터 우수하고 믿을 수 있는 업무 성과가 나올 것으로 기대해도 좋다. 팀원들이 성장하면 내가 갖고 있던 더 많은 권한을 팀원들에게 위임할 수 있고, 그러면 나의 에너지와 생산성은 폭발적으로 증가할 것이다.

위임의 다섯 레벨

앞서 다룬 위임의 절차 중 하나는 위임 수준을 확실하게 정하는 것이었다. 이 내용을 처음 접하는 사람이 상당수일 것이므로, 조금 더 자세히 설명하자면 다음과 같다. 예를 들어보자. 나는 최근에 꽤 젊은 리더 한 사람을 멘토링해 주었는데, 그를 지금부터 톰이라고 부르겠다. 톰은 특별 행사를 기획하고 있었는데, 팀원 한 명이 자신이 권한을 넘기지 않은 프로젝트를 완수해 오는 바람에 당혹스러웠다고 한다. 톰의 토로를 듣는 내내 그의 기분이 전해졌다. 톰은 그 팀원이 자신에게 주어진 것 이상의 주도권을 행사하며 선을 넘었다고 느끼고 있었다. 자세한 상황 설명을 들은 나는 마침내 이렇게 말했다. "이건 그 팀원의 잘못이 아니에요. 당신이 업무를 위임할 때 자신의 요구를 분명히 전달하지 않았기 때문에 벌어진 일이죠."

톰은 깜짝 놀랐다. 톰은 자신과 팀원 간의 의사소통에는 전혀 문제가 없었다고 생각하고 있었다. 그러나 내가 지금 여러분에게 소개하려는 내용을 그에게 찬찬히 이야기하자, 그는 자신이 얼마나 모호하고 혼란스러운 상황을 일으켰는지를 깨달았다. 위임을 할 때는 얻고자 하는 최종 결과물만 강조해서는 곤란하다. 상대방에게 어느 정도의 권한과 자율성을 위임하는지에 관해서도 명시해야 한다. 그러지 않으면 일을 너무 적게 하는 저성과자와 일을 너무 많이 하는 고성과자 때문에 당황하게 될 것이다. 이들이 자신에게 정확히 얼마만큼의 권한이 위임되는지를 제대로 인지하게 하는 것은 나의 일이다. 위임 수준은 크게 다섯 레벨로 나눌 수 있다.[2]

1레벨 위임

담당자가 더도 말고 덜도 말고 딱 내가 요구하는 만큼 업무를 완수해 주기를 바라는 것이 1레벨 위임이다. 이 경우 우리는 "지금부터 말씀드리는 일을 맡아 주세요. 지시 사항에서 벗어나서는 안 돼요. 다른 선택지들도 모두 검토한 후이니, 그대로 해 주기만 하면 됩니다." 같은 말을 하게 된다. 이때 표현 하나하나가 중요하므로, 각 구절을 나눠서 살펴보자.

- '지금부터 말씀드리는 일을 맡아 주세요.' : 상대방이 해 주길 바라는 일이 무엇인지를 똑바로 말한다. 내 마음을 읽을 수 있는 사람은 아무도 없으니, 모호한 부분이 남지 않도록 분명히 전달해야 한다.
- '지시 사항에서 벗어나서는 안 돼요.' : 확실한 경계를 긋고 나의 기대치를 명시한다.
- '다른 선택지들도 모두 검토한 후이니, 그대로 해 주기만 하면 됩니다.' : 1레벨 위임을 선택한 배경과 까닭을 설명한다.

1레벨 위임은 신입 직원, 막 업무에 투입된 직원, 계약직 직원, 가상비서 등에게 일을 맡길 때 유용하며, 필요한 일이 내 머릿속에 전부 그려져 있는 상태에서 다른 사람이 실행에 옮겨주기만 하면 될 때 적합하다.

2레벨 위임

2레벨 위임은 담당자가 해당 사안을 검토 및 조사한 뒤 그 결과를 나에게 보고하도록 하고 싶을 때 하는 것이다. 이게 다다. 2레벨 위임을 받은 사람은 조사만 해야지 나를 대신해 그 어떤 행동도 해서는 안 된다. 앞서 살펴본 예에서 톰이 위임에 실패한 까닭이 바로 여기에 있다. 톰은 자신이 팀원에게 조사를 하도록 지시했다고 생각했는데, 그 팀원이 행동에까지 나선 바람에 언짢았던 것이다. 다음과 같이 말했다면 톰은 이러한 상황을 피할 수 있었다. "지금부터 말씀드리는 일을 맡아 주세요. 이 사안을 조사한 다음, 조사 결과를 저에게 보고해 주세요. 보고 내용을 토대로 논의를 하도록 하죠. 어떤 조치를 취할지는 제가 결정한 뒤, 맡길 일이 있으면 다시 말씀드리도록 하겠습니다." 이번에도 각 구절을 자세히 들여다보자.

- '지금부터 말씀드리는 일을 맡아 주세요.' : 여지가 없게 말하라. 담당자가 자신의 할 일을 제대로 이해하도록 하는 것은 나의 몫이다.

- '이 사안을 조사한 다음, 조사 결과를 저에게 보고해 주세요.' : 이때, 조사의 뜻이 무엇인지도 분명히 전달해야 한다. 단순히 인터넷 검색을 해 오기를 바라는가? 아니면 온라인 설문 조사를 하고, 고객들에게 전화를 돌리고, 관련 업체들로부터 견적까지 취합해 오기를 바라는가? 내가 원하는 조사의 범위를 명확하게 알려 주어야 한다. 명확성이 핵심이라고 할 수 있다.

- '보고 내용을 토대로 논의를 하도록 하죠. 어떤 조치를 취할지는 제가 결정한 뒤, 맡길 일이 있으면 다시 말씀드리도록 하겠습니다.' : 여기에는 두 가지 중대한 사항이 포함돼 있다. 첫째, 조사 결과가 나오면 담당자는 나와 함께 논의를 해

야 한다. 둘째, 결정권자는 나다. 담당자에게는 결정을 내리거나 조치를 취할 권한이 없음을 똑똑히 짚고 넘어가는 것이다.

2레벨 위임은 아직 어떤 결정을 내릴 준비가 되지 않은 상태에서, 나를 대신해 정보를 수집해 줄 사람이 필요할 때 큰 도움이 된다. 조사 결과가 입수되고 나면 빠른 결정을 내릴 수 있을 것이다.

3레벨 위임

3레벨 위임에서부터는 담당자에게 문제 해결 과정에 참여하며 스스로 움직일 여지를 더욱 많이 준다. 그렇지만 최종 결정권자는 여전히 나다. "지금부터 말씀드리는 일을 맡아 주세요. 이 사안을 조사한 뒤, 어떤 선택안들이 있는지 정리한 것과 함께 추천안을 제출해 주세요. 각 안의 장단점을 싣고, 어떤 안을 취하는 것이 좋을지 생각한 바를 알려 주면 됩니다. 합당하다고 판단될 경우, 담당자께서 그 안을 직접 진행할 수 있도록 권한을 위임하도록 하겠습니다." 이번에도 상세히 살펴보도록 하자.

- '지금부터 말씀드리는 일을 맡아 주세요' : 명시적일 것. 여기

에서도 앞에서와 같은 규칙이 적용된다.

- '이 사안을 조사한 뒤, 어떤 선택안들이 있는지 정리한 것과 함께 추천안을 제출해 주세요.' : 2레벨 위임에서와 마찬가지로 담당자가 하길 바라는 조사의 유형과 수준을 명확히 전달해야 한다. 그런데 3레벨에서는 한 단계 더 나아가, 가능한 선택안들을 평가하고, 사실상 한 가지 안을 선택해 달라는 요청이 추가됐다. 담당자에게 결정을 내리도록 하지만, 결정 사항을 실행에 옮길 수 있는 자율성은 주지 않은 상태다.

- '각 안의 장단점을 싣고, 어떤 안을 취하는 것이 좋을지 생각한 바를 알려 주면 됩니다.' : 이렇게 담당자에게 업무 결과를 보여 달라고 말해야 한다. 담당자가 결정에 이르게 된 사고 과정을 먼저 보여줘야 그의 결정에 동의할지 말지 입장을 정하겠다는 것이다. 담당자는 자신이 왜 그 추천안에 이르게 됐는지를 나에게 설명해야 한다.

- '합당하다고 판단될 경우, 담당자께서 그 안을 직접 진행할 수 있도록 권한을 위임하도록 하겠습니다.' : 이때 자신의 추천안이 합당하다고 나를 설득하는 것은 담당자의 과제다. 나를 설득하지 못하면 담당자의 조사 내용과 주장은 모두 잘못된 셈이다. 반면 담당자가 업무를 훌륭하게 완수했다면 추천안을 최종적으로 승인하고, 그가 직접 진행할 수

있도록 권한을 위임하면 된다.

3레벨 위임은 내가 양성하고 있는 미래의 리더에게 업무를 위임할 때 선택할 수 있는 좋은 선택지다. 만일의 위험을 감수할 필요 없이 상대방의 의사 결정 능력을 알아볼 안전한 기회도 된다. 그리고 눈치챘겠지만 3레벨에서부터는 조치에 관한 의사 결정을 담당자에게 위임하기 시작한다. 따라서 나는 한 번의 간단한 회의만으로도 충분한 정보를 바탕으로 복잡한 사안에 관한 결정을 내릴 수 있다. 나 혼자였다면 1주일 내내 걸렸을 일이 한 시간 이내에 마무리되는 것이다.

4레벨 위임

4레벨 위임에서는 담당자가 선택안들을 평가하고, 스스로 결정하고, 결정을 실행한 뒤, 그렇게 했다고 나에게 보고하기만 하면 된다. "지금부터 말씀드리는 일을 맡아 주세요. 내릴 수 있는 최고의 결정을 내리세요. 그리고 실행에 옮기세요. 그런 뒤 제게 알려 주세요." 한마디 더 덧붙이고 싶다면 "진행 상황을 계속해서 보고해 주세요."라고 하면 된다. 이 레벨이 되면 담당자가 이미 나를 복제하는 수준에 상당히 가까워졌기 때문에 위임 과정이 신이 날 것이다. 각 구절을 살펴보자.

- '지금부터 말씀드리는 일을 맡아 주세요.' : 앞선 레벨들과 같다.

- '내릴 수 있는 최고의 결정을 내리세요.' : 담당자에게 결정을 내리라고 뚜렷하게 요청한다. 하지만 담당자는 우선 조사도 해야 한다. 다시 말해, 4레벨 위임에서 담당자는 3레벨 위임에서와 마찬가지로 조사를 수행하지만, 나의 의사 결정을 위해서가 아니라 자기 자신의 의사 결정을 위해서 조사하는 것이다.

- '그리고 실행에 옮기세요.' : 나의 재가를 기다릴 필요 없이 바로 실행에 착수하기를 바란다는 사실을 분명히 전한다. 마침내 운전대에서 손을 떼는 단계가 된 것인데, 담당자가 나를 대신해 행동해도 좋다고 확실히 믿을 수 있을 때만 4단계 위임을 진행해야 할 것이다.

- '그런 뒤 제게 알려 주세요.' : 담당자가 한 결정에 대해 내가 이러쿵저러쿵 옳고 그름을 따지고 들 여지를 남겨 두는 구절이 아님을 분명히 이해하고 넘어가기를 바란다. 결정은 이미 내려졌고, 돌이킬 수 없다. 이 구절의 목적은 원활한 의사소통을 통해 내가 최신 진행 상황에 관한 정보를 얻는 데 있다. 향후 또다시 위임이 필요한 상황을 대비해 담당자의 의사 결정 능력을 파악해 둘 좋은 기회가 되기도 한다.

6장. 위임하기

- '진행 상황을 계속해서 보고해 주세요.' : 이 부분은 선택 사항으로, 많은 내용이 빠르게 진척되는 경우거나 장기 프로젝트일 때 유용하다. 이메일을 통해 매주 보고하거나 기존 회의 안건에 추가하라는 식으로 선호하는 보고 방식을 명시하는 것도 좋다.

4레벨 위임은 신진 리더들을 대상으로 위임을 할 때 적합하다. 그들에게는 자율권과 의사 결정 경험을 제공하면서, 나는 그들의 업무 수행 능력을 가늠할 충분한 기회를 얻게 되기 때문이다. 또한 4레벨 위임은 비즈니스에 필수적이지 않거나 결과에 크게 신경이 쓰이지 않는 업무를 위임하는 데도 적합하다. 예컨대 고객들을 위한 크리스마스 선물을 준비하고 보내는 일은 비서에게 4레벨 위임을 해도 무방할 것이다.

5레벨 위임

5레벨 위임은 결정 권한까지 떠나보내며 사실상 프로젝트 또는 업무의 전 과정을 다른 사람에게 넘기는 것이다. "지금부터 말씀드리는 일을 맡아 주세요. 담당자께서 생각하는 최고의 결정을 내려 주세요. 제게 어떠한 결정을 내렸는지나 일의 경과를 보고할 필요도 없습니다." 드디어 나를 복제하는 단계로, 지금부터 위임하기의 진정한 효과를 톡톡히 보게 될 것이다. 내용을 상세히 알아보자.

- '지금부터 말씀드리는 일을 맡아 주세요.' : 앞선 레벨들과 마찬가지다.
- '담당자께서 생각하는 최고의 결정을 내려 주세요.' : 4레벨 위임에서처럼 담당자에게 사안을 조사해 장단점을 평가한 뒤, 최고의 선택안을 찾아 결정을 내리라고 명시적으로 요청한다.
- '제게 어떠한 결정을 내렸는지나 일의 경과를 보고할 필요도 없습니다.' : 이 부분이 4레벨과 5레벨 위임을 가르는 결정적 차이이다. 이 내용으로 인해 담당자는 나에게 보고해야 하는 의무로부터 면제되고, 나는 이 업무에서 공식적으로 벗어난다.

5레벨 위임은 위임하기의 마법이 벌어지는 곳이다. 내 업무를 위임해도 좋겠다고 온전히 확신할 수 있는 인물이 있을 때, 또는 반드시 처리해야 하지만 결과가 나에게 별로 중요하지 않은 업무가 있는 경우에 5레벨 위임을 하면 된다. 예컨대, 마케팅 책임자에게 신제품 출시를 위한 마케팅 예산을 결정하도록 요청하거나, 시설 관리 담당자에게 회사 휴게실의 가구 교체 건을 맡도록 하면 된다.

위임의 다섯 레벨을 활용하면 개인적 업무 부담을 완화하고 스트레스를 줄일 수 있다. 또 팀원들에게 각 수준에서 위임된 업무를 차례차례 경험하고 기량을 발전시킬 기회도 제공하게 된다. 즉, 모든 사람에게 윈윈이라 할 수 있다. 팀 전체에 위임의 다섯 레벨을 소개하고 앞으로 어떤 식으로 업무를 위임해 나갈 것인지 알림으로써, 위임의 절차가 팀 내에 자리 잡도록 할 것을 권한다. 팀원들에게 위임하기의 전체 틀을 보여주고, 나아가 위임의 각 레벨을 사무실에서 통용되는 용어에 정식으로 포함시키는 방법도 있다. 이러한 노력은 위임 상황이 벌어질 때 누구든 자신의 책무를 제대로 인지할 수 있는, 명료하고 무탈한 환경으로 이어질 것이다.

시간을 되찾아라

마지막으로 한 가지 조언을 덧붙이며 이번 장을 마무리하고자 한다. 앞서 얘기했듯, 사람들은 종종 자신이 직접 처리하는 편이 빠르고 수월하다며 위임을 하지 않는다. 그 생각도 맞다. 위임의 절차와 레벨을 안내하며 다른 사람에게 어떤 일을 가르치는 것보다 내가 그 일을 한 차례 완수하는 것이 훨씬 쉽다. 하지만 문제는 대부분의 업무가 일회성이 아니라는 사실이다.

게다가 빈번히 발생하는 경우가 많아, 더욱 중요한 업무를 해야 하는 리더가 수시로 호출되는 상황이 벌어진다. 처음에 시간이 더 많이 소요되는 것은 사실이지만, 일단 위임을 하고 나면 매번 상당한 시간을 절약할 수 있을 것이다.

게다가 아마 더 나은 성과를 얻을 수도 있다. 비즈니스에 필요한 모든 영역을 스스로 다룰 수 있다고 해서 모든 영역에서 뛰어난 것은 아니다. "재량권을 주고 위임을 하면, 차원이 다른 성과로 돌아오죠." 내 의뢰인 매트의 말이다. "제가 할 때보다 훨씬 잘하니까요. 그러니까 저는 이제 그 일을 안 해도 될 뿐 아니라 더 좋은 성과를 얻어요. 최종적으로는 제 고객들이 더 나은 제품과 서비스를 누릴 수 있게 됐지요."

덕분에 매트의 사업은 나날이 번창하고 있다. 케일럽도 마찬가지다. 자신의 갈망 영역 밖의 업무를 위임하는 데 드는 한계 비용으로 엄청난 순이익을 올린 것이다. "제 갈망 영역은 고객과 고객의 사업에 기하급수적으로 기여할 수 있는 방안에만 초점이 맞춰져 있어요. 얼른 끝내고 할 일 목록에 체크 표시를 할 수 있는 그런 일이 아니에요. 여유를 갖고 창의력을 발휘해야 하는 일들이죠." 케일럽의 말이다. 그는 위임하기를 실천함으로써 기존 고객들에게 더 나은 서비스를 제공하게 되었다. 나아가 심신 회복을 위한 시간을 제대로 확보하면서도 사업 영역까지 확장하고 있는 중이다.

시간은 고정돼 있다. 그러나 우리는 시간을 더 살 수 있다. 위임을 해야 하는 까닭과 그 방법을 이해하기 전에는 최우선 순위 과제와 소중한 인간관계, 핵심 프로젝트 등 정말 중요한 것들에 집중하는 자유를 얻지 못할 것이다.

이 책의 첫 번째 섹션을 통해 우리는 멈춰서 자신의 인생이 어떤 모습을 띠길 바라는지 심사숙고하고 비전을 창조하는 방법을 배웠다. 두 번째 섹션에서는 제거하기, 자동화하기, 위임하기를 통해 갈망 영역 밖의 모든 활동을 잘라내는 방법을 살펴봤다. 이제 이 책의 마지막 섹션인 3단계로 넘어가 지금까지 다룬 것들을 행동에 옮길 때다. 3단계 '행동하라'에는 새로운 생산성 시스템의 스위치를 켜고 따로 주의를 기울이지 않아도 계속 가동되도록 하는 방법이 나온다. 우리는 마침내 적게 일하고 더 많이 성취하게 될 것이다. 드디어 이 책에서 가장 신나는 부분에 이르렀다. 어서 이번 장의 연습 과제를 해치운 뒤 마지막 관문을 향해 달려가도록 하자.

이제 지난 몇 장에 걸쳐 작성해 온 '할 일 필터 워크시트'를 완성할 때다. 아직 하지 않은 사람은 이제야말로 꼭 하기를 바란다. 앞의 과제를 계속해서 이행해왔다면 자신이 매일같이 하는 활동들을 열거하고 분류한 뒤, 제거하거나 자동화할 것들에 표시한 워크시트가 눈앞에 있을 것이다. 자, 위임할 수 있는 활동에는 무엇이 있을까? 남아 있는 업무를 전부 다른 사람에게 맡길 준비가 돼 있지 않아도 괜찮으니, 어떤 식으로 위임을 하면 좋을지 비전을 그리는 것부터 시작해 보자. 위임을 편안한 마음으로 손쉽게 할 수 있는 사람은 별로 없다. 부정적 목소리, 특히 이번 장의 초반에 다뤘던 반대 목소리들에 주의해야 한다.

다음으로 오늘 당장 위임할 프로젝트나 업무를 적어도 한 가지 선택하라. '프로젝트 비전 캐스터'를 작성하는 것에서부터 시작해 보자. 이 워크시트를 통해 프로젝트 또는 업무에 대해 자신이 갖고 있는 비전을 문서화하면 팀원들이 그 일을 보다 명료하게 이해하고 탁월하게 해내는 데 도움이 될 것이다. 프로젝트 비전 캐스터를 기반으로 위임받을 팀원을 대비시키고, 적절한 위임 수준을 선택하고, 실제로 위임을 하면 된다. 긴장이 되더라도 너무 걱정하지 마라. 위임 과정이 나와 팀원 모두에게 좋은 경험이 될 것이라고 생각하면 마음이 한결 가벼워질 것이다.

* FreeToFocus.com/tools에서 원문을 다운로드받을 수 있다.

* http://bit.ly/비전캐스터에서 한글 템플릿을 다운로드받을 수 있다.

프로젝트 비전 캐스터

프로젝트 개요

프로젝트명			프로젝트 비전 리더	

위임 날짜	위임 수준	프로젝트 예산

위임의 5레벨				
1레벨: 지시 사항 그대로 수행	2레벨: 조사 후, 보고서 제출	3레벨: 조사 후, 선택안과 추천안 제출	4레벨: 스스로 결정하고 실행한 뒤 보고	5레벨: 보고할 필요가 없는 완전한 위임

프로젝트 명세

배경

프로젝트의 배경을 기술한다. 이는 비전을 제시하게 된 맥락에 대한 설명도 된다.

내용

프로젝트를 통해 달성하려는 사항을 포함해, 프로젝트 전반을 개략적으로 기술한다.

목적

프로젝트의 중요성을 설명한다. 이 프로젝트를 추진하는 까닭은 무엇인가?

프로젝트 비전

비전의 구체적인 내용

프로젝트의 비전을 항목을 나눠 일목요연하게 기술한다. 프로젝트가 어떤 모습으로 구현되기를 바라나?

프로젝트 결과

성공할 경우

프로젝트가 계획대로 완수됐을 때 기대되는 결과를 기술한다.

실패할 경우

프로젝트가 계획대로 완수되지 못했을 때 예상되는 결과를 기술한다.

Free to Focus

STEP

3

행동하라

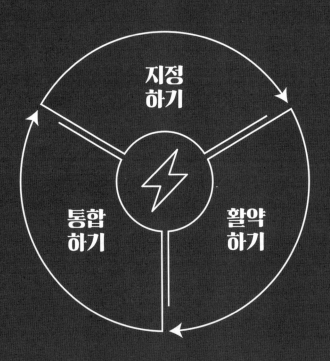

7장.

통합하기

이상적인 1주일을
계획하라

CONSOLIDATE: Plan Your Ideal Week

계획이 있으면 혼란과 변덕에 시달리지 않는다.
계획은 하루가 무의미하게 흘러가지 않도록
붙잡아 주는 그물이다.

– 애니 딜러드Annie Dillard

우리는 주의력을 요하는 일이 계속해서 밀려들 때 두세 가지 일쯤 동시에 처리하는 것은 예사로 생각한다. 그러면서 멀티태스킹을 하는 자신의 능력에 자부심을 느낀다. 문제는 인간의 두뇌가 사실은 멀티태스킹을 할 수 없다는 데 있다. 저널리스트 존 네이시John Naish에 따르면 "두뇌는 엉터리 아마추어 접시돌리기 선수처럼 미친 듯이 이 일 저 일 왔다 갔다 할 뿐이다."[1]

이렇게 왔다 갔다 하는 데는 큰 대가가 따른다. 조지타운 대학의 컴퓨터 공학자 칼 뉴포트Cal Newport는 우리가 업무 사이를 오갈 때를 두고 "주의력은 곧바로 따라가지 못한다. 주의력 일부는 하고 있던 일에 잔류하게 된다."라고 했다.[2] 주의력이란 매끄럽게 전환되는 것이 아니다. '주의 잔류물attention residue'이 우리가 정신적 기어를 변환하려 할 때마다 훼방을 놓는다. 캘리포니아 대학 어바인 캠퍼스의 한 연구팀은 직장인들이 이메일이나 전화 등으로 방해받은 직후 업무로 복귀하기까지 평균

25분가량이 소요된다는 조사 결과를 내놨다.[3] 주의력을 전환할 때는 집중이 깨지기 때문에 두뇌의 정보 처리 능력도 둔화된다. 한 가지 작업에 집중할 때는 그 작업을 완수하는 데 무엇이 필요한지를 가려낼 수 있다. 그러나 멀티태스킹을 하면 무엇이 적절하고 적절하지 않은지를 판단하는 능력이 저하된다. 이에 따라 쓸모없는 정보를 처리하는 데 시간이 낭비되고, 결국 일은 일대로 쉴 새 없이 하는데도 업무 성과는 떨어지는 악순환에 빠지게 된다.

누구나 나름대로 대응 전략을 세운다. 그러나 목표한 업무와 무관하게 온종일 외부의 방해 때문에 할 수밖에 없었던 활동과 주의 잔류물을 곱하면 우리가 치러야 하는 대가는 그 이상이다. 뭘 했는지도 모르게 하루가 정신없이 지나가 버렸다고 느낀 적이 있는가? 이게 바로 그 이유다. 끊임없이 바쁘게 보내지만 정작 가장 중요한 일들은 제대로 돌보지 못하는 것이다.

해결책은 한 번에 한 가지 일에만 집중하도록 계획을 세우는 것이다. 새로울 것도 없는 원칙이다. 스마트폰, 이메일, 인스턴트 메시지 등이 출현하기 수세기 전, 이미 체스터필드 경 Lord Chesterfield은 아들에게 멀티태스킹의 위험을 경고했다. "한 번에 한 가지씩만 하면, 바라는 모든 일을 하루 중에 할 수 있을 것이다. 그러나 한 번에 두 가지씩 하려 들면, 1년이 걸려도 다 못 할 것이다."[4] 이번 장에서는 체스터필드 경이 남긴 가르침을 실천하는 것을 목표로, 여러 활동을 통합해 한 번에 한 가지 일에만 주의력을 쏟는 방법에 대해 알아보려 한다. 먼저 '대량 일괄 처리' 개념을 살핀 뒤, '이상적인 1주일'에 관한 논의로 나아갈 것이다.

대량 일괄 처리의 힘

'일괄 처리'라는 말은 대부분 들어봤을 것이다. 이는 유사한 작업을 모아 정해진 시간에 한꺼번에 처리하는 방식이다. 예를 들어, 매일 아침과 오후에 따로 시간을 정해 이메일, 슬랙을 비롯해 각종 소셜 미디어의 수신함을 정리하듯이 말이다. (4장에서 소개한 나의 업무 시작 리추얼과 업무 종료 리추얼에 이 활동들이 포함돼 있는 것을 알 것이다.) 1주일치 보고서와 제안서를 한꺼번에 검토할 시간을 마련할 수도 있다. 일괄 처리는 집중력을 유지한 상태에서 많은 업무를 해치울 수 있는 정말 좋은 방법이다. 그러나 일괄 처리 방식을 쓰고 있다는 사람들도 사실 이 기술이 제공하는 이점을 최대한 활용하고 있지는 못하는 것 같다.

　몇 년 전, 나는 대대적으로 일괄 처리 방식을 도입하기 시작했고, '대량 일괄 처리Megabatching'라고 이름 붙였다. 당시 나는 막 주간 팟캐스트 제작에 나선 참으로, 1주일에 한 가지 에피

소드를 조사한 뒤 녹음하는 식이었다. 그런데 팟캐스트 녹음을 위해 정신적 에너지를 끌어 모으는 일이 매번 쉽지는 않았다. 한두 시간 안에 끝나야 할 일이 온종일을 잡아먹기도 했다. 그러다 나와 우리 팀이 사전에 준비해 한 시즌 분량의 에피소드를 며칠 만에 통째로 녹음해도 되겠다는 데 생각이 미쳤다. 갑자기 나는 1주일마다 다가오던 부담스러운 일에서 해방된 데다 막대한 시간과 돈을 아끼게 됐다.[5]

곧 회의도 똑같다는 사실을 발견했다. 전문가들의 일정표를 보면 대개 온갖 회의가 여기저기 맥락 없이 흩어져 있다. 전략 없이 되는 대로 요청을 받아들이다 보니, 하루하루가 주변 상황에 휘둘리는 것이다. 나는 잭슨 폴록Jackson Pollock이 디자인한 비싼 달력을 사서 일정을 써넣을 여유는 없었다. 하지만 나의 초점과 생산성을 지킬 수 있는 사람은 나뿐이라는 걸 깨달았고, 내 일정표의 규칙을 정했다. 현재는 모든 회의를 1주일 중 이틀에 몰아서 한다. 예외는 거의 없다. 내부 팀 회의는 전부 월요일에, 외부 고객이나 관련 업체와의 회의는 전부 금요일에 한다. 그 결과 평일 가운데 3일은 다른 사람과의 회의에 참석하느라 하던 일을 중단할 필요 없이 강도 높은 주의력이 요구되는 일을 처리할 수 있게 됐다.

대량 일괄 처리 방식 덕택에 단일 프로젝트 또는 비슷한 종류의 활동에 몰입할 수 있는 시간도 길어졌다. 산만해지는 일

STEP 3. 행동하라

이 덜하므로, 수많은 업무를 기세 좋게 해결하면서도 높은 성과를 거둔다. 나는 정말로 자유롭게 '그 순간' 가장 중요한 일에만 집중한다. 대량 일괄 처리는 단순히 몇 가지 일을 한 시간 단위로 묶는 것 이상으로, 고도의 집중력과 추진력을 발휘할 수 있도록 비슷한 활동을 중심으로 하루 전체를 조직화하는 것이다.

뉴포트는 최고의 아이디어를 떠올리기 위해서는 방해받지 않는 긴 시간이 필요하다고 주장한다. 그는 이 시간을 '딥 워크 deep work'라고 부른다. 우리는 딥 워크를 통해 일에 푹 빠져들고 오랫동안 몰입할 수 있다. 한 번에 세 시간, 다섯 시간, 어쩌면 며칠 동안 모든 주의 산만 요인이 제거된 상태에서 하나의 활동에만 마음껏 집중할 수 있다면 어떨까? 불가능한 것도 아니다. 대량 일괄 처리 방식을 적용하면 두뇌의 기어를 변환할 필요가 사라져, 최고의 성과를 올릴 수 있는 적절한 환경이 조성된다. 그렇게 해서 탄력이 붙으면 상상 이상으로 일을 빠르게, 즐겁게 그리고 훌륭하게 처리할 수 있게 된다.

소프트웨어 기업 베이스캠프의 창업자 제이슨 프라이드 Jason Fried와 데이비드 하이네마이어David Heinemeier는 이 시간을 '단독 영역alone zone'이라고 이름 붙였다.[6] 대량 일괄 처리 방식이 대체로 혼자 하는 일에 알맞기 때문이다. 최근에 많은 기업이 이 모델을 활용하고 있는 것 같다. 예를 들어, 인텔 경영진은 자체적인 프로그램을 개발해 직원들에게 다량의 '생각 시간 think time'을 갖도록 한다. 레이첼 엠마 실버맨Rachel Emma Silverman 이 월스트리트저널에 실은 기사에 따르면 이 시간에 인텔 직원들은 "긴급 사안이나 팀 프로젝트에 참여하고 있는 경우가 아니라면 이메일 답장을 쓰거나 회의에 참석할 필요가 없다. … 이미 적어도 한 명의 직원이 이 시간을 활용해 특허 출원을 냈고, 많은 직원이 다른 업무에 치여 도저히 할 수 없었던 밀린 업무를 따라잡는 중이다."[7] 인텔을 비롯한 여러 기업이 직원들에게 당장 필요하진 않더라도 중요도가 높은 작업에 혼자 몰두할 수 있는 시간을 보장함으로써, 생산성과 창의성이 늘고 나아가 새로운 제품 아이디어까지 창출되는 효과를 톡톡히 보고 있다.

물론 다른 사람들과 함께 일을 할 때도 알맞은 수준의 집중력이 확보되면 두말할 나위 없이 상당한 결과로 이어진다. 문제 상황에 맞닥뜨려 여러 사람이 공동으로 대응해야 할 때 대량 일괄 처리 방식을 적용하면 다 함께 돌파구를 찾는 데 필요한 충분한 시간이 갖춰진다. 중대한 일에 집중할 수만 있으면 혼자든 함께든 마법은 벌어진다.

시간은 활동 범주에 따라 무대 위, 무대 뒤 그리고 무대 밖, 이렇게 크게 세 범주로 나누는 것이 효과적이다. 이 비유적 명칭은 셰익스피어의 《좋으실 대로》에서 따온 것이다.

STEP 3. 행동하라

대량 일괄 처리 방식으로

집중할 수 있는 환경이 조성되면

상상 이상으로 일을 빠르게,

즐겁게 그리고 훌륭하게

처리할 수 있게 될 것이다.

세상은 하나의 무대,

모든 사람은 배우일 뿐이다.

각자 등장할 때와 퇴장할 때가 있으며,

수많은 배역을 맡으며 살아간다.[8]

세상은 하나의 '무대'다. 각자가 자기 삶의 이야기를 연기하는 곳이다. 우리는 배우이며, 저마다의 등장과 퇴장이 있다. 그리고 우리 모두 여러 개의 배역을 연기한다. 그런데 제대로 주의를 기울이지 않으면, 하루에 열 개도 넘는 다른 배역을 맡아야 할 수도 있다. 시간의 세 범주를 하나씩 살펴보도록 하자.

무대 위

누구나 무대 하면 무대 위를 먼저 떠올린다. 무대 위는 연기가 벌어지고 드라마가 펼쳐지는 곳이다. 최소한 관객 시점에서는 그렇다. 배우의 일은 연기이고, 배우는 관객이 볼 수 있도록 무대 위에서 연기를 한다. 마찬가지로 우리가 고용돼서 돈을 받으며 하는 업무들이 무대 위에서의 활동을 구성한다. 핵심 업무, 주요 산출물, 인사 고과에 포함되는 각종 항목들 말이다. 예를 들어, 세일즈 부서에 있다면 가망 고객 발굴, 고객 수요 평가, 세일즈 피칭 등이 무대 위 활동이다. 변호사라면 의뢰인 상담, 법정 출석, 계약 협상 등이 되겠다. 또 회사 중역이라면 마케팅 전략 발표, 고위급 회의 진행, 신상품이나 신규 서비스의 비전 수립 등이 포함된다.

상사 또는 고객에게 결과물을 전달하고 대가를 지불받는 일이 전부 무대 위 활동이다. 공개적으로 이루어지는 일이 아니더라도, 무대 위 활동을 할 때 우리는 직업적 소명을 다하게 된다. 그러나 이는 무대 위 활동과 갈망 영역이 상당히 일치할 때만 가능하다. 담당하고 있는 주요 업무가 내가 열정과 능숙함을 지닌 영역과 교차해야 한다는 의미다.

현재 스케줄이 무척 불균형한 까닭에 무대 위 활동을 몇 시간, 온종일, 나아가 며칠씩 잇달아 하는 것은 꿈도 꿀 수 없는 상황일지도 모르겠다. 그렇대도 괜찮다. 지금 배우는 것들을 실제로 적용하는 데는 시간이 걸릴 것이다. 이를 옳은 방향으로 발걸음을 떼지 못하는 핑계로 삼지 않기만을 바란다. 자유 나침반이 길을 알려줄 것이다. 비록 그 길이 명명백백하게 제 모습을 드러내지 않았다 해도, 우리는 새로운 목적지에 이르기 위한 노력을 시작해야 한다. 여러분이 꼼짝 못 하고 있을 경우를 대비해 이 장의 뒷부분에 유용한 전략들을 실어뒀다.

무대 뒤

우리가 주로 보는 것은 무대 위에서 열연하는 배우의 모습이다. 그러나 배우가 하는 일은 그게 다가 아니다. 무대 뒤에서 하는 활동이 있기에 비로소 무대에 올라 빛을 내는 것이다. 관객의 눈에는 배우의 연기만 보인다. 첫 오디션, 몇 시간에 걸친 리허설, 대사를 외우는 노력, 좋은 공연을 하기 위해 수행하는 리추얼 같은 것들은 보이지 않는다. 대체로 무대 뒤 활동에는 2단계 활동(제거하기, 자동화하기, 위임하기)을 비롯해 조정하기, 준비하기, 정비하기, 성장하기가 있다. 자세히 살펴보도록 하자.

이제 여러분은 제거하기, 자동화하기, 위임하기의 중요성을 안다. 하지만 언제 이 활동들을 실천할 텐가? 할 일 목록과 일정을 검토해서 추려내고, 템플릿을 제작하고 작업 흐름을 정리하며, 직무와 프로젝트를 다른 사람에게 넘기는 데는 시간이 필요하다. 이 활동들은 보통 중요하지만 급하지 않은 일이다(8장에서 더욱 세밀하게 구분하는 방법이 나온다). 그 결과 몇 주, 몇 달, 어쩌면 영영 미뤄지고 만다. 이미 살펴본 것처럼 이 활동들에 시간을 투자하면 장기적으로 막대한 시간이 절약된다. 이 활동들을 소홀히 하지 않고 실행에 옮기는 가장 좋은 방법은 무대 뒤 시간을 활용해 대량 일괄 처리를 하는 것이다. 제거하기, 자동화하기, 위임하기를 위한 시간을 따로 계획해 놓으면 이 활동들을 단순히 남는 시간에 해치우려 할 때보다 훨씬 큰 성과를 얻을 수 있을 것이다.

다음으로, 무대 뒤 활동에 조정하기가 포함된다. 조정하기에는 팀 회의를 하거나 다가오는 프로젝트 및 업무 계획을 위임하는 것과 같은 단순한 활동들이 있다. 경우에 따라 비전 수립을 위한 첫 회의와 같은 회의가 무대 위 활동에 속하는 사람도 있겠지만, 그렇더라도 모든 회의가 무대 위 활동으로 분류되지는 않을 것이다. 큰 프로젝트들은 마무리되기까지 몇 주, 몇 달, 몇 분기가 걸린다. 예를 들어, 일단 프로젝트가 진행되면 공동 작업을 처리하고 업무를 공유하며 서로 의무를 다하기 위해 주기적인 점검과 회의가 요구되는데, 이것이 바로 무대 뒤 활동에 들어가는 조정 활동이라고 보면 된다.

또한 무대 위 활동을 준비하는 데도 무대 뒤 시간이 필요하다. 변호사라면 판례법을 조사하거나 모두진술을 리허설하면서 무대 위 활동을 준비할 것이다. 상업 디자이너가 색상 트렌드를 살피거나 새로운 로고를 위해 다양한 레터링 기법을 시도하는 것도 준비하기 활동이다. 또 기업 임원이 고레버리지 회의를 위해 의제를 선정하거나 재무 검토에 앞서 손익 분석을 하는 활동도 이에 속한다. 이러한 활동들을 통해 우리는 무대 위에서 훌륭한 연기를 할 수 있게 준비를 한다.

무대 뒤에서 이루어져야 하는 또 다른 핵심 활동은 정비하기다. 고장 난 시스템, 터질 것 같은 이메일 수신함, 낡은 업무 공정, 정돈되지 않은 공간은 정말이지 우리의 생산성을 저하시킨다. 정비 활동에는 이메일 관리에서부터 회계, 비용 추적,

문서 분류, 각종 툴과 시스템 업데이트, 심지어 사무실 청소에 이르기까지 모든 것이 포함된다. 무대 뒤가 어수선하면 무대 위에서의 노력을 망칠 수도 있다. 정비하기는 우리가 무대 위에서 최선을 다해 연기할 수 있도록 도와준다.

마지막으로 무대 뒤 활동에는 업무 수행 방식의 능률화를 기할 수 있도록 새로운 기술을 습득하며 개인과 팀의 발전을 도모하는 시간도 있다. 기업가라면 대중 연설 능력을 향상시키기 위해 워크숍에 나가거나 웨비나 참가자를 위해 새로운 등록 시스템을 개발할 수 있겠다. 전문가라면 기술을 갈고닦거나 자격증을 갱신할 것이다. 자신이 활약하고 있는 분야와 관련된 출판물을 읽거나 콘퍼런스에 참석하고 시간을 투자해 새로운 생산성 증진 시스템을 익히는 것 등이 모두 발전하기 활동에 포함된다. 발전하기는 우리 자신을 더 나은 모습으로 만드는 시간으로, 궁극적으로 우리가 무대 위에서 더 멋진 연기를 펼치도록 해 준다.

어떤 식으로 무대 뒤의 시간을 보내든지 간에, 무대 뒤 활동이 무대 위에서의 연기를 위해 필수적이라는 사실을 받아들이는 것이 중요하다. 또 무대 뒤 활동을 고역 영역, 무관심 영역, 산만 영역 활동과 동일시해서는 안 된다. 제거하기, 자동화하기, 위임하기 시간을 별도로 설정하되, 제거하거나 자동화, 위임해야 하는 업무를 '직접' 하는 데 이 시간을 쓰는 함정에 빠지지는 마라. 무대 뒤 활동은 무대 위 활동보다 보상도 적고 즐거움도 덜하다(그렇기 때문에 의도적으로 계획하고 따로 시간을 빼두는 것이 중요하다). 하지만 괴롭게 여겨서는 안 된다. 기억하라. 무대 뒤 활동이 있기에 무대 위 활동이 가능하다. 그리고 무대 위에서든 뒤에서든 우리가 하는 일은 되도록 우리가 열정과 능숙함을 갖추고 있는 일이어야 한다. 앞으로 나올 표에 무대 위 활동과 무대 뒤 활동의 직업별 예시가 실려 있으니 참고하도록 하자.

무대 밖

무대 밖 활동은 특별히 설명할 게 없다. 무대 밖이란 일하고 있지 않은 시간, 즉 무대를 떠나 가족, 친구, 휴식, 회복에 초점을 맞추고 있는 시간을 뜻한다. 무대 밖 활동은 에너지를 회복하는 데 꼭 필요한 것으로, 이러한 시간이 있어야 무대로 다시 돌아왔을 때 세상에 기여할 수 있다(3장을 참고하라). 그러므로 무슨 일이 있어도 무대 밖 시간은 반드시 지켜야 할 것이다.

배우라고 무대에서 살지는 않는다. 무대에서 일을 할 뿐이다. 우리도 일만 하며 살 수는 없다. 일은 우리가 살아가는 데 필수불가결한 요소이며 보람을 주지만, 우리 삶의 한 부분이지 '전체'가 아니다. 무대 밖에서 양질의 시간을 충분히 보낼 수 있도록 무대에서의 시간과 무대 밖 시간 사이에 '균형'을 잡아

7장. 통합하기

야 한다. 이 시간을 계획하는 방법에 관해서는 다음 장에서 자세히 다루려 한다.

무대 위 활동과 무대 뒤 활동의 예

직업	무대 위	무대 뒤
상업 예술가	광고 디자인, 이미지 편집	영수증 처리, 회의
마케터	고객 유치, 광고 기획	예산 관리, 광고 게재
변호사	의뢰인 미팅, 중재	연구, 모션(motion) 제기
영업 사원	영업 전화, 피칭	지출 내역서 제출
작가	초안 작성, 퇴고	이메일 업무, 조사·연구
임원 비서	보좌 업무, 임원 일정 관리	이메일 템플릿 또는 작업 지침서 제작
코치·컨설턴트	의뢰인과의 업무, 콘텐츠 개발	영수증 처리, 웹사이트 업데이트
사진작가	사진 촬영, 색상 보정	영수증 처리, 장비 유지 관리
기업 오너·CEO	비전 제시, 팀 빌딩	이메일·슬랙 업무, 회의
목사	설교, 상담	설교 준비, 교회 위원회 회의
회계사	고객 상담, 세금 신고	영수증 처리, 세금 코드 변경 확인
퍼스널 트레이너	트레이닝 세션, 관리 연락	연구, 광고
자산 관리사	고객 상담, 고객을 위한 재무 설계 제안서 작성	이메일 업무, 광고 게재
지점장	팀 회의, 일대일 직원 면담, 직원 채용	재무제표 작성, 보고 업무

강연가	연설, 유튜브 채널 운영	콘텐츠 준비, 인적 네트워크 구축
기업인	신상품 개발, 고객 확보	프로세스 구축, 홈페이지 유지 관리
임원급 헤드헌터	후보자 물색, 면담, 인적 네트워크 구축	템플릿 제작, 연락망 체계화
IT 전문가	트러블 슈팅, 복구, 설치	연구, 후속 조치, 보고
부동산 중개인	집 보여주기, 인적 네트워크 구축	서류 업무, 서류 정리, 서신 업무

이상적인 1주일 계획하기

지금까지 활동을 무대 위, 무대 뒤 그리고 무대 밖의 세 범주로 나눠 살펴봤다. 이제 '이상적인 1주일'이라는 도구를 활용해 대량 일괄 처리 방식의 힘을 활용할 차례다. 이상적인 1주일은 우리가 정말 바라는 대로 시간 계획을 짤 수 있게 해준다. 아마 드와이트 아이젠하워Dwight Eisenhower 미국 전 대통령의 이 말을 들어봤을 것이다. "나는 전쟁에 임할 때마다 계획이 무용지물임을 깨닫곤 한다. 그럼에도 계획은 반드시 세워야 한다."[9] 사무실에서의 어려움이 감히 전장에 비할 바는 못 되지만, 우리는 온갖 요인으로부터 생산성에 공격을 받는다. 계획을 갖고 임하면 첫 전투에서 승리하지 못할지라도, 금세 회복하고 다음번 전투를 위한 발판을 마련할 수 있다. 무엇을 겨누어야 할지 뚜렷이 알게 되기 때문이다.

이상적인 1주일의 전제는 우리에게 삶의 선택권이 있다는 사실이다. 스스로 세운 계획에 따라 목적이 있는 삶을 살지, 아니면 다른 사람의 요구에 대응하며 흘러가는 대로 살지는 자신에게 달렸다. 전자는 주도적 접근이고, 후자는 반응적 접근이다. 당연히 모든 것을 계획할 수는 없다. 살아가다 보면 예측하지 못한 상황도 닥치기 마련이다. 그러나 목표를 염두에 두고 주도적 자세로 시작하면 중차대한 일도 훨씬 쉽게 달성할 수 있다. 이를 위해 고안된 것이 바로 이상적인 1주일이다. 이상적인 1주일을 짜는 것은 재정 예산을 짜는 것과 비슷하다. '돈'이 아니라 '시간'을 어디에 쓸지 계획하는 것이라는 점만 다르다. 우선 서류 작업에 시간을 들여야 한다는 것부터 똑같다.[10]

이상적인 1주일의 원리는 다음과 같다. 모든 날이 텅 비어 있는 일정표를 떠올려 보자. 대부분의 일정 관리 어플리케이션이 1주일을 한 행에 표시해 한 주의 각 요일을 한눈에 볼 수 있게 돼 있다. 처음에 나의 일정표는 백지 상태다. 그리고 나에게는 다른 모든 사람과 똑같은 양의 시간이 주어져 있다. 그 시간을 어떻게 쓰고 싶은가?

조금 후에 나의 이상적인 1주일이 어떤 모습을 띠는지 보게 될 것이다. 내가 FreeToFocus.com/tools에 올려 둔 '이상적인 1주일 템플릿'을 다운로드받아 자신만의 이상적인 1주일을 창조해 보도록 하자. 이 템플릿은 내가 제작한 '풀 포커스 플래너'*에도 실려 있다. 일정 관리 어플리케이션에 한 주를 새로 추가해도 좋고, 종이 한 장을 꺼내 가볍게 그려도 된다. 완벽하게 만들려고 하지 않기를 바란다. 단, 이미 자신의 일정표에 있는 약속들을 가져와서는 안 된다. 우리는 지금 '이상적인' 1주일을 창조하는 중이다. 그러니 아무것도 없는 상태에서 시작해야 한다. 먼저 1주일을 앞서 설명한 무대, 그리고 테마를 기준으로 나눈 다음, 세부 활동에 대해 다룰 것이다. 이렇게 하면 텅 빈 캔버스를 부담 없이 마주할 수 있고, 자신이 최고의 기량을 발휘하는 데 필요한 활동들로 명확하게 채워나갈 수 있다.

무대

일단 매주 하는 활동들을 무대 위, 무대 뒤, 무대 밖 중 어디에서 벌어지는 활동인지에 따라 함께 묶는다. 그런 다음 각 요일에 이 중 어디에 있을 것인지를 정한다. 나는 월요일과 금요일에는 무대 뒤에서 시간을 보낸다. 보통 이메일과 슬랙 메시지 처리, 파일 정리, 조사 및 연구 수행, 기술과 능력 개발, 향

---

* 프랭클린 플래너처럼 저자가 제작해서 판매하고 있는 플래너의 이름. -역주

7장. 통합하기

후 일정 계획, 프로젝트 조정을 위한 팀 회의 등을 한다. 무대 뒤의 활동을 하는 요일은 자유롭게 고르면 된다. 무대 뒤의 시간이 내가 보수를 받고 하기로 돼 있는 일을 준비하는 데 쓰는 시간이라는 점을 감안하면, 저마다 이 활동들을 하기에 더 적합한 요일이 언제인지 떠오를 것이다.

무대 위 시간도 마찬가지다. 나에게는 화요일, 수요일, 목요일이 무대 위 시간이다. 이때 워크숍과 웨비나를 열고, 오디오나 비디오 콘텐츠를 녹화하고, 의뢰인과 파트너 및 잠재적 의뢰인을 개인별 또는 소그룹별(더욱 빈번하다)로 만난다. 우리 회사는 목요일에는 팀 회의를 하지 않고, 직원들이 개별적으로 필요한 일을 할 수 있도록 한다. 많은 직원이 그 시간을 무대 위 시간으로 활용하고 있다. 무대 위 시간으로 어떤 요일을 선택하든 이 시간은 내가 고용된 이상 완수할 것으로 기대되고 있는 일을 해야 하는 시간임을 명심하라. 즉, 자신이 소속된 팀, 부서, 회사가 앞으로 나아가는 데 도움이 되는 고레버리지 업무를 해야 한다. 만약 무대 위 활동에 1주일에 하루나 이틀도 배정할 수 없다면, 높은 업무 성과를 기대하기란 어려울 것이다.

이상적인 1주일을 계획할 때는 회복하기를 위한 무대 밖 시간도 반드시 편성해야 한다. 나는 토요일과 일요일은 항상 무대 밖 시간으로 짠다. 휴식을 취하거나, 오락 활동을 하거나,

가족 및 친구들과 길고 느긋한 식사 시간을 갖고, 예배에 참석하고, 소중한 인간관계를 돌본다. 이 시간에는 절대 일을 하지 않는다. 일에 대해 생각하지도, 말하지도, 일에 관련된 그 무엇을 읽지도 않는다(3장을 참고하라). 몸담은 직종에 따라서는 일반적인 근무 시간과 다른 시간에 일을 해야 할 수도 있다. 상관없다. 가급적 1주일에 이틀가량 무대 밖 시간을 정기적으로 확보할 수 있기만 하면 된다. 등한시해서는 안 되는 이 시간을 어떻게 해야 지킬 수 있을지 잘 모르겠다면, 이상적인 1주일 계획표에 분명히 표시함으로써 타임 블로킹을 실천하는 것이 첫 단추가 될 것이다.

무대		무대 뒤	무대 위	무대 위
	시간	월요일	화요일	수요일
매일	5:00-5:30	아침 리추얼		
	5:30-6:00			
	6:00-6:30			
	6:30-7:00			
	7:00-7:30			
	7:30-8:00			
	8:00-8:30			
	8:30-9:00			
	9:00-9:30	업무 시작 리추얼		
	9:30-10:00	공개회의·내부 회의	무대 위 활동	
	10:00-10:30			
	10:30-11:00			
	11:00-11:30	지원 팀 회의		
	11:30-12:00			
	12:00-12:30	COO와 오찬회의		
평일	12:30-1:00		점심 식사	
	1:00-1:30		낮잠	
	1:30-2:00			
	2:00-2:30	낮잠		
	2:30-3:00	공개회의·내부 회의	무대 위 활동	
	3:00-3:30			
	3:30-4:00			
	4:00-4:30			
	4:30-5:00			
	5:00-5:30	업무 종료 리추얼		
	5:30-6:00			
	6:00-6:30	저녁 식사		
	6:30-7:00			
매일	7:00-7:30			
	7:30-8:00			
	8:00-8:30			
	8:30-9:00			

현재 진행형인 나의 이상적인 1주일이다. 이를 참고해 자신의 이상적인 1주일을 어떻게 구성하면 좋을지 찬찬히 생각해 보기를 바란다. FreeToFocus.com/tools에는 또 다른 샘플과 여러분의 이상적인 1주일을 써넣을 수 있는 빈 템플릿이 있다.

STEP 3. 행동하라

무대 위	무대 뒤	무대 밖	무대 밖
목요일	**금요일**	**토요일**	**일요일**
아침 리추얼			
업무 시작 리추얼			예배
무대 위 활동	공개회의·외부 회의		
			부모님과 점심 식사
점심 식사			
낮잠			
무대 위 활동	공개회의·외부 회의		
업무 종료 리추얼			
저녁 식사			
저녁 데이트	가족	친구	가족

7장. 통합하기

테마

이제 각 요일의 특정 시간대에 어떤 종류의 활동을 할 것인지를 정해야 한다. 구체적으로 어떤 활동과 임무를 수행할 것인지는 생각하지 말고, 우선 큰 테마만 궁리한다. 아침, 근무 시간(평일 낮), 저녁과 같이 하루를 나눠서 생각해 보면 쉽게 접근할 수 있다. 나는 여기에 세 가지 테마를 적용했다. 즉, 아침은 '나', 평일 낮은 '일', 저녁은 '회복'이 테마다. 테마를 붙여 두면 그 시간에 어떤 세부 활동을 하는 게 좋을지 판단하는 데도 도움이 되고, 해당 시간에 맞는 마음과 정신 상태를 갖추는 데도 도움이 된다. 세 테마가 어떻게 나의 하루를 형성하고 있는지 소개하면 다음과 같다.

- '나' : 나는 이른 아침에 나를 위해서 자기계발, 운동, 기도, 명상 등을 한다. 여기에 할애하는 시간은 열망과 의무 간의 조정에 의해 결정된다. 아마도 자녀가 있는 사람은 자녀가 장성해 독립한 사람보다 '나'에 쏟을 수 있는 시간이 적을 것이다. 하지만 중요한 건 많지 않은 시간이라도 의도를 갖고 짜임새 있게 보내는 것이라 할 수 있다.
- '일' : 나는 오전 9시쯤 사무실에 도착해서 오후 6시에는 일을 끝낸다. 점심 식사를 하고 낮잠을 자는 데 날마다 1

시간이 걸리므로, 실제로 일을 하는 시간은 매주 40시간 정도다. 다음 장에서 다루겠지만, 주당 40시간은 자신의 핵심 목표와 프로젝트를 완수하는 데 결코 부족하지 않다. 일을 언제 시작하고, 언제 끝내고 싶은가? 일하는 시간을 미리 제한해 두는 것은 생산성 관리의 기본이다. 시간이 주어지면 주어지는 대로 일을 질질 끌게 된다는 파킨슨의 법칙을 들어봤을 것이다. 그러니 어떤 일에 투입할 시간의 한계를 반드시 정해 두어야 한다. 그러지 않으면 이른 아침이나 늦은 밤 시간까지 일이 침투할 것이다. 급기야 아침을 거르고, 저녁 7시 반에 책상에 앉아 테이크아웃 음식으로 끼니를 때우는 자신을 발견하게 될지도 모른다. 하지만 앞서 다뤘듯, 적정 시간을 넘겨 과도하게 일해도 그만큼의 보상이 따르지는 않는다.

- **'회복'** : 하루의 마지막 몇 시간은 회복을 위해 남겨 둔다. 여기에는 가족이나 친구와 시간을 보내거나 취미 활동을 하는 것이 포함된다. 재충전할 시간이 있어야 그 외 시간에 최선을 다할 수 있는 법이다.

테마의 이름은 붙이기 나름이며, 테마의 개수도 필요한 만큼 설정하면 된다. 요점은 각 테마별로 시작과 끝을 못 박아 해당 시간에 뚜렷한 형태를 부여하고, 이를 통해 하루를 예상 가능하게 만드는 것이다. 하루를 테마별로 체계화해 놓으면 매사 집중도가 높아진다. 현재에 머무르며 눈앞에 있는 사람과 일에 충실할 수 있다. 일과 놀이를 위해 따로 남겨 둔 시간이 있다는 것을 알기 때문에 즉흥적일 자유를 누리게 된다. 또는 아예 아무것도 안 해도 되는데, 그래도 무척 유익한 시간이 될 것이다. 의도적으로 휴식을 취하고 기분 전환을 하는 것이야 말로 높은 성취의 비결이다.[*]

세부 활동

무대와 테마를 식별했으면, 이제 각 테마에 맞는 세부 활동을 모아야 한다. 이미 얘기했듯 내게 월요일과 금요일은 무대 뒤 활동을 하는 날로, 회의를 하고 돌아서면 또 회의를 한다. 평일의 시작과 끝에 회의를 몰아 놓았기 때문에 화요일, 수요일, 목요일에는 무대 위 활동에 집중할 수 있다.

무대 뒤 활동은 생각보다 변동성이 크고, 끝내려면 시간이 더 오래 걸리기도 한다. 그런데 의뢰인들을 보면서 느낀 점은 정확한 시간과 변동성을 계산하는 것보다 의도를 가지고 가능한 한 많은 일을 일괄 처리하기로 선택하는 게 중요하다는 것이다. 보고서와 관련된 것이든 전화 통화든 슬라이드를 준비

---

[*] 1단계 1장에서 살펴본 생산성의 목표 3인 네 가지 자유에 관한 내용이다. -역주

하는 것이든, 유사한 업무를 묶어 일괄적으로 처리하다 보면 이 업무 저 업무로 주의를 이동시킬 필요가 없기 때문에 일을 끝마치는 추진력이 극대화된다. 회의에서 전화, 이메일, 다시 회의로 업무의 성격이 달라지고 재맥락화를 해야 할 때마다 일 처리 속도는 느려질 수밖에 없다. 그러니 무대 뒤 활동을 하는 요일에는 언제 회의에 참석할 수 있는지, 언제 전화 답신을 할 계획인지 등을 표시해 두도록 하자.

무대 위 활동을 하는 날(화요일, 수요일, 목요일)에 구체적으로 어떤 업무를 하는지는 계속되고 있는 프로젝트나 일회성 프로젝트에 따라 매주 바뀐다. 그렇지만 나는 언제나 비슷한 업무를 모아서 처리한다. 노하우가 있다면 무대 위 시간에는 무대 뒤 활동을 하지 않는 것이다. 말처럼 쉬운 일은 아니다. 실제로는 매일 조금이라도 무대 뒤 업무를 할 수밖에 없다. 아무리 이메일 확인 수준에 그친다 해도 말이다. 해법은 물론 따로 계획을 짜 둬서 무대 뒤 활동이 무대 위로 넘쳐 나오지 않게 경계하는 것이겠다.

나는 무대 위 활동을 하는 날이든 무대 뒤 활동을 하는 날이든, 일을 하는 날에는 업무 시작 리추얼과 업무 종료 리추얼을 빠뜨리지 않고 한다. 리추얼에는 무대 위 활동과 이메일, 슬랙 메시지 확인과 같은 무대 뒤 활동이 섞여 있다. 이 활동들을 리추얼을 통해 묶어 하루에 두세 번 하는 것으로 계획해 두면 업무 시간이 침범되는 것을 방지할 수 있다. 그러지 않으면 시시 때때로 슬랙을 열어 보느라 하루 중 가장 귀중한 시간에 방해 요소를 가득 초대하게 될 것이다. 업무 시작 리추얼과 업무 종료 리추얼은 수신함을 처리할 수 있는 굉장한 시간으로, 덕분에 산뜻한·마음으로 본격적인 업무에 임할 수 있고, 하루를 마치고 휴식을 시작하기 전에 미결 사항을 마무리 지을 수 있다. 팀원들에게 빠르게 피드백을 줘야 하는 상황이라면 점심 식사 전에 메일 확인 시간을 한 번 더 집어넣을 수도 있다.

 일정을 짤 때는 자신이 쉬지 않고 일할 수 있을 것이라는 환상을 버려야 한다. 불가능하진 않지만 도움이 되는 경우는 드물다. 알렉스 수정 김 방Alex Soojung-Kim Pang은 뛰어난 과학자, 예술가, 작가, 뮤지션 등의 업무 습관에 대한 밀착 연구와 더불어 그보다 큰 규모의 조사를 병행한 결과, 하루 중 가장 생산적인 시간은 4~5시간 정도라고 《일만 하지 않습니다》에서 밝혔다. 여러분도 짐작하겠지만, 일하는 시간이 길어질수록 성과는 낮아진다. 그 이유는, 이미 살펴봤듯, 시간은 고정적이고 에너지는 유동적이기 때문이다. 일하는 만큼 결과가 나오지 않기 시작하면 집중력을 유지할 수 없다. 알렉스 수정 김 방의 조사에 따르면 중대한 업적을 달성하고 세상에 큰 영향을 준 고성과자들은 모두 일하는 사이사이 산책, 운동, 사회적 교류, 심지어 놀이 등으로 휴식을 취하면서 집중력을 끌어올리는 시간을 가

지고 있었다.[11]

자신의 크로노타입chronotype*을 파악하면 언제 일하고 언제 쉴지 결정하기가 쉬워진다. 《언제 할 것인가》에서 다니엘 핑크Daniel H. Pink는 '일상 속 숨겨진 패턴'을 강조했다. 우리는 즐겁고 활기차게 하루를 시작하지만, 대개 7시간 정도 지나면 에너지가 바닥나고 만다. 아침에 일어나는 시간에 따라 차이는 있지만 대부분 한창 근무하고 있을 때 그 시점이 찾아온다. 이 시간에는 집중력이 덜 요구되는 일을 하는 편이 낫다. 낮잠을 자는 등 휴식을 취하기에도 제격으로, 그렇게 하면 다시 에너지를 끌어올릴 수도 있다.[12]

이상적인 1주일에 대한 계획을 완성했다면, 이제 해야 할 일은 계획을 자신의 행정 비서를 비롯한 일부 팀원들에게 전달해 내가 언제 무슨 일을 할 수 있는지 알리는 것이다. 업무상 긴밀한 관계에 있는 상사들에게도 알려 두는 편이 좋다. 또 이상적인 1주일 계획은 근무일에 한정된 것이 아니므로 배우자나 다른 가까운 사람들에게도 알리는 것이 좋다. 이때, 이상적인 1주일이 어떤 개념인지, 이상적인 1주일 계획을 통해 내가 얻고자 하는 바가 무엇인지, 상대방에게는 어떤 식으로 도움

---

* 언제 잠을 자고 언제 왕성한 활동을 하는 것이 알맞은지를 결정짓는 개인의 타고난 하루주기 생체 리듬. -역주

이 될 것인지를 제대로 설명하도록 한다. 주변 사람들이 받아들이고 협력해 줄 때라야 이상적인 1주일 계획을 성공시킬 수 있다.

더욱 생산적인 리듬

내가 이 장을 시작하며 소개했던 체스터필드 경은 흔들리지 않고 집중하는 것을 지적 능력의 척도로 봤다. "흐트러짐 없이 안정적으로 하나의 대상에 몰입할 수 있는지가 천재를 가려내는 확실한 기준이다."[13] 대량 일괄 처리 방식과 이상적인 1주일 계획이 여러분을 천재 수준으로 끌어올려 줄 것이라고 단언할 수는 없지만, 이 두 가지가 훌륭한 시작점인 것만은 분명하다.

서로 다른 온갖 일을 하느라 집중이 분산되면, 생산성, 창조력, 추진력, 만족감이 떨어질 수밖에 없다. 이제 통합하기를 추구하고 그에 따른 집중도 향상을 이루어야 한다. 자신의 1주일을 의도적으로 구조화하고 대량 일괄 처리 방식을 실천하면 이룰 수 없을 것 같았던 목표를 달성할 수 있는 시간과 여유가 주어질 것이다. 이때 필요한 것은 천재적인 지적 능력이 아니라 누구나 활용할 수 있는 두 가지 강력한 힘, 즉 집중력과 의

도성이다.

명심하길 바란다. 이상적인 1주일은 '이상적인' 1주일일 뿐이다. 모든 주가 이상적인 1주일이 되지는 않을 것이다. 솔직히 말해, 거의 매주 그렇게 되지 않을 공산이 크다. 돌발 상황과 계획 밖의 모험으로 가득한 것이 삶이다. 여러분처럼 기꺼이 노력하며 성공적인 인생을 살아가는 사람의 삶일수록 특히 더 그렇다. 돌발 상황이 나타나면 방향을 수정해야 한다. 그렇지만 이상적인 1주일이 그 과정에서 헤매지 않도록 지켜줄 것이다. 계획이 있는 사람은 다시 정상 궤도로 돌아가는 방법도 알기 때문이다.

확고한 경계를 정해 두고 일정 기간 그 경계를 지키도록 노력하다 보면, 믿기 어려울지 몰라도 무슨 일이 벌어지든 자연스레 주간 리듬에 맞춰 살아가게 된다. 자신이 계획한 이상적인 1주일을 하나의 과녁으로 보자. 매번 과녁의 정중앙을 맞추지는 못하더라도 어디를 목표로 쏠지 알면 적중률이 올라간다. 시간이 갈수록 이상적인 1주일 계획 덕분에 온전히 현재에 임해 집중력을 발휘하며 높은 성과를 내는 자신의 모습을 발견하게 될 것이다.

이 목표를 가로막는 장애물이 있을 때는 어떻게 대처해야 할까? 해답은 '주간 프리뷰'에 있다. 이는 하루하루를 설계하는 간단한 방법과 함께 다음 장에서 만나게 될 내용이다.

이상적인 1주일 계획 세우기

이번 장에서 다룬 내용을 바탕으로 실제로 자신의 1주일 계획을 수립해 보자. 다음의 '이상적인 1주일 템플릿'을 작성해도 좋고, 풀 포커스 플래너가 있는 사람은 거기에 실려 있는 것을 활용해도 된다. 이번 장에서는 이상적인 1주일을 계획하는 과정을 상세히 살펴봤고, 벌써 계획을 세우기 시작한 사람도 있으리라 생각된다. 반드시 이 계획을 완성한 후에 다음 장으로 넘어가야 한다. 다음 장에서는 이 계획을 기본 틀로 전에 없던 수준의 일간 업무 계획과 주간 업무 계획을 짤 수 있도록 이끌 것이다.

* FreeToFocus.com/tools에서 원문을 다운로드받을 수 있다.

* http://bit.ly/이상적인1주일에서 한글 템플릿을 다운로드받을 수 있다.

이상적인 1주일 템플릿

영역	테마							
	시간	월요일	화요일	수요일	목요일	금요일	토요일	일요일
	05:00 - 05:30							
	05:30 - 06:00							
	06:00 - 06:30							
	06:30 - 07:00							
	07:00 - 07:30							
	07:30 - 08:00							
	08:00 - 08:30							
	08:30 - 09:00							
	09:00 - 09:30							
	09:30 - 10:00							
	10:00 - 10:30							
	10:30 - 11:00							
	11:00 - 11:30							
	11:30 - 12:00							
	12:00 - 12:30							
	12:30 - 01:00							
	01:00 - 01:30							
	01:30 - 02:00							
	02:00 - 02:30							
	02:30 - 03:00							
	03:00 - 03:30							
	03:30 - 04:00							
	04:00 - 04:30							
	04:30 - 05:00							
	05:00 - 05:30							
	05:30 - 06:00							
	06:00 - 06:30							
	06:30 - 07:00							
	07:00 - 07:30							
	07:30 - 08:00							
	08:00 - 08:30							
	08:30 - 09:00							

8장.

지정하기

업무의 우선순위를
매겨라

DESIGNATE: Prioritize Your Tasks

스스로 자기 삶의 우선순위를 정하지 않으면,

다른 사람들이 대신 정할 것이다.

-그렉 맥커운Grec Mckeown

미국 상공에서만 1분당 5,000대의 항공기가 우리 머리 위를 날고 있다. 하루로 따지면 4만 건 이상의 비행이 이루어진다.[1] 항공 교통 관제사들은 이 항공기들이 이륙하는 항공기와 충돌하지 않고 내려야 할 시간에, 내려야 할 비행장에 착륙할 수 있도록 관리한다. 생각보다 굉장히 어려운 일이다. 어느 관제사는 동시에 서른 대의 항공기를 추적해야 할 때의 어려움을 이렇게 표현했다. "마치 열 명의 사람과 동시에 탁구를 하는 기분이에요."[2] 다소 위험한 순간도 벌어진다. NASA의 항공 안전 보고 시스템Aviation Safety Reorting System에 파일럿들이 남긴 내용에는 이런 것도 있다. "앞서가던 항공기와의 거리가 너무 가까웠기 때문에 항적난기류를 피하기 위해 글라이드 패스에서 다시 고도를 높여야 했다. 게다가 관제탑에서는 우리가 활주로에 내리기 직전에야 그곳에 있던 항공기를 이륙시켜 아슬아슬하게 활주로를 비웠다."[3]

항공 관계자들은 이를 '분리 상실loss of separation'*이라고 부른다. 상상만으로도 끔찍하지만, 다행히도 이러한 상황이 일어나는 경우는 극히 드물고, 충돌이 벌어지는 경우는 더더욱 드물다. 이를 또 다른 복잡한 상황과 비교해보자. 우리의 할 일 목록 말이다. 종종 우리는 동시에 열두 가지 업무를 착륙시키려 한다. 덕분에 하루 종일 프로젝트들이 서로의 안전거리를 침범하고 급기야 충돌한다. '업무 분리 상실' 상황에 빠지면 우리는 결국 뒤처지고, 실수를 하고, 자신의 시간과 활동에 대한 통제력을 잃게 된다.

잘라내기 단계에서 할 일 목록 가지치기를 했더라도, 여전히 수많은 업무와 책임에 짓눌려 있을지 모른다. 우리는 늘 바쁘다. '할 수 있겠다 싶은 일'을 끝없이 생각해낸다. 급기야 '꼭 해야 하는 일'이라고 스스로 합리화를 한다. 그런데 정말 그 모든 일이 지금 당장 해야 하는 일일까? 장담컨대 대답은 '아니오'일 것이다. 모든 항공기를 동시에 착륙시켜야 하는 경우란 없다. 단순히 중요한 일이라고 해서 지금 당장 끝마쳐야 하는 것은 아니다. 물론 '모든 일'을 나중으로 미룰 수야 없다. 요령은 지금 집중할 것과 나중에 집중할 것, 그리고 아예 마음에서 떨쳐버릴 것을 체계적으로 구분하는 것이다. 이번 장에서는

---

* 운항 중인 항공기들 사이에 안전거리가 확보되지 않은 상황을 가리킨다. -역주

생산성 향상을 위한 핵심 기술은 어떤 업무를 언제 할지 지정하는 것이다. 모든 항공기를 동시에 착륙시키려 하면 공중에서 충돌하는 사태를 면치 못한다. 그러면 아무리 생산적으로 노력해왔더라도 모든 것이 박살나기 마련이다.

한 주와 하루를 설계함으로써 이 체계에 따라 업무를 처리하는 방법을 알아보려 한다. 언제, 어디에서 무슨 일을 할 것인지를 지정하는 것이다. 한 주를 설계하는 방법부터 시작해보자.

다음 주 미리 검토하기: 주간 프리뷰

지도자와 전문가들에게 주어지는 대형 이니셔티브들은 한 주에 끝나는 일이 좀처럼 없다. 몇 주, 나아가 몇 달이 걸리는 복잡한 프로젝트가 태반이라 끝까지 집중력을 끌고 가기 위해 애를 써야 한다. 하지만 집중력이란 아무리 노력해도 스르르 사라지기 일쑤다. 산만 경제 탓에 이미 월요일부터 목표 경로를 이탈하기 시작했는데 목요일이 돼서야 한참 멀어져 있는 자신의 모습을 깨닫기도 한다.

다행히 우리는 자신의 한 주를 미리 계획함으로써 주요 업무를 계속해서 주시하고 진척 상황을 검토하며 앞으로 나아갈 수 있다. 비결은 커다란 목표와 이니셔티브를 처리하기 쉬운 작은 단계들로 나누는 것이다. 그런 다음, 일을 진척시키려면 그 주에 이끌어내야 하는 세 가지 성과를 중심으로 앞으로 수행해야 하는 단계들을 주간 계획에 펼쳐 놓는다. 세 가지 성과란 공이 골라인을 향해 착실히 달려가도록 하는 핵심 과정이다. 이미 이 과정의 일부를 목표 달성과 관련해 나의 지난 책 《탁월한 인생을 만드는 법》에서 다룬 바 있는데, 이번에 더 상세히 설명하려 한다.

여섯 단계로 구성된 주간 프리뷰가 있으면 머릿속에서 윙윙대는 온갖 업무의 진행 상황을 질서정연하게 파악할 수 있으며, 자기 시간에 대한 통제권을 손에 쥘 수 있다. 다가오는 주를 미리 검토하는 시점은 언제가 되든 상관없다. 검토하는 걸 빼먹지만 않으면 된다. 내가 찾은 최적의 시점은 한 주의 마지막 업무가 종료되는 금요일 오후, 새로운 한 주가 시작되기 직전인 일요일 저녁, 새로운 한 주를 맞이한 월요일 아침이다. 나는 개인적으로 이 중에서도 일요일 저녁을 선호한다. 3장과 7장에서 이야기한 것처럼 나는 주말에는 휴식을 취하기 위해 일 플러그를 뽑아 두는데, 가끔 발생하는 돌발 상황을 제외하면 이것이 하나뿐인 예외라고 할 수 있다. 자신에게 가장 잘 맞는 때를 선정하라. 일정표에 정기적으로 포함시키며 스스로 지키겠다고 다짐해야 한다. 처음에는 30분 정도로 시작한다. 그러다 익숙해지면 10분이나 15분 만에 끝낼 수도 있을 것이다. 이는 각자의 성향과 일의 특성에 따라 달라질 수 있는 부분이다.

주간 프리뷰를 하는 것은 혼돈("열 명의 사람과 동시에 탁구를 하는 기분")에서 빠져나올 수 있는 기회이며, 스케줄을 원만하게 구성하고 자신의 책무를 다할 수 있도록 다가오는 주에 완수해야 하는 과업과 구체적인 행동 항목을 준비할 수 있는 기회다. 이렇게 하면 주어진 프로젝트와 임무를 척척 진행할 수 있다. 성공적인 한 주를 보내고 나면 자신이 한 주를 체계적으로 운영하고, 커다란 목표와 프로젝트들을 진척시키며, 동료, 고객, 가족 그리고 자기 자신을 만족시키기 위해 최선을 다했다는 느낌을 갖게 될 것이다. 주간 프리뷰는 내가 이번 주에 이 표적들을 얼마나 달성했는지 확실히 보여주고, 다가오는 한 주를 철저하게 대비할 수 있도록 도와준다. 그럼 주간 프리뷰의 여섯 단계를 구체적으로 살펴보자.

1단계: 이번 주의 승리 떠올리기

주간 프리뷰를 진행하며 가장 먼저 해야 하는 일은 이번 주의 승리를 돌아보는 것이다. 자신이 성취한 가장 큰 결실들을 떠올려본다. 무엇보다 자랑스러우며 자신의 일과 삶에 큰 영향을 준 일들에는 어떤 것이 있었나? 다소 어색하게 느껴지더라도 의도적으로 생각해내야 한다. 높은 성취를 추구하는 사람들은 자신이 승리한 경험이 아니라 자신의 결점, 즉 자신이 '이루지 못한 것'에 초점을 맞추는 경향이 있다. 이렇게 그릇된 방향으로 골몰하다 보면 자신감까지 해친다. 반대로 승리에 초점을 맞추면 감사, 즐거움, 자기 효능감이 생기고 다가오는 한 주에 맞설 힘을 얻게 된다.

2단계: 이번 주 결산하기

다음으로 미니 사후 평가AAR; After Action Review를 한다. 이번 주에 어떤 교훈을 얻었는지, 그리고 조만간 향상된 결과를 확인하고 싶으면 어떠한 조치를 해야 할지 차분하게 생각해보자. 다음의 세 가지 기본 질문에 대한 답을 찾다 보면 알 수 있을 것이다. 첫 번째, '이번 주에 주요 업무를 얼마나 진척시켰나?'

(조금 뒤에 나올 '주간 빅3'에 관한 질문이다.) 스스로를 정직하게 돌아봐야 한다. 이번 주에 있었던 핵심 이니셔티브의 경과를 평가해보자. 전부 끝마쳤나? 아니면 아직 할 일이 남아 있나? (설령 기대만큼의 성과를 이루지 못했다 하더라도 진척시킨 사항에 대해서는 부분 점수를 줘야 한다. 높은 성취를 추구하는 사람들은 스스로에게 엄격하다. 계획한 것을 전부 달성하지 못하면 자신이 이룬 성취에 대해서도 기뻐하지 않는다.) 이 질문에 제대로 답해야 다음 질문에 답할 수 있다.

두 번째, '무엇이 효과가 있었고, 무엇이 효과가 없었나?' 예상치 못한 방해물이나 주의 산만 요소가 있었나? 정확히 무엇이었나? 누가 원인이었나? 피할 수도 있었을까? 계획은 어떻게 됐나? 제대로 이행됐나? 시간 계획을 잘 짰다고 볼 수 있나? 이번 질문의 목적은 이번 주에 어떤 전략과 전술이 효과적이었는지를 살펴본 뒤 자신의 행동과 계획에서 고쳐야 할 부분을 파악함으로써 다음 주의 성과 향상을 도모하는 데 있다.

세 번째이자 마지막 질문은 이것이다. '앞서 분석한 내용을 토대로 무엇을 지속하고, 발전시키며, 시작하거나, 중단할 것인가?' 앞선 질문들을 통해 새로 알게 된 점을 실천 가능한 지침으로 바꾸는 지점이다. 이때 우리는 진정으로 성장하는 기회를 얻는다. 앞으로 자신의 행동과 계획을 어떻게 조정하려하나? 경험으로부터 배우고 거기서 얻은 교훈을 바탕으로 자신의 행동에 긍정적인 변화를 줄 줄 아는 사람은 빠르게 성장한다. 이 과정은 실천하는 사람이 소수에 불과하므로, 다른 사람들과 차별화된 경쟁력을 갖추는 데 큰 도움이 될 것이다.

3단계: 할 일 목록과 메모 검토하기

한 주를 보내다 보면 할 일 목록과 메모가 잡초처럼 마구 늘어난다. 그러니 감당할 수 없는 수준이 되기 전에 재빨리 검토하는 것이 중요하다. 우선 밀린 업무부터 검토하기를 권한다. 나중에 착륙시키겠다고 의도적으로 미뤄둔 업무들 말이다. 프로젝트 관리 툴을 이용하고 있다면 상태 입력 필드나 향후 계획 필드에 써 두는 것도 방법이다. 참고로 할 일 목록은 노즈비나 투두이스트 같은 어플리케이션, 또는 달력, 플래너 중 한곳에 모아두는 것이 좋다(많아야 두 곳). 그러는 편이 관리하기 수월하기 때문이다. 할 일 목록이나 메모를 여러 곳에 분산해 놓을수록 공을 떨어뜨릴 위험이 높아진다.

다음으로, 위임한 업무들을 검토한다. 다른 사람에게 맡긴 업무의 진행 현황을 확인하고 필요하다면 담당자와 의논해 후속 조치를 취할 수도 있다.

그 뒤에 한 주간 쌓인 메모를 검토한다. 메모란 매일 하루에 대해 기록한 것이나 회의 시간에 나온 의견, 미래를 위한 아이디어, 그 밖에 일하는 과정에서 떠오른 통찰 같은 것들을 적어

놓은 것을 가리킨다.

메모 속에는 보물이 있을 수도 있다. 메모해 둔 좋은 아이디어를 놓치거나 업무를 잊어버리고 싶은 사람은 없을 것이다. 그러한 상황을 방지하려면 이 검토 시간에 다음의 네 가지 중 적절한 조치를 하는 게 좋다.

1. **제거하기**: 더 이상 의미가 없는 업무라면, 잘라내라.
2. **일정표에 넣기**: 나중에 처리하고 싶은 업무라면 그 시기에 맞춰 일정표에 기입한다. 자신의 이상적인 1주일 계획에 따라 가능한 한 비슷한 업무를 하기로 돼 있는 곳에 집어넣어라.
3. **우선시하기**: 언제가 될지는 몰라도 다음 주 안에 처리해야 하는 업무라면, 우선순위에 포함시켜라. 내가 '주간 빅3'라고 부르는 다음 주의 최우선순위 업무 목록에 넣도록 하자. (곧 자세히 나올 내용이다.)
4. **연기하기**: 해야 하는 것은 맞는데 다음 주에는 도저히 그 업무를 위한 시간을 낼 수 없다면, 일단 할 일 목록에 놔둬라. 다음번 주간 프리뷰 시간에 어떻게 처리할지 다시 고민하면 된다.

8장. 지정하기

경험으로부터 배우고

거기서 얻은 교훈을 바탕으로

자신의 행동에 긍정적 변화를 줄 줄

아는 사람은 빠르게 성장한다.

4단계: 목표, 프로젝트, 행사, 회의, 마감 기한 확인하기

사람들이 중대한 목표와 프로젝트를 향해 나아가지 못하고 좌절하는 가장 큰 까닭은 목표가 보이지 않게 되기 때문이다. 정신없이 계속되는 그날의 업무에 치여 중대한 목표와 일은 흐릿해져 버리는 것이다. 앞서 소개한 내 의뢰인 르네도 이 문제를 겪고 있었다. "항공업에 종사하고 있으니 평소 3만 피트, 4만 피트, 심지어 5만 피트 고도까지 생각이 미치는 걸 감안하면, 더더군다나 아이러니한 상황이었죠." 안타깝게도 르네는 많은 날과 많은 주를 반응적 모드로 흘려보냈다. "할 일이 너무 많아서 이러지도 못하고 저러지도 못했어요. 땅에 붙들려서 이륙할 수 없었달까요."

주간 프리뷰 과정은 이 문제를 바로잡아 준다. 마치 높은 곳에서 내려다보는 것처럼 일을 바라보는 시야를 넓혀주는 것이다. 지니고 있는 목표들을 검토해 잃어버린 핵심 동기를 되찾아라. 목표를 향해 나아가기 위해 다음 주에는 어떤 과업들을 수행하면 좋을지 분석하는 것도 중요하다. 이 시간에 핵심 프로젝트와 산출물을 검토하고 '반드시' 완수해야 하는 과업과 과업 완수를 위해 '할 수 있는' 일들도 선별해야 한다.

이제 다음 주 일정을 점검할 차례다(물론 상황에 따라서는 다음 몇 주의 일정을 살펴봐도 된다). 새로운 한 주가 시작되기 전에 어떤 준비가 필요한지, 위임할 업무가 있는지, 마무리 지어야 할 일은 무엇인지 파악할 수 있는 좋은 기회다. 다가오는 행사와 임박한 마감 기한을 날짜별로 정리해 일을 실행할 순서를 정한다. 항공기 두 대를 같은 활주로에 동시에 착륙시킬 수는 없다. 예정된 회의 일정을 확인해 두는 것도 중요하다. 만약 일정을 변경하거나 취소해야 한다면 가급적 빠른 시일 내에 제대로 변동 사항을 알려야 한다.

5단계: 주간 빅3 지정하기

목표, 프로젝트, 마감 기한 등에 대한 검토를 마쳤다면, 이제 주도적인 마음가짐으로 자신의 주간 빅3를 설정해야 한다. 나는 주요 목표와 프로젝트를 성공시키기 위해 다가오는 주에 완수해야 하는 세 가지 가장 중요한 일을 주간 빅3라고 부른다.[4] 당연히 1주일로는 어림도 없을 만큼 할 일이 많을 것이다. 하지만 마라톤도 한 번에 한 걸음씩 달려야 결승선에 이를 수 있다.

그렇다면 주간 빅3는 어떻게 결정하는 것이 좋을까? 여기에는 오랜 시간에 걸쳐 검증된 유용한 도구가 있다. 바로 스티븐 코비Stephen Covey가 널리 알린 아이젠하워의 우선순위 매트릭스Eisenhower Priority Matrix로, 일의 긴급성을 x축, 일의 중요성을 y축으로 나눈 간단한 사분면이다.[5]

1사분면에 해당하는 것은 중요하고도 긴급한 일이다. 따라서 가장 먼저 시간을 할당해야 하고, 다른 어떤 일보다도 우선시해야 한다. 여기서 '중요'하고 '긴급'한 일이란 '나' 개인에게 중요하고 긴급한 일이라는 점을 짚고 넘어가야 하겠다. 우리는 자신과 관계없이 다른 사람의 중요하고 긴급한 일에 휘말리는 경우가 너무 잦다. 자신의 이번 분기 목표들을 떠올려보자. 남은 시간이 얼마나 있나? 핵심 프로젝트들의 마감 기한은 어떻게 되나? 1사분면에 있는 업무가 주간 빅3에 가장 먼저 들어가야 하는 것들이다.

아이젠하워 우선순위 매트릭스

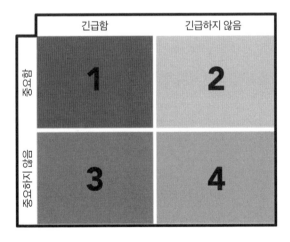

자신의 하루를 설계할 때 1사분면과 2사분면의 일을 우선시해야 하고, 3사분면의 일은 빠르게 처리해야 하며(위임할 수 있으면 위임하는 것이 좋다), 4사분면의 일은 과감히 모두 제거해야 한다.

2사분면은 중요하지만 지금으로서 긴급하지는 않은 일이다. 이런 일은 쉽게 미루게 된다. 그러니 조심하자! 긴급하지 않다는 이유로 2사분면의 일은 등한시되기 일쑤다. 그러면 착륙 허가를 기다리며 상공을 맴돌던 항공기는 연료가 바닥나고, 우리는 비상사태를 일으키거나 기회를 놓치거나 혹은 둘다 야기하게 된다. 따라서 어떤 업무가 2사분면 업무로 식별되면 조만간 해당 업무를 처리할 계획도 세워 둬야 한다.

3사분면은 나보다는 다른 사람에게 긴급하고 중요한 일이다. 아마 많은 사람이 매주 3사분면의 일을 하느라 동분서주할 것이다. 정신을 차리고 있지 않으면 다른 사람들의 우선 사항이 나의 우선 사항을 밀어낼지도 모른다. 그러면 나는 생산성을 잠식당하고 나의 핵심 목표와 주요 프로젝트들은 진척이 되지 않고 중단될 수도 있다. 3사분면 업무가 있다면 다음의 세 가지 질문을 통해 하나하나 평가해 보도록 하자.

1. 해당 업무를 받아들이면 1사분면 또는 2사분면 업무에 지장을 초래하나?
2. 3사분면의 업무 요청을 받아들임에 따라 어떤 것을 희생시키려 하나? 다시 말해, 해당 요청을 수락하기 위해 거절해야 하는 것은 무엇인가?
3. 해당 업무를 수락하고 나면 수락한 것을 후회하거나 상

대방을 원망하게 될 가능성이 있나?

이 질문들을 해봐도 자신의 할 일 목록의 한 자리를 다른 사람에게 내줘도 괜찮다는 생각이 든다면, 그렇게 하면 된다. 그러나 긴급성과 중요성을 혼동하지 않도록 주의하자.

4사분면은 나에게 긴급하지도 중요하지도 않은 일이다. 4사분면의 업무는 결코 나의 일정표나 할 일 목록에 들어가서는 안 된다. 하지만 아마 아직 들어 있을 것이다. 보통 다음의 세 가지 이유 때문이라고 할 수 있다. 첫 번째 이유는 '혼동'이다. 우리는 절대 멈춰 서서 어떤 활동이나 과업을 평가하는 시간을 갖지 않는다. 생각 없이 뛰어들고, 영락없이 토끼굴에 빠져 헤맨다. 두 번째 이유는 '죄책감'이다. 어떤 일이 자신의 책무가 아니라는 것을 안다 해도, 자신이 해야 할 거 같은 기분이 드는 것이다. 죄책감은 우리의 판단력을 흐린다. 세 번째 이유는 '좋은 기회를 놓칠지도 모른다는 우려'다. 우리는 괜스레 새로운 기회에 '아니오'를 말하는 것을 두려워하곤 한다.

주간 빅3를 지정할 때는 자신의 우선 사항이 다른 사람들의 우선 사항에 밀려나지 않도록 해야 한다. 정말로 집중할 수 있는 자유를 얻고자 한다면 자기 시간의 95%는 1사분면과 2사분면의 활동에 쓰겠다고 다짐해야 한다. 당장은 불가능해 보일지 몰라도, 그렇지 않다. 할 일 목록을 짤 때, 이렇게 물어보자.

- (나에게) 중요한 일인가?
- (나에게) 긴급한 일인가?

이 두 개의 짧은 질문에 대한 대답을 골자로 우리는 자신의 우선순위를 체계화하고, 궁극적으로 자유를 확보할 수 있다. 르네도 이 질문들로 큰 변화를 이끌어냈다. "제 삶은 제 목표가 아니라 제 이메일 수신함이 지배하고 있었어요. 덕분에 저는 매일 혼란스럽고 아무것도 한 게 없는 것 같았죠. 한 기업의 소유주로서 이런 말을 하자니 좀 부끄럽지만, 아침에 일어나면 정말 일하러 가기가 싫었어요. 이제는 '프리 투 포커스 시스템' 덕택에 제게 가장 중요한 업무를 추려내고, 그 일을 끝마칠 수 있어요. 그리고 저를 둘러싼 세상에 변화를 일으킬 수 있는 일을 할 충분한 여유도 생겼지요." 르네의 말이다.

6단계: 회복 계획하기

3장에서 이미 상세히 다루고, 7장에서도 이상적인 1주일과 관련해 설명한 내용이다. 주간 프리뷰에서는 회복 계획이 실제로 유효한지도 확인하게 될 것이다. 회복하기를 위한 일곱 가지 실천 방안을 떠올려보자. 수면, 식사, 운동, 대인 관계, 놀이, 성찰 그리고 일 플러그 뽑기 말이다. 프리뷰를 하면서 저녁이나 주말, 그 밖에 회복하기 활동을 위해 따로 빼 둔 시간에

이 실천 방안들을 집어넣어라. 많은 고성과자가 그렇듯 어떻게 해야 할지 잘 모르겠다면, 다음의 표를 훑어보며 앞서 배운 것들을 상기해보라.

수면	매일 몇 시간 정도 자고 싶은가? 그러려면 몇 시에 잠자리에 들어야 할까? 낮잠은?
식사	가보고 싶은 음식점이나 만들어 보고 싶은 요리가 있는가? (식사 활동과 대인 관계 활동을 결합하는 것도 좋다.)
운동	쉴 때 운동을 하고 싶은가? 평소에 하는 것과는 다른 운동을 해보고 싶은가?
대인 관계	쉬는 날 함께 시간을 보내고 싶은 사람들은 누구가? 어떻게 하면 그 사람들과 소중하고 알찬 시간을 보낼 수 있을까? 어떤 활동들을 함께하면 유대를 강화할 수 있을까?
놀이	쉬는 날에 뭘 하며 놀고 싶은가? 도전하고 싶은 취미나 해보고 싶은 게임, 보고 싶은 영화가 있는가?
성찰	어떻게 자신의 마음과 정신을 회복시킬 것인가? 독서? 일기 쓰기? 산책? 종교 활동?
일 플러그 뽑기	일에서 완전히 벗어나려면 어떻게 해야 할까? 스마트폰을 서랍에 넣고, 일과 관련된 모든 어플리케이션에서 로그아웃을 하고, 일에 관해서는 생각하지도 말하지도 관련 자료를 읽지도 않아야 한다.

무대 밖 시간은 계획 없이 들락날락하게 되기가 쉽다. 그러나 부디 계획한 대로 실천하기를 바란다. 회복하기 시간도 마찬가지다. 커리어를 시작할 때 매트는 생산성이란 최대한 적은 시간 안에 최대한 많은 일을 해내는 것이라고 생각했다. 그러다 '자유 나침반'과 위임하기 같은 도구들을 자신의 삶에 받

아들인 뒤, 온전히 무대 밖 시간을 가질 수 있게 됐다. "저는 거의 매일 아침 6시에 출근해서 오후 5시나 5시 30분에 일을 마쳤어요. 토요일에도 아침 7시부터 12시나 1시까지 일을 하는 게 예사였지요." 매트의 말이다. 매트는 서비스업을 운영하다 보니 이런저런 방해 요인이 많았다. 그래서 토요일 아침을 밀린 업무를 처리하는 시간으로 활용했다. 직종과 상관없이 많은 사람이 비슷한 유혹을 받는다. 평일에 마무리 짓지 못한 업무를 무대 밖 시간에 하려고 하는 것이다.

매트는 이제 이러한 시간과 작별했다. "근무일 중에 사무실로 출근하지 않는 날들이 매주 있어요. 그날에는 사무실에도, 이메일과 스마트폰에도 관심을 꺼요. 정말 하루 종일 한 번도 안 들여다봐요. 그렇게 하니까 제 일을 집중해서 끝마칠 수 있고, 토요일에 출근할 일도 없어졌죠. 생산성을 끌어올려 매일같이 어떻게든 더 많은 일을 하려고 애쓰는 대신, 지금은 제가 완수하고 싶은 작업이 무엇인지 명확하게 파악한 다음에 몰두해요. 그러니 자연히 가족과 함께 보내는 시간, 제가 좋아하는 취미 생활을 할 시간이 늘어났죠. 일할 때는 일을 하고, 집에 있을 때는 집에 있어요. 일도 열심히 하고, 노는 것도 열심히 놀아요. 그런데 이 두 가지가 완전히 구분돼 있죠. 프리 투 포커스 시스템으로 경계가 확실히 생겼으니까요."

주간 프리뷰는 오래 걸리지 않는다. 앞서 말했듯 일단 리듬을 찾고 나면 10분에서 15분 정도면 충분히 끝낼 수 있다. 풀 포커스 플래너를 보면 프리뷰 과정을 빠르고 효과적으로 진행할 수 있도록 도와주는 간단한 서식이 실려 있다. 언제, 어디에서 무슨 일을 할 것인지 지정한 다음에는 하루를 설계한다. 이때도 여러 요소를 고려해야 하지만, 마찬가지로 오래 걸리지 않는다.

하루 설계하기: 일간 빅3

멋진 하루는 저절로 주어지는 것이 아니라 '노력해서 얻는 것'이다. 나는 매일 아침 제대로 된 계획 없이 출근한 기간이 몇 년이나 된다. 그저 주위 상황이 돌아가는 대로 반응하며 내 시간을 몽땅 썼다. 회의 요청이 들어오면 회의를 하고, 방해물이 나타나면 방해를 받으면서 말이다. 만일 여러분의 하루가 언제나 이런 식으로 이뤄진다면, 성공은 요원하다. 시간을 통제하는 사람이 자기 자신이 아니라 주변 사람들이 돼 버렸기 때문이다. 통제권을 스스로 '포기'한 것이다. 계획을 세우면 다른 사람들에게 휘둘리지 않을 수 있다. 또 그렇게 해야 자신에게 중요한 일들을 끝마칠 수 있다. 자신의 목표와 우선순위에 맞춰 하루를 설계해보자.

우리가 근무하는 날은 보통 회의와 업무, 이 두 종류의 활동으로 하루가 채워진다. 이 두 활동이 어떤 식으로 하루를 구성하는지는 직업에 따라 사람마다 다르다. 또 그날이 주로 무대 위 활동을 하는 날인지, 무대 뒤 활동을 하는 날인지에 따라서도 조금씩 다르다(7장을 참고하라).

회의 시간은 보통 재량적으로 선택하기가 어려워, 고정불변인 것으로 봐야 한다. 회의를 취소하거나 양해를 구하고 회의에 빠질 수야 있지만, 회의에 임박해 불참하는 경우에는 평판에 손상을 입고 사회관계 자본의 약화를 대가로 치러야 한다. 또 회의를 준비하느라 몇 시간씩 공을 들였을지 모르는 다른 참석자들에게 큰 폐를 끼치게 된다. 따라서 주간 프리뷰를 통해 회의 일정을 점검하는 것이 중요하다. 회의 참석 요청을 수락했고 그 약속을 해당 날짜의 일정에 포함해 뒀다면, 단 하나의 진정한 선택지는 회의 장소에 가서 회의를 하는 것이다. 가끔 회의가 끝도 없이 이어져 다른 업무는 손도 댈 수 없는 날도 있다. 여러분도 그런 날이 있을 것이다. 그러나 나는 언제가 그런 날이 될지 예상할 수 있기 때문에, 그날에는 꼭 마무리 지어야 하는 업무는 계획해 두지 않는다. 반대의 경우도 가능하다. 온전히 자신의 업무에만 집중하는 날을 정해, 그날 하루는 어떤 회의 요청도 받아들이지 않는 것이다. 방해받지 않고 일에 몰두할 시간이 필요하다는 판단이 설 때는 그렇게 하는 게 중요하다. 이상적인 1주일 계획을 토대로 일정을 짜면 어렵지 않다.

업무에 관한 한 나는 매일 단 세 가지 핵심 업무만 완수하는 것을 목표로 한다. 이것을 '일간 빅3'라고 한다. 아마 불가능하다고 생각되거나 탐탁지 않게 들릴 텐데, 당연하다. 그렇지만 판단은 나중으로 미루자. 일간 빅3를 적용하면 업무와 생산성에 대변혁이 일어나고, 일터와 가정 두 곳 모두에서 느끼는 전반적인 만족도가 수직 상승할 것이다.

대다수 전문직 종사자가 수많은 할 일, 참석해야 하는 회의, 만나야 하는 사람, 끝마쳐야 하는 프로젝트 등으로 가득한 긴 목록을 가지고 하루를 시작한다. 그런데 너무 많은 걸 한꺼번에 하려다가 이것도 저것도 제대로 하지 못하는 경우가 비일비재하다. 매일같이 처리할 업무 목록을 열 개에서 스무 개 정도 작성하는 사람이 수두룩하다. 그러나 그럴수록 낙담으로 하루를 마무리 짓게 될 뿐이다. 그중 대여섯 개 업무를 완수했다 하더라도, 할 일 목록에는 손도 못 댄 일이 더 많아 실패한 하루처럼 느껴지기 때문이다.

앞서 소개한 내 의뢰인 스티븐도 하루 12시간씩, 1주일에 5일을 일했고, 그 이상 일을 할 때도 있었다. "아침 6시부터 저녁 6시까지 꼬박 일했는데, 그렇게 장시간 일하고도 계획했던 일을 전부 끝마치지 못해서 스트레스를 받았어요. 안 해도 될 일까지 너무 많이 했던 것 같아요. 불만족스러운 마음이 계속해서 커지다 못해 사무실 밖에서도 머릿속으로는 일을 하는 지경이었죠." 초과 근무와 정신적 고갈로 스티븐은 아내, 딸들과 양적으로도, 질적으로도 유익한 시간을 보낼 수 없었다.

당시 스티븐이 생각해낸 유일한 해결책은 그저 더 열심히 일하는 것이었다. "저는 스스로를 더 몰아붙였어요. 그러면서 생각했죠. '조금만 더 하면 될 것 같아. 그러면 지금보다 일을 덜 해도 돼.'" 그러나 2장에 나온 제한적 믿음을 떠올려보라. '당분간만 과로를 하는 것'이란 끝없이 과로하고 있는 고통스러운 상황에서 자기 자신을 위로하기 위해 하는 말에 지나지 않는다. 만성적으로 과로에 시달리는 현실을 끝내고 싶다면 바꾸어야 한다. 즉, 우선적으로 처리할 업무 단 세 가지를 결정하라.

나는 일에도 파레토 원칙이 적용된다는 것을 발견했다. 파레토 원칙, 즉 80:20 법칙에 따르면 약 80%의 결과가 불과 20%의 행동으로부터 나온다. 내 경험상 사람들은 보통 12개에서 18개의 업무를 갖고 있는데, 여기서는 계산하기 쉽게 15개라고 하자. 이때 80:20 법칙에 의하면 이 중 다른 업무들과 비교해 중요성을 띠는 업무는 단 세 개뿐이다. 결과물의 80%를 만들어내는 20%의 행동에만 집중할 때 어떤 힘이 생길지 상상

해보라. 이것이 바로 일간 빅3를 통해 이루려는 것이다.[6]

그렇다면 일간 빅3를 선별하는 방법은 무엇일까? 먼저, 주간 빅3를 확인한다. 주간 빅3는 목표와 프로젝트를 달성하기 위해 그 주에 반드시 얻어야 하는 세 가지 결과물이다. 따라서 주간 빅3에 맞춰 일간 빅3를 정해야 한다. 되도록 갈망 영역 업무를, 그다음으로 아이젠하워 우선순위 매트릭스의 1사분면 또는 2사분면에 해당하는 업무를 선택하도록 하자. 주간 빅3를 염두에 두면서 갈망 영역 활동을 훑어본 뒤, 1사분면 활동(중요하고도 긴급한 일), 2사분면 활동(중요하지만 긴급하지는 않은 일) 순으로 살펴본다. 물론 무시할 수 없는 외부의 요청이나 기타 업무가 발생할 수도 있다. 이때도 우선순위 매트릭스를 이용하면 된다. 이 과정을 거치지 않으면 3사분면에 해당하는 일(다른 사람에게 긴급하지만, 나에게는 중요하지 않은 일)로 나의 하루가 뒤덮이게 될지도 모른다.

다소 딱딱하다고 생각되겠지만, 이 절차를 따르다 보면 제일 중요한 일에 자연스럽게 초점이 맞춰질 것이다. 좌절감을 느낄 일도 없다. 왜일까? 이제 여러분 손에 들려 있는 것은 다 하지도 못할 긴 할 일 목록이 아니기 때문이다. (애초에 이길 수 없는 게임이라는 걸 알면 어느 누가 최선을 다할 수 있을까?) 게다가 90% 확률로 그날의 할 일 목록을 모두 완수한 상태에서 하루를 마무리할 수 있을 것이다. 얼마나 가뿐한 마음이겠는가. 일간 빅3 모델을 실천하면 매일같이 중요한 업무에만 열중하며 자신의 하루를 보낼 수 있게 된다.

하루 종일 완수해야 할 중요 업무를 딱 3개로 추리라니, 마땅히 해야 할 일을 다 하지 않는 듯한 석연찮은 기분이 들지도 모르겠다. 그러나 일간 빅3를 실천하는 데는 생각보다 큰 노력과 규율이 요구된다. 열 개나 되는 업무를 죽 써 놓기만 하는 것은 게으름의 한 형태라고 봐도 무방하다. 그 목록 때문에 하루 종일 바쁘대도 말이다. 자신의 '할 만한 열 가지 업무'를 샅샅이 훑어 '진짜 중요한 세 가지 업무'를 가려내는 데는 두말할 나위 없이 훨씬 커다란 노력이 필요하다. 혹시 하루에 세 가지 업무만 처리하는 것이 장기적으로 볼 때 충분치 않다는 생각이 든다면, 1년 후에 얻을 결과에 대해 생각해보자. 기본적으로 1주일에 5일 일하는데, 휴가나 공휴일, 병가로 한 해에 25일을 빠진다고 하면, 1년에 235일 근무를 한다고 볼 수 있다. 고레버리지 업무를 하루 세 개씩 처리할 경우, 1년이면 705개의 중요한 일을 완수한 셈이다. 1년에 705개의 갈망 영역 업무를 해내면 자신의 일이 얼마나 크게 진전해 있을지 상상이 되는가?

보스턴 비어 컴퍼니 창업자이자 새뮤얼 애덤스Samuel Adams 맥주를 만들어낸 짐 코흐Jim Koch는 이 간단한 원칙으로 15억 달러 규모의 사업을 일궜다. 〈패스트 컴퍼니Fast Company〉를 통해 코흐는 자신의 평소 하루에 대해 이렇게 밝혔다. "매일 아침 저는 의미 있는 하루를 보내기 위해 세 가지에서 다섯 가지 정도 그날 꼭 해야 하는 일을 포스트잇에 적어요. 대개 급하다기보다는 중요한 일들을 적습니다. 그러곤 하루 내내 곁에 두고 봐요. 그러지 않으면 방치하거나 미루고, 아예 다른 날로 넘겨버리기 쉬운 일들이니까요. 하루가 끝나기 전에 이 목록에 전부 체크 표시를 하는 걸 최우선 과제로 삼습니다."[7]

일간 빅3 모델이 통한 사례는 음료 회사만이 아니다. 10억 달러 규모의 데이터 관리 전문 기업 빔 소프트웨어Veeam Software를 공동 설립한 라트미어 티마셰브Ratmir Timashev도 할 일 목록을 짧게 유지하는 것을 중요시한다. "할 일이란 끝이 없죠. 그렇기 때문에 우선순위를 정하는 게 굉장히 중요해요. … 보통 그날 끝마쳐야 하는 세 가지 가장 중요한 일간 업무 리스트를 만듭니다. 하루를 관리하는 데 정말 큰 도움이 돼요. 저는 아침형 인간이라 이 업무들은 정오가 되기 전에 마치려고 합니다. 그러면 그날 새로 발생한 다른 긴급한 일들을 처리할 여유도 생기죠."[8]

스티븐도 똑같은 경험을 했다. 한정해 둔 몇 가지 업무에만 집중함으로써 이전과 비교해 절반의 시간만 일하면서도 사업을 성장시켰다. 게다가 오후 4시면 귀가해 가족들과 함께 시간을 보낸다. 6장에서 소개한 케일럽도 마찬가지다. "매주 일이

8장. 지정하기

너무 벅차서 스트레스도 많이 받았죠. 할 일 목록은 언제나 제가 소화할 수 있는 수준 이상이었고, 하루가 시작되기 전부터 막막했어요. '하루에 할 일을 3개로 추리는 것은 불가능해. 오늘만 해도 할 일이 20가지나 있는데!' 하고 생각했죠." 케일럽의 말이다. 우리 모두 그렇다. 갈망 영역에 주로 머물며 그 외의 활동은 가능한 한 제거, 자동화, 위임하겠다고 진지하게 결심하지 않는 한 말이다. 케일럽은 이를 실행에 옮겼고, 엄청난 이익을 얻었다. "정말로 가능한 일이에요. 일간 빅3를 선정하는 것도 그리 어렵지 않고요. 지금은 팀이 있기 때문에 나머지 일은 팀원들에게 위임하고 저는 빅3에만 집중하며 하루를 보냅니다."

세 가지 핵심 업무에만 집중함으로써 케일럽은 자신의 하루를 통제하고 관리할 수 있는 감각이 커졌고, 더 이상 일에 압도되지 않는다. "평화롭죠. '평화롭다'는 말 이상으로 적절한 표현이 없는 것 같아요. 그리고 아침에 출근하는 길이 훨씬 활기차요." 20개나 되는 일을 닥치는 대로 처리하느라 에너지를 소진시키는 대신, 3개의 핵심 업무에만 집중함으로써 자신이 이기는 게임을 설계했고, 그 결과 자신의 성취에 흡족해하며 하루를 마무리하게 되었다. "아무런 걱정 없이 집으로 돌아가요. 그날 하루도 승리했으니까요."

2장에서 소개한 마리엘 또한 하루를 설계하는 데서 찾은 평화를 이야기했다. "매일 아침 깰 때마다 그날 해야 하는 일 생각으로 머리가 터질 것 같았어요. 지금은 한결 차분하고 평온한 마음으로 지내요. 일간 빅3 방식 덕분에 할 일을 다 할 수 있다는 믿음 속에서 하루를 보내고, 적어도 목표를 향해 나아가는 데 필요한 최소한의 일을 했다는 만족감을 느끼며 퇴근하거든요." 마리엘은 일간 빅3 모델을 팀원들에게도 알렸고, 팀 전체에 도움이 됐다. "이전에는 어떻게 일이란 걸 했는지도 모르겠다고, 지금도 농담을 나눠요."

일간 빅3는 코흐처럼 포스트잇에 쓰거나 노트에 써도 되고, 노즈비 같은 업무 관리 어플리케이션을 이용해서 작성해도 된다. 하루를 설계하는 데 어려움을 느낀다면 풀 포커스 플래너의 일간 페이지에서 힌트를 얻을 수도 있을 것이다. 풀 포커스 플래너의 일간 페이지는 내가 쓰는 계획 방식을 그대로 담은 것이다. 어디에 작성하든, 우선시할 가치가 있는 일에만 자유롭게 집중할 수 있기를 바란다.

> 집중할 자유를 얻고 싶다면, 우선적으로 처리할 업무 단 세 가지를 결정해야 한다.

시간 경계 세우기

예수와 동시대 인물인 로마의 철학자 세네카Seneca는 일찍이 우리 모두가 직면하는 어려움에 관해 썼다. "인간에게 주어진 시간이 짧은 게 아니라, 우리가 너무 많은 시간을 허비하고 있는 것이다." 그는 또 말했다. "시간을 어떻게 쓸지 안다면, 인생은 충분히 길다."

우리는 2,000년 혹은 그 이상 시간 문제로 어려움을 겪어 왔다. 우리는 시간을 지킬 줄 모르고, 가진 시간을 낭비한다. "사람들은 누가 자신의 재산을 건드리는 것은 절대 용납하지 않지만, 자기 인생은 침범하도록 내버려둔다. 심지어 자기 인생을 쥐고 흔들려는 사람을 나서서 불러들인다." 세네카의 말이다. "재산을 지키기 위해서는 한없이 인색하게 굴면서, 시간은 이루 말할 수 없이 낭비한다. 인색해야 할 건 바로 시간인데 말이다."[9]

문제는 시간에 확실한 형태가 없으며, 미래도 고정된 경계가 없다는 데 있다. 해결책은 매주 그리고 매일, 자신이 언제 무엇을 할 것인지 지정하는 것이다. 주간 프리뷰, 주간 빅3, 그리고 일간 빅3는 우리가 겉으로 드러나지 않은 모든 업무를 빈틈없이 파악하고, 시간에 확고한 경계선을 세우도록 이끈다. 이는 우리를 노리는 시간 도둑과 온갖 방해물로부터 우리 자신의 시간을 지키는 데 큰 진전을 가져다줄 것이다.

이제 방어막을 한 겹 쳤으니, 공격 방법으로 눈을 돌려보자. 9장에서 다룰 내용이다.

"시간을 어떻게 쓸지 안다면,

인생은 충분히 길다."

– 세네카Seneca

이번 장의 가이드라인을 활용해 지금 당장 자신의 첫 번째 주간 프리뷰를 하고, 주간 빅3도 정해보자. 이미 수요일이나 목요일이더라도 괜찮다. '주간 프리뷰 워크시트'가 준비돼 있다. 이 워크시트는 풀 포커스 플래너에도 실려 있다. 첫 번째 프리뷰를 마치고 나면, 앞으로 매주 주간 프리뷰를 실행하겠다고 다짐하고, 이를 일정표에 주간 반복 일정으로 적어 놓는다.

다음으로 주간 빅3를 토대로 일간 빅3를 결정한다. 오늘 반드시 완수해야 할 최우선순위 업무 세 가지를 판별한 뒤, 그 업무들을 위한 시간을 충분히 확보해야 한다. 나는 풀 포커스 플래너의 일간 페이지에도 일간 빅3를 중요한 요소로 포함시켰다. 다음의 샘플을 참고해주길 바란다. 앞으로 몇 주 동안은 매일 일간 빅3를 선별하는 데 최선을 다해보자. 3주가량 시간이 흐르고 나면 고레버리지 업무 45개가 달성돼 있기를 바란다. 그때는 자신의 삶과 일이 훌쩍 앞으로 나아가 있을 것이다.

* FreeToFocus.com/tools에서 원문을 다운로드받을 수 있다.
* http://bit.ly/주간프리뷰에서 한글 템플릿을 다운로드받을 수 있다.
* http://bit.ly/일간페이지에서 한글 템플릿을 다운로드받을 수 있다.

주간 프리뷰 워크시트

1단계: 이번 주의 승리 떠올리기 이번 주에 있었던 주요 승리를 3~5가지 써본다.

2단계: 이번 주 결산하기 이번 주의 주간 빅3에 대해 평가한다.

얼마나 진척시켰나?		√ 계획 달성도				
		0%	25%	50%	75%	100%
		0%	25%	50%	75%	100%
		0%	25%	50%	75%	100%

무엇이 효과가 있었고, 무엇이 효과가 없었나?

앞서 분석한 내용을 토대로 무엇을 지속하고, 발전시키며, 시작하거나, 중단할 것인가?

3단계: 할 일 목록과 메모 검토하기 할 일 목록을 검토하고 처리한다.

√	리스트	처리
	밀린 업무	완수하지 못한 빅3에 해당하는 업무나 그 밖의 업무가 무엇인지 파악해 자신의 업무 관리 툴에 기입한다.
	위임한 업무	다른 사람에게 맡긴 업무의 진행 현황을 파악해 자신의 업무 관리 툴에 기입한다.
	메모	한 주 동안 메모한 것들을 검토하고 필요한 내용은 자신의 업무 관리 툴에 기입한다.

4단계: 주요 행사, 업무와 마감 기한 확인하기 목표와 프로젝트를 염두에 두며 다음 주의 일정을 점검한다.

무엇을?	언제?

5단계: 주간 빅3 지정하기 4단계 활동을 바탕으로, 자신의 목표와 프로젝트를 향해 나아가려면 이번 주에 반드시 완수해야 하는 세 가지 업무를 정한다.

1	
2	
3	

6단계: 회복 계획하기 회복을 위해 자유 시간을 어떻게 활용할 것인지 계획한다. 일정표를 보고 회복하기를 위해 확보해 둔 시간에 이 활동들을 써넣는다.

√	활동	고려할 점
	수면	매일 몇 시간 정도 잠을 자고 싶은가? 그러려면 몇 시에 잠자리에 들어야 할까? 낮잠은?
	식사	보고 싶은 음식점이나 만들어 보고 싶은 요리가 있는가? (식사 활동과 대인 관계 활동을 결합하는 것도 좋다.)
	운동	쉴 때 운동을 하고 싶은가? 평소에 하는 운동과는 다른 운동을 해보고 싶은가?
	대인 관계	쉬는 날 함께 시간을 보내고 싶은 사람들은 누군가? 어떻게 하면 그 사람들과 소중하고 알찬 시간을 보낼 수 있을까? 어떤 활동들을 함께 하면 유대를 강화할 수 있을까?
	놀이	쉬는 날에 뭘 하며 놀고 싶은가? 도전하고 싶은 취미나 해보고 싶은 게임, 보고 싶은 영화가 있는가?
	성찰	어떻게 자신의 마음과 정신을 회복시킬 것인가? 독서? 일기 쓰기? 산책? 종교 활동?
	일 플러그 뽑기	일과 완전히 떨어지려면 어떻게 해야 할까? 스마트폰을 서랍에 넣고, 일과 관련된 모든 어플리케이션에서 로그아웃을 하고, 일에 관해서는 생각하지도, 말을 하지도, 관련 자료를 읽지도 않는 방법들이 있다.

풀 포커스 플래너의 일간 페이지 샘플

___요일   /   /   /

☐ 아침 리추얼
☐ 근무일 업무 시작 리추얼

이번 분기 남은 주수   **13** **12** **11** **10** **9** **8** **7** **6** **5** **4** **3** **2** **1**

일간 빅3 오늘의 세 가지 가장 중요한 일

1	
2	
3	

그 밖의 일

√ = 완료   / = 진행 중   ○ = 위임
→ = 연기   X = 제거

☐ 근무일 업무 종료 리추얼
☐ 저녁 리추얼

9장.

활약하기

방해물과 산만함을 물리쳐라

ACTIVATE: Beat Interruptions and Distractions

나는 내가 하겠다고 동의한 경험만 한다.

-윌리엄 제임스William James

유별난 잡지 발행인이자 발명가인 휴고 건즈백Hugo Gernsback은
근심스러웠다. 1925년도의 일터에도 주의를 산만하게 하는 요
소가 너무 많아 무엇 하나 제대로 끝마치는 것이 불가능해 보
였던 것이다. 이 문제를 해결하고자 건즈백은 아이솔레이터
Isolator(격리기)라는 새로운 장치를 발명했다. 운전자용 헬멧의
초대형 버전같이 생긴 아이솔레이터는 사무기기의 탈칵거리
는 소리, 전화나 초인종 소리, 동료들의 말소리를 차단해줬다.
이 헬멧을 쓰면 두 개의 작은 눈구멍으로 오로지 바로 코앞에
있는 일에만 집중할 수 있었다. 적어도 산소통의 산소가 다 떨
어지기 전까지는 말이다.[1]

　건즈백의 선견지명처럼 오늘날 우리는 그가 보면 깜짝 놀랄
정도로 수많은 메시지와 정보의 홍수 속에서 살아간다. 소셜
미디어, 문자 메시지, 어플리케이션 알림, 회의 요청, 사무실
전화, 스마트폰, 그 외에도 우리가 처리할 수 있는 이상의 소
음이 온종일 우리를 둘러싸고 있다. 기업들이 칸막이형 사무
실이나 개방형 사무실 구조를 도입한 결과 이러한 상황은 더
욱 악화됐다. 협업과 비용 절감의 대가로 집중력을 포기한 셈

9장. 활약하기

이다.[2] 사회 전반에 산만한 분위기가 팽배하자 마인드풀니스 mindfulness, 즉 외부의 자극에 동요하지 않고 지금 이 순간에 집중할 것을 강조하는 새로운 비즈니스도 부상했다. 하지만 마인드풀니스는 말처럼 쉬운 일이 아니다.

산만 경제 시스템은 우리가 오늘 해야 할 일이 아니라 다른 데에 정신을 팔기를 원한다. 왜일까? 주의를 '기울이다'라고 하는 데는 이유가 있다. 주의력은 가치가 있다. 우리에게도 그렇고, 다른 사람들에게도 그렇다. 우리는 알림 소리가 날 때마다 하던 일에서 눈을 떼고 알림 내용에 주목한다. 그러면 우리의 주의력이 생산하는 가치는 우리를 떠나 함께 일하는 동료나 광고주 같은 다른 사람에게로 넘어간다. 유감스럽게도 우리는 손해를 보는 거래를 하곤 한다.

물론 정말로 긴급한 상황일 때도 있다. 그러나 대부분이 사소하고 중요하지 않은 일이다. 우리가 중요하다고 생각하는 일들도 알고 보면 줄일 수 있는 것들이 많다. 자신에게 가장 중요한 프로젝트와 과업에 집중하고 있다면, 방해물과 주의 산만 요소 때문에 자신의 하루 계획을 그르치고 목표 달성에 차질을 입고 싶지는 않을 것이다. 이번 장에서는 하던 일이 중단되는 상황을 최소화하고 집중력을 최대화함으로써 우리가 계획한 일을 완수했다는 만족감과 함께 하루를 마무리할 수 있게 해주는 전략을 살펴볼 것이다.

사무실에서 집중할 수 없는 문제는 사무실의 역사만큼이나 오래됐다. 발명가 휴고 건즈백은 무려 1925년에 아이솔레이터라는 해결책을 내놓았다. 산소가 바닥나기 전까지는 효과가 대단했다.

방해물: 침입

방해물이란 우리의 집중력을 깨뜨리는 외부 자극을 말한다. 갑작스러운 방문, 전화, 이메일 또는 슬랙 메시지처럼 우리가 하던 일에서 주의를 돌리게 만드는 모든 것이다. 방해물은 단순히 귀찮고 성가신 존재가 아니다. 우리가 의미 있는 일을 하지 못하도록 괴롭히는 암적인 존재다. 방해물이 있으면 가까스로 업무를 끝마치더라도 계획보다 한참 늦어졌거나 노력에 미치지 못하는 결과를 얻게 된다. 다행히 우리에게는 방해물을 줄이고 물리칠 수 있는 생각보다 커다란 힘이 있다. 다음은 아이솔레이터와 같은 효력을 발휘해 우리의 생산성을 극대화해줄 두 가지 대책이다.

즉흥적 의사소통 제한하기

세월이 흐르면서 의사소통에 걸리는 시간은 점점 짧아졌다. 내가 처음 일을 시작했을 때는 서류를 대부분 우편으로 주고받았다. 한 번 보내면 도착하기까지 며칠은 기본이고 한 주가 걸릴 때도 있었다. 그러다 팩스, 이메일, 문자 메시지, 인스턴트 메시지가 등장했다. 한때는 전화가 즉각적으로 의사소통을 할 수 있는 유일한 도구였지만, 지금은 개인 간이든 팀 간이든 슬랙, 마이크로소프트 팀즈를 비롯한 각종 메시징 및 협업 어플리케이션을 이용해 실시간으로 끊임없이 소통을 하게 됐다.

우리는 속도와 중요성을 혼동한다. 이 때문에 의사소통을 나누는 속도와 방해를 받는 횟수가 크게 늘었다. 한 설문 조사에 따르면 응답자의 4분의 1이 다른 일을 하던 중이더라도 인스턴트 메시지를 받으면 즉각 답장을 보내야 한다고 느끼는 것으로 나타났다.[3] 이는 개인의 생산성에 막대한 영향을 미친다.[4]

여러 기기와 수없이 많은 어플리케이션에서 어떤 작업을 수행하라는 공지 사항이나 새로운 메시지, 코멘트, 태그에 대한 알림이 계속해서 울리는 상황에서는, 주의를 계속 이곳저곳에 빼앗기느라 의미 있는 일에 오랫동안 몰입하기 어렵다. 아이폰이 출시된 지 5년이 됐을 때 애플사는 애플 서버를 통해 전송된 푸시 알림이 7조 건 이상에 달한다고 뽐냈다. 그 뒤로 몇 년이 더 흐르는 동안에도 이 수치는 계속해서 커지기만 했다.[5] 스마트폰뿐만이 아니다. 서로 조금씩 다른 어플리케이션, 위젯, 프로그램 생태계를 구축해 둔 컴퓨터, 태블릿, 스마트워치도 쉬지 않고 알림 소리를 내며 반짝인다. 모든 알림은 우리의 주의를 얻어 이익을 도모하기 위해 만들어졌다. 이 말인즉슨, 우리는 주의를 빼앗길 때마다 우리의 이익도 빼앗기고 있다는 뜻이다.

런던 대학과 휴렛 패커드사의 연구에 의하면, 걸려오는 전화를 받거나 메시지를 확인하기 위해 주의를 옮길 때 우리는 IQ가 10% 감소하는데, 이것은 마리화나를 피울 때보다 두 배나 큰 영향이다.[6] 물론 인지 기능을 영구적으로 손상시키는 것은 아니지만 신경심리학자 프레데리케 파브리티우스Friederike Fabritius와 리더십 전문가 한스 하게만Hans Hagemann에 따르면 '일시적으로 지능이 떨어지는 것'이라 할 수 있다.[7]

유일한 해결책은 가능한 한 응답을 지연하는 것이다. '항시 대기 상태'여야 하는 고객 서비스 직종에 있는 것이 아니라면,

이메일이나 슬랙은 하루 2~3회 이상 사용하지 않도록 하자. 일간 빅3에 해당하는 고레버리지 프로젝트를 활발히 진행하기 위해 이메일이나 슬랙이 꼭 필요한 상황이 아니라면 말이다. 이상적인 1주일 계획을 훑어보며 업무 시작 리추얼과 업무 종료 리추얼 등을 이용해 지연 응답을 처리할 시간을 따로 만들어두는 것이 좋다.

	즉각 응답	지연 응답
나의 반응	이미 늦었다.	내가 편한 시간에 응답하면 된다.
집중에 미치는 영향	집중이 깨진다.	집중을 유지한다.
의사소통의 깊이	급하게 대응하므로 피상적이다.	시간을 두고 사려 깊게 대응한다.
중독 위험	도파민 분비로 강박적 응답 습관이 강화된다.	도파민 분비가 자극되지 않으므로 중독의 위험이 없다.

즉각 응답을 하지 않기 위해서는 무엇보다 알림을 꺼두는 것이 중요하다. 가장 좋은 방법은 일단 데스크톱, 스마트폰, 기타 모든 기기의 알림 기능을 끈 다음 생각해보는 것이다. '이 중에 제때 꼭 받아야 하는 어플리케이션 알림은 뭐지?' 알림 기능을 켜둘 극소수의 어플리케이션을 추렸다면, 되도록 눈과 귀에 거슬리지 않는 알림 방식을 설정한다. 나는 알림 소리가 나지 않으며, 메시지 미리 보기가 뜨지 않고, 잠금 화면 상태에

STEP 3. 행동하라

서는 알림이 나타나지 않도록 설정해뒀다. 대부분 있다는 사실을 잘 모르는 스마트폰의 방해 금지 모드를 최대한 이용하는 것도 추천한다.

애초에 나에게 오는 전화나 문자 메시지 수를 줄일 필요도 있다. 특히 하루 수십 통 이상이 수신되는 상황이라면 말이다. 스마트폰 번호를 변경하는 것도 한 방법이다. 생각보다 번거롭지 않으며, 방해물을 줄이는 데 큰 도움이 되므로 충분히 시도할 가치가 있는 일이다. 새로운 스마트폰 번호와 함께 구글 보이스 번호도 만든다. 새로운 스마트폰 번호는 가족, 가까운 직장 동료, 친한 친구 몇 명에게만 알린다. 그리고 그 외의 지인, 대부분의 일 관계자, 자주 이용하는 가게와 온라인 서비스 업체에는 구글 번호를 준다.

다음으로 스마트폰에 구글 보이스 어플리케이션을 다운로드받는다. 이 어플리케이션을 설치하고 나면 문자 메시지와 음성 메시지가 이메일 수신함으로 전달된다. 그러면 하루에 몇 차례 배정해 둔 이메일 관리 시간에 이메일을 처리하면서 이 메시지들도 함께 처리하면 된다. 문자 메시지에 대한 답변을 이메일로 작성해도 상대방에게 문자 메시지로 전송된다.

자신이 문자 메시지를 하루에 몇 차례만 확인한다는 사실을 사람들에게 알리고 싶으면 이메일 어플리케이션에서 자동 응답 메시지가 발송되도록 설정하면 된다. 상대방은 스마트폰

문자 메시지로 이 내용을 받을 수 있다. 이제 실시간으로 수신되는 문자 메시지는 가족을 비롯해 가장 가까운 사람들에게서 오는 것뿐이다.

즉각 응답하는 의사소통 방식을 제한하면, 스트레스가 줄고 집중력이 올라가 몰입해서 일을 할 수 있으며, 이는 중요한 과업과 프로젝트의 눈에 띄는 진척으로 이어진다. 여기에 한 가지 실천을 더하면 더 큰 효과를 얻을 수 있다.

사전에 경계선을 설정하고 지키기

지연 응답 방식을 취하면 다른 사람들이 우리의 시간에 접근하는 것을 제한할 수 있다. 핵심은 지연 응답 방식을 실행할 것이라는 사실을 알려 사람들의 기대를 사전에 조절하는 것이다. 집중하기 위해 일정 시간 동안 오프라인 상태로 있을 것이라는 걸 주변 사람들에게 알려라. 미리 말해서 사람들이 나를 찾아오는 일까지 벌어지지 않도록 해야 한다. 사람들에게 관련 내용을 이메일이나 슬랙 메시지로 보내라. 적절한 채널의 상태 메시지를 업데이트하라. 이메일 어플리케이션의 자동 응답 기능을 활성화시켜라. 올리버 버크먼은 이메일 수신함을 세상 모든 사람이 나를 위해 채워주는 할 일 목록이라고 평했다.[8] 자동 응답 기능을 통해 다른 사람들이 언제 내가 오프라인 상태이며 언제 답장을 보낼 예정인지 알 수 있도록 설정해 두면, 이 할 일 목록에 대한 통제권을 되찾고 지킬 수 있다. 기꺼이 사무실 문 앞에 '방해 금지' 팻말도 걸어두기를 바란다.

언제 소통에 응할 수 있는지 사전에 알림으로써 우리는 자신의 시간을 온전히 자기 뜻대로 관리하게 된다. 평소 자신의 사무실이 열려 있는 시간을 공지하는 것도 한 방법이다. 누구에게나 언제든 문을 활짝 열어두는 태도는 일견 그럴싸한 듯하지만, 나를 찾는 사람들을 통제하지 못하면 결국 의미 있는 일은 하나도 마무리 지을 수 없다. 이 시간을 미리 정하고 공지하면 팀원들과 원활히 일할 수 있으며, 방해 요인을 처리할 시간이 계획돼 있으니 자신의 업무를 완수하는 데 필요한 시간도 제대로 확보할 수 있다.

내가 늘 소통 가능한 상태이기를 바라는 상사가 있을 때는 어떻게 해야 할까? 몰입해서 일할 수 있는 업무 시간이 필요하다는 사실을 납득시켜야 한다. 내게 그런 시간이 확보되면 상사에게는 어떤 이득이 생기는지를 설명하라. 상사에게 이점을 더욱 많이 보여줄수록 내 시간의 경계를 설정할 수 있는 재량도 커지게 된다.

그러나 조심해야 할 점이 있다. 나 스스로 내 시간의 경계를 지키지 않으면 다른 사람도 지켜주지 않는다. 누군가 경계선을 슬쩍 넘어오려 하면 단호한 태도로 막아야 한다. 타당한 요청일 경우에는 적당한 시간으로 미루면 된다. 기억하라. 시

이메일 수신함은 세상 모든 사람이 나를 위해 채워주는 할 일 목록이다.

➤

간은 고정적이다. 더없이 귀중한 자원이니만큼 최선을 다해 지켜야 한다.

산만함: 도피

방해물이 우리의 주의를 요구하는 '외부적' 힘이라면, 주의 산만 요소는 집중력을 약화시키는 모든 '내부적' 요인을 의미한다. 우리를 산만하게 만들어 할 일을 하지 못하게 하는 최대의 적은 우리 안에 있다. 일이 특별히 어렵다거나 지루해지면 우리는 이메일, 문자 메시지, 전화, 인터넷 서핑, 뉴스, 소셜 미디어 피드로 도피한다. 할 일에서 벗어나는 건 그때마다 자신을 점점 더 쉽게 산만해지고 주의 집중 시간이 짧은 사람으로 훈련시키는 것이나 다름없다. 결과적으로 초점이 있는 삶을 일구는 것이 어려워질 것이다.

산소 공급 시간이 짧기도 했지만 건즈백의 아이솔레이터가 실생활에서 결코 효과를 발휘할 수 없는 이유가 여기에 있다. 건즈백도 언급했듯 "사실 집중력을 흐트러뜨리는 요인의 50%는 자기 자신"이다.[9] 나는 분명 그 이상일 것이라고 장담한다. 비난의 화살을 외부의 갖은 자극과 소음으로 돌릴 수도 있지만, 자신의 책임을 인정하고 행동을 바꾸기 위한 노력을 시작할 수도 있다.

집중력을 깨뜨리는 것

이것은 멀티태스킹이 갖는 문제의 핵심이다. 멀티태스킹은 단지 비효율적인 게 아니라, 산만함을 끌어들인다. 저널리스트 존 네이시John Naish가 인용한 한 연구결과가 이를 잘 보여준다. 학생들이 과제를 이것저것 번갈아가며 하자 복잡한 문제를 해결하는 속도가 40%나 느려졌다. 당연히 멀티태스킹을 할 때 느리다는 느낌은 들지 않는다. 오히려 날듯이 빠르다는 느낌이 든다. 그래서 우리는 계속해서 멀티태스킹을 하지만, 빠르다는 감각은 착각에 불과하다. 네이시가 인용한 자료에 따르면 멀티태스킹을 하는 사람들은 정말로 더 빠르게 일을 하기는 하지만, 결과물이 멀티태스킹을 하지 않을 때에 비해 적다.[10]

뉴욕 대학의 클레이 서키Clay Shirky 교수에 의하면 멀티태스킹은 "일을 하는 시간 '안에서' 미루는 즐거움을 제공"하기 때문에 "정서적 만족감"을 채워준다.[11] 쉽게 말해, 실제로는 일을 질질 끌고 있으면서도 자신이 일을 하고 있다고 느낀다는 것이다. 이메일을 작성하다 괜스레 멈춘다. 트위터와 뉴스피드를 확인하고, 커피잔에 커피를 채우러 갔다가, 다시 책상에 앉아 이메일을 마저 쓴다. 이때 우리는 이메일을 완성하는 데 필요한 사고 과정에 방해를 받는다. 원래 하고 있던 일을 완수하는 데 필요한 사고 과정을 다시 활성화시키기 위해서는 더 긴 시간이 걸린다. 이는 심지어 비슷한 활동 여러 개를 번갈아 할 때도 마찬가지로 나타나는 현상이다. 이런저런 수신 메시지에 답장을 보내면서 따로 발신할 메시지도 쓰고 있으면 마땅히 끝마칠 시간에 어느 하나도 끝마치지 못한다.

샐러리닷컴Salary.com의 설문 조사에 따르면 응답자 10명 중 7명이 근무 중 낭비하는 시간이 있으며, 대체로 그 시간에 인터넷을 이용한다고 밝혔다. 페이스북을 필두로 하여 소셜 미디어를 사용하는 시간이 가장 컸고, 온라인 쇼핑이나 여행, 스포츠, 엔터테인먼트 관련 사이트 이용이 그 뒤를 따랐다.[12] 하던 일을 멈추고 아무 생각 없이 인터넷을 떠돌 때가 얼마나 많은가. 그게 아니면 뚜렷한 목적도 없이 스마트폰을 붙들고 끝없이 스크롤을 내리거나 말이다.

소셜 미디어를 이용하는 것이 예전에 사람들이 잠시 산책을 하거나 담배 한 개비를 피우러 나가던 것처럼 일과 중 한때의 휴식에 해당한다고들 말하기도 한다. 틀린 말은 아니지만, 소셜 미디어는 접근이 무척 용이하다 보니 사람들은 그리 오래 일하지 않고도 금세 휴식에 들어간다. 즉, 근무 시간 중 칼 뉴포트가 이야기한 "잠깐 확인quick check"을 하느라 시시때때로 집중력이 깨진다. 휴식을 취한다기보다는 집중력을 깨뜨리는 것이다.

쉬운 일로 달아나는 것

보통 욕구 좌절 내성frustration tolerance이 낮을 때 나타나는 현상이다. 애덤 개절레이Adam Gazzaley 교수와 래리 로즌Larry Rosen 교수가 쓴 《산만한 정신The Distracted Mind》에 의하면 인간은 본질적으로 흥미를 좇는 존재다. 지루해지거나 긴장, 불편함을 느끼면 즉각 더 흥미 있는 것을 찾아 '채널을 돌려버린다.' 개절레이와 로즌 교수는 스탠포드 대학 학생들의 컴퓨터에 하루 동안 스크린 숏을 찍도록 설정해두고 학생들이 컴퓨터로 어떤 활동을 하는지 연구한 결과를 인용했는데, 학생들은 한 화면에 오래 머무르지 않았다. 학생들의 주의는 평균 1분가량 지속되었지만, 겨우 19초 만에 화면을 전환시킨 건수가 전체 전환 건수의 절반이었다.

그런데 더욱 흥미로운 것은 화면을 전환할 때마다 일어난 학생들의 뇌의 변화다. 학생들에게 부착된 센서를 통해 학생들이 다른 내용으로 화면을 전환하기에 앞서 몇 초간 뇌의 흥분도가 크게 올라간다는 사실을 알 수 있었다. 특히 에세이 작성이나 연구처럼 어려운 일에서 소셜 미디어나 유튜브처럼 훨씬 즐거운 일로 내용을 전환할 때 두드러지는 변화가 나타났

다.[13]

전문가들이라고 다르지 않다. 누구나 일을 하다 어려운 부분을 맞닥뜨리면 한결 재미있는 일을 하며 뇌를 쉬게 하고 싶은 유혹을 느낀다. 경사면을 떠올려보자. 경사면은 올라가는 것보다 내려가는 것이 월등히 쉽다. 어떤 일들(재무 분석, 서류 작성 등)은 오르막길을 오르는 것과 같다. 반면 내리막길을 내려가는 것과 같은 일들(이메일, 슬랙 메시지 확인 등)도 있다. 오르막길 활동은 대체로 결과를 생산하고 조직의 발전을 위해 가치를 창조하는 일이다. 하지만 내리막길 활동은 우리에게 보다 적은 에너지를 요구한다. 사람들이 가짜 일에 빠져드는 이유다. 더 쉽기 때문이다. 우리는 거의 중력에 이끌리듯 가짜 일에 끌린다. 그러나 오르막길 활동에 집중해야 하는 순간에 내리막길 활동 때문에 산만해져 버리면 막대한 생산성을 대가로 치러야 한다.

힘든 일을 하다 말고 이메일이나 슬랙 메시지를 확인했다면, 원래 하던 일로 돌아가는 데 시간과 에너지가 추가적으로 소요된다. 어려운 활동에서 벗어나는 것은 쉽지만, 쉬운 활동에서 벗어나는 것은 어렵다. 오르막길 업무를 계속해서 하던 때보다 훨씬 많은 에너지가 요구될 수밖에 없다.[14] 단기적으로도 그렇지만, 장기적으로 입는 생산성 손실은 더 치명적이다. 오르막길 업무를 할 때마다 너무 빨리 쉬어가려 하다 보면, 하나의 업무 패턴이 굳어져 어려운 일을 쉼 없이 지속하는 것이 갈수록 더 힘들어진다.

오르막길 업무에서 내리막길 업무로(혹은 아예 페이스북처럼 업무가 아닌 활동으로) 하던 일을 전환하면 우리 뇌에서는 도파민이 분비된다. 이는 자신의 행동에 대한 기분 좋은 보상으로 인식된다. 까다로운 일에서 만만한 일로 옮겨갈 때 우리는 엄청난 안도감을 얻는다. 그렇기 때문에 까다로운 일로 되돌아가기란 어려운 한편, 만만한 일로 새기란 더더욱 쉬워진다. 결국 위험한 순환 고리에 빠져(여느 중독적 행동과 마찬가지다), 주의를 지속할 수 있는 시간이 점차 감소하게 된다. 주의력 결핍 장애Attention Deficit Disorder, ADD를 스스로 불러들이는 셈이다. 실제로, 주의력 결핍 장애 전문가 에드워드 할로웰Edward Hallowell은 이 학습된 습관을 '주의력 결핍 성향Attention Deficit Trait, ADT'이라 칭하며 "모든 곳, 특히 일터에 있다."고 말했다.[15]

집중 전략

집중할 수 있는 자유를 얻는 데 우리에게 필요한 것은 건즈백의 아이솔레이터가 아니다. 우리에게 필요한 것은 집중력을 되찾아 잃지 않도록 지키고, 궁극적으로 다시 끌어올리기 위

9장. 활약하기

한 전략이다. 여러분은 이미 충분한 수면을 취하고 있으며(3장을 참고하라), 즉각적인 의사소통을 해야 한다는 압박에서 벗어났을 것이다. 모두 집중력을 높이는 데 도움이 되는 것들이다. 이에 더해 다음의 전략들을 추가로 실천해보자.

기술을 이용해 기술 통제하기

구글에서 '집중력 어플리케이션'이라고 검색해보면 온라인상 주의 산만 요소를 최소화하기 위해 고안된 다양한 어플리케이션을 보게 될 것이다. 나는 최근 '프리덤'을 사용하고 있는데, 이는 크로스 플랫폼 어플리케이션으로 높은 수준의 사용자 맞춤 환경을 제공한다. 자신이 몰입해서 일하는 시간 동안 접근 가능한 어플리케이션과 웹사이트를 개인적으로 설정할 수 있게 해주는 것이다.

예컨대 내가 하는 일은 온라인 조사의 비중이 커서 인터넷 없이는 제대로 하기가 어렵다. 그런데 프리덤 어플리케이션을 이용하면 일하는 동안 필요치 않고 나를 산만하게 만들 뿐인 페이스북, 트위터, 뉴스 사이트 등 여러 어플리케이션을 일시적으로 차단할 수 있다. 굉장히 편리한 도구로, 비슷한 어플리케이션도 많이 있다. 한동안 써보면 자신이 스마트폰과 컴퓨터로 작업할 때 보이던 중독 행동을 줄이는 데 정말 큰 도움이 돼서 놀랄 것이다.

누구나 일을 하다

어려운 부분을 맞닥뜨리면

한결 재미있는 일을 하며

뇌를 쉬게 하고 싶은

유혹을 느낀다.

적절한 음악 듣기

음악은 오히려 집중을 방해하고 생산성을 저해하는 게 아닐까 생각될 것이다. 특히 중요한 일에 머리를 써야 하는데 음악의 성가신 소리를 거르기 위해 정신적 에너지를 쏟거나 무심코 가사를 이해하기 위해 노력하고 있는 자신을 발견한 경험이 있다면 말이다. 하지만 음악을 잘 이용하면 생산성에 톡톡한 효과를 볼 수 있다.

비교적 단순하고 친숙하며 계속해서 반복되는 배경 음악을 너무 크지 않게 틀어놓으면 집중력 향상에 도움이 된다. 밝은 곡조의 클래식 음악이 창조적 활동에 기여한다는 연구 결과도 풍부하다.[16] 배경 음악으로 비디오 게임 사운드트랙을 추천하는 사람들도 있다. 완벽하고 이상적인 배경 음악은 따로 있는 것이 아니다. 무엇보다 중요한 것은 개인의 선호라고 할 수 있다. "좋아하는 음악을 들으면 집중력이 올라간다. 반면, 싫어하는 음악을 들으면 집중력이 떨어진다." 신경 과학자 딘 버넷Dean Burnett의 연구 결과다.[17] 나는 바로크 음악(바흐, 헨델, 텔레만 등)과 영화 사운드트랙을 즐겨 듣는다. 음악이 사무실 내 소음을 차단하는 데도 도움이 되는데, 이때 음악 자체가 사무실의 또 다른 주의 산만 요인이 되지 않도록 조심해야 한다.

나는 세상에서 멀어져 온전히 내 일에 빠져들고 싶을 때마다 음악을 듣는다. 포커스앳윌Focus@Will은 판도라Pandora와 같은 음악 어플리케이션으로, 주의 지속 시간을 늘리고 집중력을 높일 수 있도록 특별히 선별된 음악을 스트리밍해준다. 포커스앳윌을 이용하면 일에 제한 시간을 설정할 수도 있다.

작업 공간 변화주기

우리는 작업 공간으로부터 도움을 받을 수도 있다. 지금 앉아 있는 곳에서 집중이 잘 안 된다면, 보이는 풍경을 바꿔보자. 변화는 우리가 활력을 되찾고 몰입해서 일을 하도록 촉진한다. 원격 근무자일 때 일하는 장소를 바꾸는 게 더 쉬운 것은 사실이지만, 사무실 근무자라도 생각보다 많은 변화를 줄 수 있다.

함께 일했던 한 편집자는 끝이 보이지 않는 편집 작업에 돌입하면 매번 회사 야외 테라스에 있는 테이블, 빈 회의실, 붐비는 점심시간에 잠깐 한산해진 카페테리아 구석 등으로 자리를 옮겨 다니며 일을 했다. 그는 카페는 좋아하지 않았지만, 근처 시가 숍에서는 척척 편집을 해나갔다. 비결은 자신에게 알맞은 환경을 찾는 것이다.[18] 벤저민 하디Benjamin Hardy는 자신의 저서 《최고의 변화는 어디서 시작되는가》에서 같은 장소에서 이틀 연속 일하지 않는 기업인을 언급했는데, 그는 사무실 몇 군데를 소유하고 있으면서 자신의 이상적인 1주일 계획에 맞춰 돌아다니며 일을 했다.[19]

원래 자리를 떠나야만 작업 환경을 바꿀 수 있는 것은 아니다. 현재 자신의 업무 공간을 집중에 최적화하는 방법도 있다. 금세 주의를 산만하게 만드는 요소는 제거하고, 공간을 아름답게 가꾸도록 노력하자. 마이클 하얏트 & 컴퍼니의 사무 공간을 설계하면서 우리는 직원들이 몰입해서 일하고 싶을 때 찾을 수 있는 조용한 방을 마련했다. 그러는 한편, 사무실 전체가 미적으로 기분 좋은 공간이 되도록 신경을 썼다. 방침상 사무실로 출근하지 않아도 되지만 매주 꼬박꼬박 사무실에서 일하는 직원이 많은 것은 우리 사무실이 생산성을 보장하는 환경이기 때문일 것이다.

작업 공간 정리하기

각종 연구 결과를 보면 무질서에도 여러 가지 이점이 있는데, 특히 창조적 활동을 하는 데 자극을 준다고 한다. 그러나 집중이 요구되는 일을 해야 할 때 무질서한 상태는 전혀 도움이 되지 않는다.[20] 작가 에린 루니 돌랜드Erin R. Doland가 웹사이트 언클러터러닷컴Unclutterer.com에 실은 프린스턴 신경과학 연구소의 연구 결과를 보면, "주변이 무질서하게 어질러져 있으면 집중력이 제한된다. 어수선한 환경은 우리 뇌가 정보를 처리하는 능력도 떨어뜨린다. 이렇게 머릿속이 산만해진 상태에서는 차분하고 가지런하게 정돈된 환경에서 일할 때만큼의 결과를 얻을 수 없다."[21]

쓰레기 더미 속에서 일하고 있다면 이번에야말로 깨끗이 치워보자. 지금 얼마나 바쁜지 간에, 사무실을 정리하는 것이 긴급하고도 중요한 일에 속한다는 사실을 깨닫길 바란다. 우리가 인식하든 인식하지 못하든 어수선한 환경은 우리의 일을 방해한다. 일정표에 청소하는 날을 써넣고 꼭 지키기로 자기 자신과 약속을 하자. 만약 청소가 자신의 갈망 영역과 너무 동떨어진 일이라면 다른 사람에게 위임해도 좋다. 특히 정리에 소질이 있는 사람에게 맡길 수 있으면 더욱 좋다. 청소는 시간을 (그리고 필요할 경우, 돈을) 들일 가치가 있는 일이다.

정리해야 하는 환경에는 물리적 환경뿐 아니라 디지털 환경도 포함된다. 만일 컴퓨터 폴더가 되는 대로 체계 없이 생성돼 있고 파일도 여기저기 흩어져 있다면 시간을 마련해 컴퓨터 공간도 정리하도록 하자. 컴퓨터 작업을 많이 하는 편이라면 자신의 사무실이나 책상만큼 컴퓨터 속도 깔끔해야 한다.

욕구 좌절 내성 키우기

자신이 너무 빨리, 너무 자주 내리막길 활동을 선택하고 있다는 생각이 든다면 우선 좌절에 대한 내성을 길러야 집중력을 높일 수 있다. 중요한 오르막길 업무를 수행할 때 맞닥뜨리는 어려움과 그때 드는 불편한 감정을 피하지 않고 견딜 수 있는 시간이 늘어날수록 업무를 더욱 효과적으로 처리할 수 있게 되며, 나아가 프로젝트를 완수하고 목표를 달성할 가능성이 커진다.

첫걸음은 자신이 언제 일에서 빠져나가고 싶은 충동을 느끼는지 알아차리는 것이다. 알아차리고 나면, 그러한 충동을 무시할 수 있게 된다. 오르막길 업무에 머물기로 선택하는 빈도가 커질수록 좌절에 대한 내성이 강해진다. 스스로 집중력을 기르는 훈련을 하는 것이다.[22] 그렇다면 언제 충동을 느끼는지는 어떻게 알 수 있을까? 무엇보다 효과적인 방법은 마인드풀니스(마음 챙김)를 실천하는 것이다. 자신의 생각과 감정을 마인드풀니스를 통해 분명히 바라보는 사람은 마음속에 불안감이 차오르거나 스트레스를 느끼고, 산만해지려 할 때 바로 그 사실을 깨달을 수 있다.

파브리티우스와 하게만은 "마인드풀니스 훈련을 하면 자신의 내부와 외부에서 벌어지는 일에 휩쓸리지 않고 지금 이 순간에 머물 수 있는 능력이 커지기 때문에 우리 두뇌의 주의 집중 능력이 강화된다."고 말했다.[23] 한편, 일기를 쓰는 것도 자신이 집중적으로 일을 처리하는 데 유효했던 행동과 유효하지 않았던 행동을 분석하고 반성할 수 있는 시간을 제공하기 때문에 도움이 된다.

STEP 3. 행동하라

우리는 아이솔레이터가 없어도 된다

자신의 하루를 관리한다는 것은 그저 어려운 정도가 아니라 겁이 날 수도 있는 일이다. 이 불 저 불 끄러 다니느라 분주한 생활을 별다른 의문 없이 지속해왔는데 갑자기 방해물들과의 관계를 끊으라는 충고를 받는다면, 당연히 다음과 같은 생각이 들기 쉽다. '내가 아니면 대체 누가 이 불을 다 끈단 말이야?' 수년의 경험을 통해 관찰한 결과, 고성과자들은 점차 주변 사람들의 문제 해결사로 자리를 잡는 경향이 있다. 그리고 우리 모두 알다시피, 누군가의 문제를 해결해 주면 그 사람은 문제가 생길 때마다 여러분을 찾아올 것이다.

집중할 자유를 얻고 싶다면, 다른 사람의 우선 사항을 처리하느라 자신의 시간을 몽땅 써버려서는 안 된다. 그래서는 자신에게 절실한 결과물은 만들어내지 못한 채 하루가 끝나버릴 것이다. 내리막길 활동의 유혹에 빠져 목표를 성취하는 데 중요한 고레버리지 활동에서 벗어나서도 안 된다.

만약 지금 이러한 문제 상황에 있다면, 짬을 내어 자신의 분기별 목표, 주간 빅3, 일간 빅3를 훑어보자. 나에게 가치 있는 일은 무엇인가? 그 목표들을 이루면 나의 삶과 일은 어떻게 변화할까? 건즈백의 아이솔레이터는 분명 기발한 발명품이지만, 우리에게는 필요하지 않다. 이제 우리에게는 방해물도 산만함도 물리칠 수 있는 힘이 생겼다. 그 어떤 것도 여러분과 여러분의 가장 소중한 프로젝트 그리고 목표 사이를 갈라놓을 수 없을 것이다.

중단 상황을 최소화하기 위한 계획

이제 이번 장에 나온 전략과 실천 방안을 활용해 일이 중단되는 상황을 최소화할 나만의 실행 계획을 세워보도록 하자. 먼저 다음의 '집중력 방어 워크시트'를 작성한다.

첫 번째 목표는 방해물들을 제거하는 것으로, 우선 '활성화 방아쇠'를 만들어야 한다. 활성화 방아쇠는 자신의 목적을 상기시켜주는 간단한 문구로, 자신이 긍정적 행동을 실천으로 옮길 수 있게 도와주는 힌트 같은 것이다. 사무실 앞에 '방해 금지'라고 써 붙이는 것도 활성화 방아쇠의 일종이라고 할 수 있다. 다음으로, 자신의 일을 가로막을 가능성이 있는 방해물들을 예상해본다. 그리고 각각의 방해물에 어떻게 대응해야 할지 미리 작전을 세운다.

주의 산만 요소에 대해서도 똑같은 과정을 반복하면 된다. 전부 마치고 나면, 자신의 삶에서 시간 도둑을 완전히 추방할 실천하기 쉽고 명확한 전략을 손에 넣게 될 것이다.

* FreeToFocus.com/tools에서 원문을 다운로드받을 수 있다.

* http://bit.ly/집중력방어에서 한글 템플릿을 다운로드받을 수 있다.

집중력 방어 워크시트

목표: 방해물 제거	
활성화 방아쇠	
실천을 막는 요인	나의 대응 작전

집중력 방어 워크시트

목표: 산만함 관리	
활성화 방아쇠	
실천을 막는 요인	나의 대응 작전

일에 집중력을 쏟아라

아마추어는 앉아서 영감이 찾아오길 기다리고,
나머지 사람은 일어나서 뭔가를 하러 간다.

-스티븐 킹Stephen King

1816년에 프랜시스 로널즈Francis Ronalds는 뒷마당에 두 개의 기둥을 세운 뒤 약 13킬로미터 길이의 전선을 감았다. 로널즈는 알파벳 문자에 대응하는 신호를 이 전선으로 보냈고, 곧바로 수신 및 해독이 되는 메시지를 전달하는 데 성공했다. 로널즈가 텔레그래프를 발명하기 전까지는 메시지를 전송하려면 아무리 빨리 전송하려 해도 일정한 거리에서 물리적으로 전하는 방법밖에 없었다. 로널즈는 열렬한 환대를 기대하며 영국 해군성에 편지를 보내 자신의 획기적인 발명품에 대해 알렸다. 그러나 돌아온 것은 그저 어느 관료가 작성한 답장으로, 텔레그래프가 전혀 필요치 않다는 내용이었다. 역사학자 이안 모티머Ian Mortimer는 이에 대해 다음과 같이 평했다. "그때 영국 해군성은 당시 막 채택한 참이었던 세마포어식 수기 신호가, 즉 사람이 서로를 향해 기를 흔들어 통신을 하는 방식이 더 우수하다고 생각했다."[1] 믿어지는가!

해군성 관료들을 비웃기 쉽지만, 사실 이건 우리 모두가 똑같이 저지르곤 하는 기초적인 실수다. 우리는 자신의 기존 시스템을 과대평가하며 변화에 저항한다. 그 변화로 자신의 삶이 개선되는 효과가 즉각적으로 일어난다고 해도 말이다. 이런 이야기를 하는 건 여러분이 지금 선택의 기로에 서 있기 때문이다. 여러분은 생산성을 보장하는 새롭고 혁신적인 접근법을 선택할 수도 있지만, 그저 깃발을 흔들고 있기로 할 수도 있다. 생산성 향상을 위한 예전 방법들은 제 역할을 다했고, 이제는 우리가 자신을 소진시키며 살아가도록 내몰 따름이다. 바야흐로 새로운 접근법을 채택해야 할 때다. 세상이 로널즈가 내놓은 발명품의 진가를 알아보기 시작하자 통신 혁명이 촉발됐고, 오늘날 우리도 그 영향권 아래에 있다. 여러분이 부디 '프리 투 포커스' 생산성 혁명에 함께하기를 바란다.

이 책은 '멈춰라'라는 이례적인 주문으로 시작했다. 그때 나는 독자 여러분에게 시작을 위한 가장 좋은 방법은 멈추는 것이라고 했다. 여러분이 궁극적으로는 중요하지 않은 일들에 너무 많은 시간과 에너지를 쏟고 있을 것이라고 확신하기 때문이었다. 그러나 그것도 이미 지난 얘기다. 그때는 여러분이 생산성

일에 집중력을 쏟아라

을 높이기 위해 자신의 '왜'를 분명히 표현하는 방법을 배우기 전이었고, 불필요한 업무와 시간을 잡아먹을 뿐인 일과 사람들을 스케줄에서 잘라내는 방법을 배우기 전이었으며, 이 모든 원리를 실행에 옮기는 방법도 배우기 전이었다. 하지만 이제 여러분은 단단히 채비가 됐다. '시작'할 때가 된 것이다.

'프리 투 포커스 시스템'을 성공적으로 안착시키기 위한 경로

자신의 삶에 프리 투 포커스 시스템을 성공적으로 적용하기 위해 거쳐야 할 경로를 처음부터 끝까지 실었다. 지금 당장 시작해 보자.

1. 불필요한 것들을 정리하라

프리 투 포커스 시스템 실천에 집중할 수 있는 틈과 여유를 만들어야 한다. 일정을 분류하고 조정해, 어떻게든 시간을 내라. 비서가 있다면 비서에게도 이러한 상황을 알려둔다.

2. 기준선을 정하라

이 책의 초반에 나온 '프리 투 포커스 생산성 평가'를 이용해

자신의 생산성 기준을 정하라. FreeToFocus.com/assessment
에 들어가서 평가하고, 기준을 정하면 된다.

3. 목표를 명확하게 정하라

자신이 생산성을 향상시키려는 목표를 분명히 알아야 한
다. 우리는 옳은 일을 더 많이 하고 싶은 것이지, 그저 아무 일
이나 닥치는 대로 많이 하고 싶은 것이 아니다. 무작정 높은 성
과만 추구하는 태도는 번아웃으로 가는 지름길이다.

4. 진북을 찾아라

'할 일 필터'와 '자유 나침반'을 통해 현재 자신에게 맞는 일
과 맞지 않는 일을 식별하도록 한다.

5. 여유 시간을 계획하라

아침, 저녁 그리고 주말에는 회복을 위한 시간을 확보해 둬
야 한다. 그래야 자신의 집중력을 끌어올릴 정신적 에너지와
감정적 에너지를 채울 수 있다.

6. 웃자란 가지를 잘라낸다

자유 나침반을 활용해 '안 할 일 목록'을 만든 다음, 일정표
와 할 일 목록에서 지금은 물론 향후 예정된 일 중 제거할 수

있는 것은 전부 제거한다.

7. 생각하는 것을 멈춰라

자신이 정기적으로 하는 활동들, 특히 아침, 저녁, 근무 시간이 시작될 때, 근무 시간이 종료될 때 하는 활동들을 떠올려 보라. 그런 뒤 자신이 실천하고 싶은 리추얼을 만들자. 리추얼을 시작한 지 일정 시간이 지나면, 따로 주의를 기울이지 않아도 알아서 돌아간다. 다음으로, 자동화시킬 수 있을 것으로 판단되는 업무나 과정을 여러 가지 찾아낸다. 그리고 즉시 자동화에 도전해 보자.

8. 가능한 모든 것을 다른 사람에게 넘겨라

'위임의 위계'를 바탕으로 팀의 다른 사람들에게 자신의 업무를 넘기도록 하자. 팀이 없는 경우라면? 프리랜서의 도움을 받는 방법이 있다. 갈망 영역에서 더 많은 시간을 보낼수록 자신의 전문 분야에 더 큰 공헌을 할 수 있을 테고, 이는 곧 다른 사람의 도움을 구할 수 있을 만큼 주머니 사정이 넉넉해질 것이라는 뜻이다.

9. '이상적인 1주일' 계획을 짜라

미래는 불분명하다. 언제 무엇을 하고 싶은지 계획을 세워

두면 분명하게 만들 수 있다. 계획은 우리가 필요로 하는 시간과 여유를 확보하고 가장 중요한 일에 집중할 수 있도록 이끄는 최고의 방법이다.

10. 1주일과 하루를 설계하라

'주간 빅3' 및 '일간 빅3'와 더불어 '주간 프리뷰'를 활용해 자신의 목표와 핵심 프로젝트를 계속해서 상기하며, 날마다 가장 중요한 업무를 실천에 옮겨라.

11. 방해 요인과 산만함을 물리쳐라

온갖 방해와 산만함에 휩싸이면 하루가 무의미하게 흘러가 버린다. 하지만 이는 어쩔 수 없는 일이 아니다. 우리는 생각보다 훨씬 더 큰 통제력을 발휘할 수 있다. 9장에 나오는 방법들을 실천함으로써 이러한 요인들을 영원히 추방해 버려라.

이 경로를 밟아가는 데 시간이 조금 걸릴지도 모른다. 하지만 여러분에게는 충분한 능력이 있다. 매사 최선을 다하며 성공을 향해 나아가리라 믿는다. 기꺼이 도전하고, 위기 상황이 나타나도 훌륭히 대처하며 기어코 자신이 원하는 보상을 손에 넣어라.

궤도에 머물러라

프리 투 포커스 시스템이 삶에 자리를 잡고 나면, 아무리 새로운 장애물과 난제를 만나더라도 추진력을 잃지 않고 전진할 수 있다. 성취를 일구는 사람들은 늘 움직이는 사람들이다. 그 어떤 우여곡절이 닥치더라도 자유 나침반이 있으면 거기에 의지해 앞으로 나아갈 수 있다. 이제 여러분은 길을 찾는 방법을 안다. 생산성을 가로막는 방해 요인이 등장하면 프리 투 포커스 시스템의 세 단계, 즉 '멈추기, 잘라내기, 행동하기'를 다시 차근차근 밟으면 된다. 이를 통해 즉각 궤도를 수정하고 아무리 바쁜 시기를 보내고 있더라도 자신의 목표를 향한 여정에 머물 수 있을 것이다.

멈춰라

미칠 듯한 업무량에 시달리면서 현명한 결정을 내릴 수 있는 사람은 없다. 그러니 정지 버튼을 눌러라. 책상에서 벗어나라. 야외로 나가 산책을 하라. 밤에 숙면을 취하라. 즉, 머릿속을 정리하고 정신을 맑게 만들 수 있는 일이라면 무엇이든 하라. 그런 다음 평가를 해 본다. 자신의 진정한 목표를 다시 떠올리고, 그것이 왜 중요한지 되새기고, 그 목표를 달성하기 위해서라면 얼마든지 전략을 변경할 각오를 하라.

잘라내라

여러분이 마냥 할 일이 많은 것 같은 느낌에 휩싸여 있는 것은 아니라고 본다. 아마 실제로 할 일이 너무 많을 것이다. 프리 투 포커스 시스템을 받아들이고 나서도 할 일 목록에 슬그머니 올라와 여러분의 생산성을 천천히 갉아먹는 업무들이 있을 것이다. 제거하기, 자동화하기 그리고 위임하기 장에서 배운 것들을 바탕으로 이러한 업무들은 가능한 한 잘라내야 한다.

행동하라

자, 지금까지 탄탄대로를 닦았으니, 이제 앞으로 나아갈 때다. 시작이 싸움의 반이다. 그러니 어떻게 하면 배운 것들을 추진력 있게 실천할 수 있을지 파악하라. 싸움의 나머지 반은 집중을 유지하는 것이다. 방해물과 산만함은 우리가 최선의 노력을 기울이는 순간에도 제동을 걸어 온다. 집중을 유지하기 위해 어떠한 전략을 쓰는 것이 좋을지 찾아내라. 각종 메신저의 알림 기능을 끄는 것도, 사무실 문 앞에 '방해 금지' 팻말을 거는 것도 한 방법이다. 집중할 수 있는 자유를 손에 넣을 때 자신이 얼마나 많은 것을 성취할 수 있는지 깨닫는다면 누구든 깜짝 놀랄 것이다.

일에 집중력을 쏟아라

이 책의 처음에 실은 허버트 사이먼 교수의 말을 다시 떠올려 보자. "정보는 정보를 취하는 사람의 주의를 앗아간다." 우리는 산만 경제 시대를 살아가고 있다. 주의력은 충분한 자원이 아니다. 게다가 내 주변의 거의 모든 사람이 나의 주의력을 요구하고 있다. 신중을 기하지 않으면 더없이 귀중한 자원을 다른 사람의 목표를 위해 넙죽 내어주게 될 것이다.

해결책은 자신의 집중력을 최대한 활용해 여러분을 성공으로 이끌어 줄 이니셔티브와 프로젝트들을 진전시키는 것이다. 지금까지 여러분에게 그 방법을 안내했다. 이와 함께 여러분은 그 못지않게 중요한 시간과 여유를 되찾는 방법도 마침내 알게 되었을 것이다. 1주일에 40시간(혹은 더 적은 시간) 일을 한다면 우리에게는 소중한 인간관계와 건강, 취미를 비롯해 우리가 날카로운 판단력과 높은 생산성을 바탕으로 삶의 긴 여정을 걸어갈 수 있는 버팀목이 되는 모든 것에 투자할 시간이 충분히 있다고 할 수 있다.

지금까지 배운 전략들을 실천하기 시작하자. 스케줄을 통제하며 중요한 일들을 위해 최대한의 에너지를 쏟자. 자신의 일에 생산성 혁명을 일으키자. 우리는 더 적게 일하면서도 더 많은 것을 성취할 수 있다.

초생산성

감사의 글

글을 쓰는 것은 어렵고 힘든 일이다. 조사, 작성, 피드백, 퇴고 과정을 밟는 데 수년이 걸린다(수십 년이 걸리기도 한다). 이 책과 같이 더 적게 일하면서 더 많은 것을 성취하는 방법을 알려준다고 약속하는 실용 서적의 경우는 특히 더 까다롭다. 멘토, 동료, 의뢰인, 고객, 그리고 가족의 도움이 없었다면 이 책은 세상의 빛을 보지 못했을 것이다.

나에게는 수많은 멘토가 있다. 이들의 책을 접하고 워크숍에 참여하거나 개인적인 코칭을 받기도 하며 큰 영향을 받았다. 데이비드 알렌, 켄 블랜차드, 래리 보시디, 스티븐 코비, 찰스 두히그, 캐롤 드웩, 피터 드러커, 토드 던컨, 팀 페리스, 대니얼 하카비, 찰스 홉스, 게리 켈러, 짐 로허, 레슬리 H. 매티스,

크리스 맥체스니, 그렉 맥커운, 댄 몹, 일레네 뮈팅, 칼 뉴포트, 하이럼 스미스, 댄 설리번, 로리 베이든, 스테파니 윈스턴, 이들이 쌓아 올린 토대가 있었기에 내 책은 나올 수 있었다.

마이클 하얏트 & 컴퍼니의 최고 콘텐츠 책임자 조엘 밀러는 내가 운영하고 있는 동명의 트레이닝 코스, 블로그, 팟캐스트, 웨비나, 그리고 내가 온라인 및 오프라인을 통해 학생들과 소통한 자료를 바탕으로 원고의 초안을 잡아주었다. 조엘은 (그리고 그를 도와 함께 일한 앨런 해리스 역시) 회사가 유달리 바쁜 시즌이었음에도 책 작업을 마무리하기 위해 지칠 줄 모르는 열정으로 최선을 다해주었다. 내 콘텐츠를 분석하고 종합해서 체계화한 다음, 최종 형태를 만들어 낸 조엘의 능력에 더없는 감사의 뜻을 전한다.

얼라이브 커뮤니케이션스Alive Communications의 브라이언 노먼은 나의 출판 에이전트로 우리 팀에 없어서는 안 되는 존재다. 출판과 관련된 모든 일에 있어 신뢰하고 의지할 수 있는 조언자로, 언제나 현명할 뿐 아니라 대단한 이해력과 빈틈없는 실행력을 보여준다. 게다가 쾌활함과 재치까지 갖췄다.

편집인 채드 앨런에게도 깊은 감사를 표하고 싶다. 그는 인내심 있게 나와 조엘과 함께 작업하며 이번 프로젝트에 비전과 창조적 아이디어를 불어넣어주었다. 이 책에 대한 그의 열의는 다른 사람들까지도 불타오르게 만들었다. 그가 있었기에

초생산성

우리 모두 결승점을 통과하는 데 꼭 필요한 창의적 연료를 얻을 수 있었다.

드와이트 베이커, 브라이언 보스, 마크 라이스, 패티 브링스, 바브 반스를 포함해 베이커 북스Baker Books의 모든 분에게도 감사의 인사를 하고 싶다. 베이커 북스와는 이번 책이 함께하는 세 번째 프로젝트로, 앞으로도 함께 작업할 다른 프로젝트들을 앞두고 있다. 출판 파트너로서 돈독한 관계를 맺게 돼 정말 영광스러우며, 덕분에 작가로서 더할 나위 없이 행복한 나날을 보내고 있다.

그리고 나의 아내 게일의 격려가 있기에 나는 부단히 앞으로 나아갈 수 있다. 내 책은 어느 한 권도 그녀의 피드백 없이 나온 게 없다. 나는 모든 아이디어를 우선 게일을 통해 검증해본다고 해도 과언이 아니다. 감사하게도 게일은 언제나 나를 응원하는 마음으로 기쁘게 협력해준다. 게일은 늘 가차없이 자기 의견을 말하는데, 오히려 그렇기 때문에 더 큰 도움이 된다. 내가 더욱 단순하고 명쾌하며 사람들의 마음을 움직이는 글을 쓰기 위해 노력하도록 끊임없는 자극을 준다.

훌륭한 비서가 없으면 최대한의 생산성을 발휘하기란 어려운 일이다. 지난 40여 년의 커리어를 돌아보니 그동안 함께 일한 비서 중 특별히 세 사람을 꼽고 싶다. 먼저, 사실상 첫 비서였다고 할 수 있는 트리샤 시오티노. 트리샤는 내가 생각지도

감사의 말

못한 일들을 척척 해내며 비서가 얼마나 큰 능력을 지닌 사람들인지를 보여줬다. 놀랄 것도 없이 트리샤는 현재 세계 최고의 가상비서 서비스 업체인 빌레이 솔루션스Belay Solutions의 사장이다.

트리샤의 뒤를 이어 만난 사람이 수지 바버였는데, 수지 또한 굉장히 뛰어난 비서였다. 그래서 사내 비서 풀을 관리하도록 승진시켰다. 그런 다음에도 승진을 거듭해 현재는 오퍼레이션 부문 디렉터로 재직하고 있다. 그녀는 계속해서 나의 기대를 뛰어넘으며 가능한 일의 외연을 넓혀오고 있다.

그리고 지금 내 비서인 짐 켈리가 있다. 짐은 내게 필요한 것들을 내가 말하기도 전에, 심지어 내가 아직 떠올리지조차 못한 상황에서도 정확히 예상하고 대비해준다. 내 마음을 꿰뚫는 독심술사라고 해도 과언이 아닐 정도다. 전문성과 친절함으로 무장했으며 불필요한 언사는 하나도 하지 않는다.

특히 르네 뱅글레스도르프, 로이 바르베리, 마리엘 디아스, 매트 랩, 케일럽 로니, 스티븐 로니 등 자신의 이야기를 이 책에 싣도록 허락해준 이들을 비롯해 '프리 투 포커스' 온라인 코스의 모든 수강생과 비즈니스 액셀러레이터BusinessAccelerator의 뢰인들에게 더없는 감사의 마음을 표하고 싶다. 이들은 단순히 내 고객 또는 의뢰인 이상으로, 나의 스승이라고 할 수 있다.

마지막으로 마이클 하얏트 & 컴퍼니에서 나와 함께 일하고

초생산성

있는 멋진 우리 팀에게 고마움을 전하려 한다. 나는 이들로부터 매일같이 새로운 영감을 얻으며, 이들이 있기에 내가 제일 잘하는 일을 할 수 있다. 애덤 힐, 알레샤 커리, 앤드루 포켈, 채드 캐넌, 셔레이 프라이스, 코트니 베이커, 대니엘 로저스, 데이브 얀코비아크, 디드라 로메로, 제이미 카트라이트, 제이미 헤스, 제러미 로트, 짐 켈리, 조엘 밀러, 존 미즈, 저스틴 바버, 카일 와일리, 래리 윌슨, 만디 리비에치오, 메건 하얏트 밀러, 메건 그리어, 마이크 '버브스' 보이어, 마이크 번스, 닐 사무드레, 세라 매켈로이, 수전 콜드웰, 그리고 수지 바버, 우리는 정말 #최고의팀이다.

NOTES

들어가며: 집중의 세계로 나아가라

1. Herbert A. Simon, "Designing Organizations for an Information-Rich World," Computers, Communication, and the Public Interest, ed. Martin Greenberger (Baltimore: Johns Hopkins Press, 1971), 40.

2. Oliver Burkeman, "Attentional Commons," New Philosopher, August–October 2017.

3. Richard Ovenden, "Virtual Memory: The Race to Save the Information Age," Financial Times, May 19, 2016, https://www.ft.com/content/907fe3a6-1ce3-11e6-b286-cddde55ca122.

4. Brian Dumaine, "The Kings of Concentration," Inc., May 2014, https://www.inc.com/magazine/201405/brian-dumaine/how-leaders-focus-with-distractions.html.

초생산성

5. Rachel Emma Silverman, "Workplace Distractions: Here's Why You Won't Finish This Article," Wall Street Journal, December 11, 2012, https://www.wsj.com/articles/SB10001424127887324 339204578173252223022388.

6. Silverman, "Workplace Distractions."

7. Brent D. Peterson and Gaylan W. Nielson, Fake Work (New York: Simon Spotlight Entertainment, 2009), xx.

8. Susanna Huth, "Employees Waste 759 Hours Each Year Due to Workplace Distractions," London Telegraph, June 22, 2015, https://www.telegraph.co.uk/finance/jobs/11691728/Employee s-waste-759-hours-each-year-due-to-workplace-distractions. html. Brigid Schulte, "Work Interruptions Can Cost You 6 Hours a Day," Washington Post, June 1, 2015, https://www. washingtonpost.com/news/inspired-life/wp/2015/06/01/ interruptions-at-work-can-cost-you-up-to-6-hours-a-day-heres-how-to-avoid-them.

9. Jonathan B. Spira, Overload! (New York: Wiley, 2011), xiv.

10. Joseph Carroll, "Time Pressures, Stress Common for Americans," Gallup, January 2, 2008, http://news.gallup.com/ poll/103456/Time-Pressures-Stress-Common-Americans.aspx.

11. Maurie Backman, "Work-Related Stress: Is Your Job Making You Sick?" USA Today, February 10, 2018, https://www. usatoday.com/story/money/careers/2018/02/10/is-your-job-making-you-sick/110121176/.

12. Jennifer J. Deal, "Always On, Never Done?" Center for Creative Leadership, August 2013, https://s3.amazonaws.com/s3.documentcloud.org/documents/1148838/always-on-never-done.pdf.

13. Patricia Reaney, "Love Them or Loathe Them, Emails Are Here to Stay," Reuters, August 26, 2015, https://www.reuters.com/article/usa-work-emails/love-them-or-loathe-them-emails-are-here-to-stay-survey-idUSL1N10Z29D20150826.

14. According to the same survey, nearly 8 percent check work email at kids' school functions, and more than 6 percent do it at weddings. What's more, 4 percent do it when they or their spouse is in labor, and some even do it at funerals! Melanie Hart, "Hail Mail or Fail Mail?" TechTalk, June 24, 2015, https://techtalk.gfi.com/hail-mail-or-fail-mail.

15. Lewis Carroll, Through the Looking Glass (New York: Macmillan, 1897), 42.

16. Alan Schwarz, "Workers Seeking Productivity in a Pill Are Abusing A.D.H.D. Drugs," New York Times, April 18, 2015, https://www.nytimes.com/2015/04/19/us/workers-seeking-productivity-in-a-pill-are-abusing-adhd-drugs.html. Carl Cederström, "Like It or Not, 'Smart Drugs' Are Coming to the Office," Harvard Business Review, May 19, 2016, https://hbr.org/2016/05/like-it-or-not-smart-drugs-are-coming-to-the-office. Andrew Leonard, "How LSD Microdosing Became the Hot

초생산성

New Business Trip," Rolling Stone, November 20, 2015, https://www.rollingstone.com/culture/features/how-lsd-microdosing-became-the-hot-new-business-trip-20151120. Lila MacLellan, "The Science behind the 15 Most Common Smart Drugs," Quartz, September 20, 2017, https://qz.com/1064224/the-science-behind-the-15-most-common-smart-drugs/.

17. Burkeman, "Attentional Commons."

STEP 1. 멈춰라

1장. 수립하기: 원하는 것을 결정하라

1. Quoted in Nikil Saval, Cubed: A Secret History of the Workplace (New York: Doubleday, 2014), 50. See the full discussion of Taylor and Taylorism on pages 45–62. Taylor's disciples later applied his approach to office workers, determining how long it took for basic tasks, such as opening desk drawers and turning in a swivel chair. (In case you're wondering, the times are .04 and .009 minutes, respectively.) "Taylor and his disciples turned efficiency into a science," economist Jeremy Rifkin said. "They inaugurated a new ethos. Efficiency was officially christened the dominant value of the contemporary age." See Rifkin, Time Wars (New York:

Touchstone, 1989), 131–32.

2. Lydia Saad, "The '40-Hour' Workweek Is Actually Longer— by Seven Hours," Gallup, August 29, 2014, http://news.gallup. com/poll/175286/hour-workweek-actually-longer-seven-hours. aspx.

3. Heather Boushey and Bridget Ansel, "Overworked America," Washington Center for Equitable Growth, May 2016, http://cdn. equitablegrowth.org/wp-content/uploads/2016/05/16164629/ 051616-overworked-america.pdf.

4. Leslie A. Perlow and Jessica L. Porter, "Making Time Off Predictable—and Required," Harvard Business Review, October 2009, https://hbr.org/2009/10/making-time-off-predictable-and-required .

5. Josef Pieper, Leisure as the Basis of Culture, trans. Alexander Dru (San Francisco: Ignatius, 2009), 20.

6. "The North American Workplace Survey," WorkplaceTrends, June 29, 2015, https://workplacetrends.com/north-american-workplace-survey/.

7. "The Employee Burnout Crisis: Study Reveals Big Workplace Challenge in 2017," Kronos, January 9, 2017, https://www. kronos.com/about-us/newsroom/employee-burnout-crisis-study-reveals-big-workplace-challenge-2017.

8. Willis Towers Watson, "Global Benefits Attitudes Survey 2015/16," https://www.willistowerswatson.com/en/insights/

초생산성

2016/02/global-benefit-attitudes-survey-2015-16.

9. Michael Blanding, "National Health Costs Could Decrease If Managers Reduce Work Stress," Harvard Business School Working Knowledge, January 26, 2015, https://hbswk.hbs.edu/item/national-health-costs-could-decrease-if-managers-reduce-work-stress.

10. Chris Weller, "Japan Is Facing a 'Death by Overwork' Problem," Business Insider, October 18, 2017, http://www.businessinsider.com/what-is-karoshi-japanese-word-for-death-by-overwork-2017-10. Jake Adelstein, who has worked in Japanese media, said 80-to-100-hour weeks are routine: "Japan Is Literally Working Itself to Death: How Can It Stop?" Forbes, October 30, 2017, https://www.forbes.com/sites/adelsteinjake/2017/10/30/japan-is-literally-working-itselfto-death-how-can-it-stop.

11. "Man on Cusp of Having Fun Suddenly Remembers Every Single One of His Responsibilities," Onion, May 30, 2013, http://www.theonion.com/article/man-on-cusp-of-having-fun-suddenly-remembers-every-32632.

12. Liz Alderman, "In Sweden, an Experiment Turns Shorter Workdays into Bigger Gains," New York Times, May 20, 2016, https://www.nytimes.com/2016/05/21/business/international/in-sweden-an-experiment-turns-shorter-workdays-into-bigger-gains.html.

13. "Ford Factory Workers Get 40-Hour Week," History.com, http://www.history.com/this-day-in-history/ford-factory-workers-get-40-hour-week.

14. "Ford Factory Workers," History.com.

15. Basil the Great, "Letter 2 (to Gregory of Nazianzus)," trans. Roy J. Deferrari (Cambridge: Harvard University Press, 1926), Loeb 190, 1.9.

2장. 평가하기: 나아갈 방향을 설정하라

1. See the findings summarized in Anders Ericsson and Robert Pool, Peak (New York: Houghton Mifflin Harcourt, 2016). Also see Mihaly Csikszentmihalyi, Flow (New York: Harper Perennial, 2008).

2. See Tom Rath, StrengthsFinder 2.0 (New York: Gallup, 2007), 105–8.

3. To go deeper on the subject of limiting beliefs, including a process for transforming them into liberating truths, see "Step 1: Believe the Possibility" in my book, Your Best Year Ever (Grand Rapids: Baker Books, 2018), 25–62.

3장. 회복하기: 몸과 마음의 활력을 되찾아라

1. Alexandra Michel, "Participation and Self-Entrapment," The

초생산성

Sociological Quarterly 55, 2014, http://alexandramichel.com/Self-entrapment.pdf.

2. John M. Nevison, "Overtime Hours: The Rule of Fifty," New Leaf Management, December 1997.

3. Morten T. Hansen, Great at Work (New York: Simon and Schuster, 2018), 46. Based on Hansen's research, workers might profitably work more than fifty hours a week, but he advises against it. Says cognitive psychologist Daniel J. Levitin, "A sixty-hour work week, although 50% longer than a forty-hour work week, reduces productivity by 25%, so it takes two hours of overtime to accomplish one hour of work." The Organized Mind (New York: Dutton, 2016), 307.

4. Sarah Green Carmichael, "The Research Is Clear: Long Hours Backfire for People and for Companies," Harvard Business Review, August 19, 2015, https://hbr.org/2015/08/the-research-is-clear-long-hours-backfire-for-people-and-for-com panies.

5. Bambi Francisco Roizen, "Elon Musk: Work Twice as Hard as Others," Vator.TV, December 23, 2010, http://vator.tv/news/2010-12-23-elon-musk-work-twice-as-hard-as-others.

6. Michael D. Eisner, Work in Progress (New York: Hyperion, 1999), 301.

7. Jeffrey M. Jones, "In U.S., 40% Get Less Than Recommended Amount of Sleep," Gallup, December 19, 2013, http://news.gallup.com/poll/166553/less-recommended-amount-sleep.

aspx.

8. Diane S. Lauderdale et al., "Objectively Measured Sleep Characteristics among Early-Middle-AgedAdults," American Journal of Epidemiology 164, no.1 (July 1, 2006), https://academic.oup.com/aje/article/164/1/5/81104.

9. Tanya Basu, "CEOs Like PepsiCo's Indra Nooyi Brag They Get 4 Hours of Sleep. That's Toxic," The Daily Beast, August 11, 2018, https://www.thedailybeast.com/ceos-like-pepsicos-indra-nooyi-brag-they-get-4-hours-of-sleep-thats-toxic. Katie Pisa, "Why Missing a Night of Sleep Can Damage Your IQ," CNN, April 20, 2015, https://www.cnn.com/2015/04/01/business/sleep-and-leadership. Geoff Colvin, "Do Successful CEOs Sleep Less Than Everyone Else?" Fortune, November 18, 2015, http://fortune.com/2015/11/18/sleep-habits-donald-trump. According to one study, 42 percent of leaders get six hours of sleep or less each night. Christopher M. Barnes, "Sleep Well, Lead Better," Harvard Business Review, September–October 2018.

10. Nick van Dam and Els van der Helm, "The Organizational Cost of Insufficient Sleep," McKinsey Quarterly, February 2016, https://www.mckinsey.com/business-functions/organization/our-insights/the-organizational-cost-of-insufficient-sleep.

11. N.J. Taffinder et al., "Effect of Sleep Deprivation on Surgeons' Dexterity on Laparoscopy Simulator," The Lancet, October 10, 1998, http://www.thelancet.com/pdfs/journals/lancet/

초생산성

PIIS0140673698000348.pdf.

12. Maggie Jones, "How Little Sleep Can You Get Away With?" New York Times Magazine, April 15, 2011, http://www.nytimes.com/2011/04/17/magazine/mag-17Sleep-t.html.

13. On these and related points, see Shawn Stevenson, Sleep Smarter (New York: Rodale, 2016); David K. Randall, Dreamland (New York: Norton, 2012); and Penelope A. Lewis, The Secret World of Sleep (New York: Palgrave Macmillan, 2014).

14. Lewis, The Secret World of Sleep, 18.

15. Jeff Bezos, "Why Getting 8 Hours of Sleep Is Good for Amazon Shareholders," Thrive Global, November 30, 2016, https://www.thriveglobal.com/stories/7624-jeff-bezos-why-getting-8-hours-of-sleep-is-good-for-amazon-shareholders.

16. Matthew J. Belvedere, "Why Aetna's CEO Pays Workers Up to $500 to Sleep," CNBC, April 5, 2016, https://www.cnbc.com/2016/04/05/why-aetnas-ceo-pays-workers-up-to-500-to-sleep.html.

17. Alex Hern, "Netflix's Biggest Competitor? Sleep," Guardian, April 18, 2017, https://www.theguardian.com/technology/2017/apr/18/netflix-competitor-sleep-uber-facebook.

18. Alex Soojung-Kim Pang, Rest (New York: Basic, 2016), 110–128.

19. Barbara Holland, Endangered Pleasures (Boston: Little, Brown, 1995), 38.

20. For optimizing your nighttime sleep, I recommend Shawn

Notes

Stevenson's Sleep Smarter and for naptime Sara C. Mednick's Take a Nap! Change Your Life (New York: Workman, 2006).

21. "Just One-in-Five Employees Take Actual Lunch Break," Right Management ThoughtWire, October 16, 2012, https://www.right.com/wps/wcm/connect/right-us-en/home/thoughtwire/categories/media-center/Just+OneinFive+Employees+Take+Actual+Lunch+Break.

22. "We're Not Taking Enough Lunch Breaks. Why That's Bad for Business," NPR, March 5, 2015, https://www.npr.org/sections/thesalt/2015/03/05/390726886/were-not-taking-enough-lunch-breaks-why-thats-bad-for-business.

23. "Physical Activity and Health," Centers for Disease Control and Prevention, February 13, 2018, https://www.cdc.gov/physicalactivity/basics/pa-health/index.htm.

24. "Physical Activity and Health," CDC.

25. Ben Opipari, "Need a Brain Boost? Exercise," Washington Post, May 27, 2014, https://www.washingtonpost.com/lifestyle/wellness/need-a-brain-boost-exercise/2014/05/27/551773f4-db92-11e3-8009-71de85b9c527story.html.

26. Russell Clayton, "How Regular Exercise Helps You Balance Work and Family," Harvard Business Review, January 3, 2014, https://hbr.org/2014/01/how-regular-exercise-helps-you-balance-work-and-family.

27. Clayton, "Regular Exercise."

초생산성

28. Tom Jacobs, "Want to Get Rich? Get Fit," Pacific Standard, January 31, 2014, https://psmag.com/social-justice/want-get-rich-get-fit-72515.

29. Henry Cloud, The Power of the Other (New York: Harper Business, 2016), 9, 81.

30. Emily Stone, "Sitting Near a High-Performer Can Make You Better at Your Job," KelloggInsight, May 8, 2017, https://insight.kellogg.northwestern.edu/article/sitting-near-a-high-performer-can-make-you-better-at-your-job.

31. Cloud, Power of the Other, 81.

32. Stone, "Sitting Near a High-Performer Can Make You Better at Your Job."

33. Virginia Postrel, The Future and Its Enemies (New York: Free Press, 1998), 188.

34. Stuart Brown, Play (New York: Avery, 2010), 127.

35. Jeremy Lott, "Hobbies of Highly Effective People," MichaelHyatt.com, November 7, 2017, https://michaelhyatt.com/hobbies-and-effectiveness/.

36. Paul Johnson, Churchill (New York: Penguin, 2009), 128, 163.

37. Winston S. Churchill, Painting as a Pastime (London: Unicorn, n.d.). He wrote this essay in 1948.

38. Shirley S. Wang, "Coffee Break? Walk in the Park? Why Unwinding Is Hard," Wall Street Journal, August 30, 2011, https://www.wsj.com/articles/SB10001424053111904199404057

6538260326965724.

39. Chris Mooney, "Just Looking at Nature Can Help Your Brain Work Better, Study Finds," Washington Post, May 26, 2015, https://www.washingtonpost.com/news/energy-environment/wp/2015/05/26/viewing-nature-can-help-your-brain-work-better-study-finds/.

40. Ruth Ann Atchley et al., "Creativity in the Wild: Improving Creative Reasoning through Immersion in Natural Settings," PLOS One 7, no. 12 (December 12, 2012), http://journals.plos.org/plosone/article?id=10.1371/journal.pone.0051474.

41. Netta Weinstein, Andrew K. Przybylski, and Richard M. Ryan, "Can Nature Make Us More Caring?" Personality and Social Psychology Bulletin, August 5, 2009, https://journals.sagepub.com/doi/abs/10.1177/0146167209341649. Diane Mapes, "Looking at Nature Makes You Nicer," NBCNews.com, October 14, 2009, http://www.nbcnews.com/id/33243959/ns/health-behavior/t/looking-nature-makes-you-nicer.

42. Jill Suttie, "How Nature Can Make You Kinder, Happier, and More Creative," Greater Good, March 2, 2016, https://greatergood.berkeley .edu/article/item/how_nature_makes_you_kinder_happier_more_creative. Cecily Maller et al., "Healthy Nature Healthy People: 'Contact with Nature' as an Upstream Health Promotion Intervention for Populations," Health Promotion International 21, no. 1 (March 2006), https://

초생산성

academic.oup.com/heapro/article/21/1/45/646436. "How Does Nature Impact Our Wellbeing?" Taking Charge of Your Health & Wellbeing (University of Minnesota), https://www.takingcharge. csh.umn.edu/enhance-your-wellbeing/environment/nature-and-us/how-does-nature-impact-our-wellbeing.

43. "Unplugged for 24 hours," New Philosopher, February–April 2016.

STEP 2. 잘라내라

4장. 제거하기: '아니오' 근육을 키워라

1. Steve Turner, Beatles '66 (New York: Ecco, 2016), 47.

2. As Friederike Fabritius and Hans W. Hagemann put it, "No one questions the fact that you are unavailable when you're already in an important meeting, but there's often an unspoken assumption that when you aren't in a meeting, you're free. And yet when you need to focus, you are in an important meeting—with yourself." The Leading Brain (New York: TarcherPerigree, 2017), 91–92.

3. William Ury, The Power of a Positive No (New York: Bantam, 2007), 10–15.

4. Ury, Positive No, 14.

5. Ury, Positive No, 16–18.

5장. 자동화하기: 등식에서 빠져나와라

1. "Ritual," Dictionary.com, http://www.dictionary.com/browse/ritual.

2. Mason Currey, Daily Rituals (New York: Knopf, 2015), xiv. Also see Pang's discussion of morning routines in Rest, 75–92.

3. Atul Gawande, "The Checklist," New Yorker, December 10, 2007, https://www.newyorker.com/magazine/2007/12/10/the-checklist. See also Gawande's book, The Checklist Manifesto (New York: Metropolitan Books, 2009).

6장. 위임하기: 나 또는 더 나은 나를 복제하라

1. Ashley V. Whillans et al., "Buying Time Promotes Happiness," PNAS, August 8, 2017, http://www.pnas.org/content/114/32/8523.

2. Adapted and expanded from Stephanie Winston, The Organized Executive (New York: Norton, 1983), 249–50.

초생산성

STEP 3. 행동하라

7장. 통합하기: 이상적인 1주일을 계획하라

1. John Naish, "Is Multi-tasking Bad for Your Brain? Experts Reveal the Hidden Perils of Juggling Too Many Jobs," Daily Mail, August 11, 2009, http://www.dailymail.co.uk/health/article-1205669/Is-multi-tasking-bad-brain-Experts-reveal-hidden-perils-juggling-jobs.html.

2. Cal Newport, Deep Work (New York: Grand Central, 2014), 42.

3. Christine Rosen, "The Myth of Multitasking," New Atlantis, no. 20, Spring 2008, https://www.thenewatlantis.com/publications/the-myth-of-multitasking.

4. Rosen, "Myth of Multitasking."

5. Today we usually produce our Lead to Win podcast three to four episodes at a time. We set aside one day a month for recording.

6. Jason Fried and David Heinemeier, ReWork (New York: Crown Business, 2010), 105.

7. Silverman, "Workplace Distractions."

8. William Shakespeare, As You Like It 2.7.139–42.

9. Garson O'Toole has the backstory on the line here: "Plans Are Worthless, But Planning Is Everything," Quote Investigator, November 18, 2017, https://quoteinvestigator.com/2017/11/18/

planning.

10. I first encountered the idea behind the Ideal Week in Todd Duncan's work, especially Time Traps (Nashville: Thomas Nelson, 2006), and Stephanie Winston's The Organized Executive (New York: Warner Books, 1994). I've adapted the idea over the years as I've applied it to my own practice, as well as helping my coaching clients.

11. Pang, Rest, 53–74.

12. Daniel H. Pink, When (New York: Riverhead, 2018), 9–35, 71. Pang echoes this advice in Rest; see his discussion on rhythms, 81–85.

13. Rosen, "Myth of Multitasking."

8장. 지정하기: 업무의 우선순위를 매겨라

1. Air Traffic Organization, Air Traffic by the Numbers, Federal Aviation Administration, October 2017, https://www.faa.gov/airtraffic/by_thenumbers/media/AirTrafficbytheNumbers2017Final.pdf.

2. Kiera Butler et al., "Harrowing, Heartbreaking Tales of Overworked Americans," Mother Jones, July/August 2011, https://www.motherjones.com/politics/2011/06/stories-overworked-americans.

3. Matt Potter, "Harrowing Tales of Lindbergh Field Air

초생산성

Traffic," San Diego Reader, December 6, 2013, https://www. sandiegoreader.com/news/2013/dec/06/ticker-harrowing-tales-lindbergh-field-landings.

4. J. D. Meier presents a similar concept in his book, Getting Results the Agile Way (Bellevue: Innovative Playhouse, 2010), 56, 88.

5. See Stephen R. Covey, The 7 Habits of Highly Effective People (New York: Simon and Schuster, 2004), 160ff; Stephen R. Covey, A. Roger Merrill, and Rebecca R. Merrill, First Things First (New York: Fireside, 1994), 37ff. The simple four-sector grid was developed by Covey, based on an observation of Gen. Eisenhower, quoting an anonymous college president: "'I have two kinds of problems, the urgent and the important. The urgent are not important, and the important are never urgent.' Now this, I think, represents a dilemma of modern man." Dwight D. Eisenhower, "Address at the Second Assembly of the World Council of Churches," Evanston, Illinois, August 19, 1954, https://www.presidency .ucsb.edu/documents/address-the-second-assembly-the-world-council-churches-evanston-illinois.

6. Meier presents a version of this idea in Getting Results the Agile Way, 56, 65. He calls it the Rule of 3 and says that picking three items to focus on works because our minds naturally organize in threes. See Chris Bailey, The Productivity

Notes

Project (New York: Crown Business, 2016), 40.

7. Gwen Moran, "What Successful Leaders' To-Do Lists Look Like," Fast Company, March 25, 2014, https://www.fastcompany.com/3028094/what-successful-leaders-to-do-lists-look-like.

8. Christina DesMarais, "The Daily Habits of 35 People at the Top of Their Game," Inc., July 13, 2015, https://www.inc.com/christina-desmarais/the-daily-habits-of-35-people-at-the-top-of-their-game.html.

9. Seneca, On the Shortness of Life, trans. C.D.N. Costa (New York: Penguin, 2005), 1, 2, 4.

9장. 활약하기: 방해물과 산만함을 물리쳐라

1. Matt Novak, "Thinking Cap," Pacific Standard, May 2, 2013, https://psmag.com/environment/thinking-cap-gernsback-isolator-56505.

2. Nikil Saval covers the history of this trend in his book Cubed, and Cal Newport counts the cost it levies on focus in Deep Work.

3. "Can We Chat? Instant Messaging Apps Invade the Workplace," ReportLinker, June 8, 2017, https://www.reportlinker.com/insight/instant-messaging-apps-invade-workplace.html.

4. I first started thinking about the distinctions between instant

초생산성

and delayed communication in 2017 when noticing the negative effect of instant communication on my own team. See Allan Christensen, "How Doist Makes Remote Work Happen," ToDoist Blog, May 25, 2017, https://blog.todoist.com/2017/05/25/how-doist-works-remote; Amir Salihefendic, "Why We're Betting Against Real-Time Team Messaging," Doist, June 13, 2017, https://blog.doist.com/why-were-betting-against-real-time-team-messaging-521804a3da09; and Aleksandra Smelianska, "Asynchronous Communication for Remote Teams," YouTeam.io, https://youteam.io/blog/asynchronous-communication-for-remote-teams.

5. David Pierce, "Turn Off Your Push Notifications. All of Them," Wired, July 23, 2017, https://www.wired.com/story/turn-off-your-push-notifications/.

6. "'Infomania' Worse Than Marijuana," BBC News, April 22, 2005, http://news.bbc.co.uk/2/hi/uk_news/4471607.stm.

7. Fabritius and Hagemann, Leading Brain, 83.

8. Burkeman, "Attentional Commons."

9. Novak, "Thinking Cap."

10. Naish, "Is Multi-tasking Bad for Your Brain?"

11. Clay Shirky, "Why I Just Asked My Students to Put Their Laptops Away," Medium, September 8, 2014, https://medium.com/@cshirky/why-i-just-asked-my-students-to-put-their-laptops-away-7f5f7c50f368.

12. Aaron Gouveia, "Everything You've Always Wanted to Know about Wasting Time in the Office," SFGate.com, July 28, 2013, https://www.sfgate.com/jobs/salary/article/2013-Wasting-Time-at-Work-Survey-4374026.php.

13. Adam Gazzaley and Larry Rosen, The Distracted Mind (Cambridge: MIT Press, 2016), 165–66.

14. See David Rock, Your Brain at Work (New York: HarperBusiness, 2009), 55.

15. Edward M. Hallowell, Driven to Distraction at Work (Boston: Harvard Business Review Press, 2015), 6.

16. Chris Bailey, HyperFocus (New York: Viking, 2018), 105–6; Benjamin Hardy, Willpower Doesn't Work (New York: Hachette, 2018), 192; and Simone M. Ritter and Sam Ferguson, "Happy Creativity: Listening to Happy Music Facilitates Divergent Thinking," PLOS One, September 6, 2017, https://journals.plos.org/plosone/article?id=10.1371/journal.pone.0182210.

17. Dean Burnett, "Does Music Really Help You Concentrate?" The Guardian, August 20, 2016, https://www.theguardian.com/education/2016/aug/20/does-music-really-help-you-concentrate.

18. See Fabritius and Hagemann, Leading Brain, 21–22, 28, 191.

19. Hardy, Willpower Doesn't Work, 190–95.

20. On the pluses see Tim Harford, Messy: The Power of Disorder to Transform our Lives (New York: Riverhead, 2016).

초생산성

21. Erin Doland, "Scientists Find Physical Clutter Negatively Affects Your Ability to Focus, Process Information," Unclutterer.com, March 29, 2011, https://unclutterer.com/2011/03/29/scientists-find-physical-clutter-negatively-affects-your-ability-to-focus-process-information/.

22. See the chapter on distractions in Rock, Your Brain at Work, 45–59.

23. Fabritius and Hagemann, Leading Brain, 102.

일에 집중력을 쏟아라

1. Ian Mortimer, Millennium (New York: Pegasus, 2016), 237–38.